保育と幼児期の運動あそび

岩崎洋子 編著　吉田伊津美・朴 淳香・鈴木康弘

萌文書林
HOUBUNSHORIN

まえがき

　オリンピックやワールドカップなどに代表されるスポーツの大会には、人々の関心も高く、そのような大会の勝者には最大の賛辞が贈られる。しかし、運動を考える者として、気になることがある。それは、特定のスポーツを早い時期に行えば技術が高まり、効果があるという考えであるが、それは否といわざるを得ない。否とする理由は本文中に詳しく記されているが、今、子どもの運動に関する状況は二極化しており、一方には、早い時期から、特定のスポーツしかしない子どもたちがおり、他方には、ほとんどからだを動かさない子どもたちがいることである。幼児期は、遊びの中で、適切な量の運動と多様な動きを獲得することが重要であり、特定の運動に特化する時期ではない。一方、保育現場においては、運動経験が乏しいため、何歳児であればこのような動きはできていたという目安が当てはまらないことや集団で遊ぶことができない子どもが増えてきたと聞く。

　このような状況の中、保育者が子どもの発達に適した運動とは何かを的確に理解して、実践することが、今、求められている。

　今回、本著を共同執筆した先生方は、研究会などで日頃から、この時期の運動に大切なことは何かを話し合い、お互いに情報を交換してきた仲間である。私を含め、幼少期に十分に遊び、運動の楽しさを十分に味わってきたことが共通しているので、同じような経験を子どもたちに伝えたいという思いが強く、研究会を重ねるうちに、本書の発刊を思い立った次第である。改訂版では、幼稚園教育要領や保育所保育指針等の改定の内容を考慮し、また、新しい資料を加えた。

　本書は、これから保育者になる人、現在、保育職にある人が運動を実践するとき理解していなければならない基本的なことを、理論と実践で示している。

　本書の構成は、〈Part 1〉理論編、〈Part 2〉実技編から成っている。

　Part 1 は理論編であるが、ここでは 4 つの章を設け、Chap.1 運動はなぜ幼児に大切（必要）か、Chap.2 遊び・生活と運動、Chap.3 運動指導のポイント、Chap.4 運動にかかわる現代的課題、を解説した。

　Chap.1 では、なぜ幼児期に運動が必要なのかを、運動能力低下という現代的な問題を、健康的な視点と運動能力検査の結果の視点から解析し、現代の子どもが抱えている課題に関して言及している。また、運動することが、身体、動き、心、社会性、知的な発達にどのようにかかわっているかを示し、発達を支える運動のあり方を示した。

1

まえがき

　Chap.2 では、運動と名のつく活動だけが運動ではなく、生活そのものが活動的であることが多様な動きの経験につながると考え、生活としての運動と遊びの中の運動に分けて記述し、そのような人間の行動を生む動機づけに関して説明をしている。

　Chap.3 では、運動指導のポイントとして、運動を具体的に考えるとき、運動内容、方法を検討することが求められるが、この点に関して、運動の量と質、安全、援助等に関する視点から具体的に記述した。

　また、Chap.4 では、現在、運動指導で課題になっていることを 8 項目取り上げ、解説した。改訂版では、幼児期運動指針策定委員会（文部科学省委嘱）がまとめたガイドラインを、具体的な運動の指標の参考として加えた。

　Part 2 の実技編では、運動を幅広くとらえて、2 つに分けて編集した。従来、運動的活動として取り上げられてきた内容を「運動編」として、また、幼児期の運動（からだを動かすこと）を運動遊具の使用や運動遊びと呼ばれるものに限定せず、従来、運動と認識されない遊びの中に運動的な要素が含まれるものを「その他」とした。

　具体的には、運動編として 1 歳児から 5 歳児まで 12 項目（60 例）、その他として 8 項目を 3 例ずつ（24 例）示した。また、この時期に必要とされる運動の量と質を高める内容をそれぞれの例に具体的に入れ、集団で行う方法も示した。

　なお、本書で示した年齢は目安であり、それぞれの子どもの運動経験や園の環境により異なるので、日頃の子どもの姿から保育者の判断で実践してほしい。

　また、巻末資料として、幼児期運動指針、小学校学習指導要領および解説の抄録、運動能力検査実施要項を示したので参考にしてほしい。

　本書が、保育を学ぶ学生、および保育に携わる方々に広くご講読いただき、子どものこころとからだの育ちに貢献できることができたなら、執筆者一同この上ない喜びである。また、ご講読いただきお気づきの点があれば、是非ご指摘ご指導いただきたい。版を重ねる中でより充実した図書として育っていくことが執筆者一同の願いである。

　なお、最後になったが、本書の作成にあたり、筆者たちの思いを具体的なアドバイスや編集でサポートしてくれた萌文書林の方々、特に丁寧に確実に改訂に携わって下さった松本佳代さん、また、多数の可愛く適切なイラストを描いて下さった鳥取秀子さんには大変お世話になった。記して感謝申し上げたい。

著者代表　岩崎 洋子

『保育と幼児期の運動あそび』もくじ

Part 1　理論編

Chap. 1　運動はなぜ幼児に大切（必要）か

§ 1　運動能力の低下からみえてくるもの …………… 8
　1．幼児期の運動 ………… 8　（岩崎）
　2．運動能力検査からみた課題 ……………… 12　（吉田）

§ 2　運動することで期待できる効果 ………… 15
　1．身体発達と運動 ……………… 15　（朴）
　2．動きの発達と運動 ……………… 23　（鈴木）
　3．心の発達と運動 ……………… 28　（吉田）
　4．社会性（ルール）の発達と運動 ………… 33　（岩崎）
　5．知的な発達と運動 ……………… 36　（吉田）

Chap. 2　遊び・生活と運動

§ 1　生活としての運動 ……………………… 41　（朴）
　1．生活と運動 ……………… 41
　2．子どもの生活と運動 ………… 41
　3．基本的生活習慣にみられる動き ………… 42
　4．運動遊びと他の活動（事例から） ………… 43
　5．日常の園生活の活動を運動ととらえなおす … 46

§ 2　遊びの中の運動 ………………… 46　（岩崎）
　1．運動と遊び ………… 46
　2．運動遊び ……………… 49

§ 3　動機づけと運動 ………………… 53　（鈴木）
　1．行動と動機づけ ……………… 53
　2．内発的動機づけと外発的動機づけ ………… 54
　3．動機づけと遊び ………… 55
　4．子どもの運動遊びに関連した外発的動機づけ … 56
　5．外発的動機づけから内発的動機づけへ ……… 58

もくじ

6．応答的環境の重要性 ……………………………… 59
7．動機づけの視点からみた一斉活動と自由遊び … 60

Chap. 3　運動指導のポイント

§1　運動量を考える ………………………………… 61　（吉田）

1．日常場面での動き、生活の中の動き ………… 61
2．日常生活の見直し ……………………………… 62
3．生活の見直し …………………………………… 63
4．遊びの中での工夫1 …………………………… 63
5．遊びの中での工夫2 …………………………… 64

§2　運動の質を考える ……………………………… 65　（鈴木）

1．遊びの分類を参考にして ……………………… 65
2．動きのバリエーションを考える ……………… 66
3．できることの質を高めていく ………………… 67
4．運動指導の質を考える ………………………… 68

§3　環境を工夫する ………………………………… 69　（朴）

1．運動にふさわしい環境とは …………………… 69
2．動きを引き出す環境 …………………………… 70
3．人とのかかわり ………………………………… 72

§4　安全を考える …………………………………… 73

1．安全についての基本的考え方 ………………… 73　（朴）
2．負傷の発生状況 ………………………………… 75　（朴）
3．環境設定、動線を考える ……………………… 78　（岩崎）

§5　援助の仕方を考える …………………………… 82　（岩崎）

1．一斉指導するとき、運動量の多いものを最初に行う 82
2．具体的な目標を示す …………………………… 82
3．待つ時間を短く ………………………………… 82
4．子どもの特性にあった助言 …………………… 84
5．運動における補助 ……………………………… 84

§6　遊びの変化や発展を考える …………………… 85　（岩崎）

1．個から友だち、集団へ ………………………… 85
2．空間の変化 ……………………………………… 85

3．図形を変化 …………………………………… 86
4．遊具を連続して使う …………………………… 86

Chap. 4　運動にかかわる現代的課題

§ 1　幼小の連携 ……………………………………… 88　（岩崎）
§ 2　家庭との連携 …………………………………… 89　（朴）
§ 3　個人差のある場合の指導 ……………………… 90　（鈴木）
§ 4　外に出たがらない子 …………………………… 91　（朴）
§ 5　運動経験の少ない子 …………………………… 92　（鈴木）
§ 6　運動能力・技能の高い子 ……………………… 93　（吉田）
§ 7　幼児期運動指針とは …………………………… 94　（吉田）
§ 8　運動時に多いケガの応急処置 ………………… 95　（小林）
1．基本的な姿勢 …………………………………… 95
2．応急処置 ………………………………………… 96

Part 2　実技編

〈運動編〉

フープ ……………………………………………… 100　（吉田）
ボール ……………………………………………… 106　（鈴木）
な　わ ……………………………………………… 112　（鈴木）
固定遊具 …………………………………………… 118　（岩崎）
巧技台 ……………………………………………… 124　（吉田）
マット ……………………………………………… 130　（鈴木）
新聞紙 ……………………………………………… 136　（岩崎）
身近なもの ………………………………………… 142　（岩崎）
鬼遊び（鬼ごっこ）……………………………… 148　（吉田）
表　現 ……………………………………………… 154　（朴）
模　倣 ……………………………………………… 160　（朴）
水遊び ……………………………………………… 166　（朴）

もくじ

〈その他〉

散　歩	172	（朴）
砂　場	176	（吉田）
お手伝い	180	（岩崎）
片づけ	184	（岩崎）
園内探検	188	（鈴木）
創　作	192	（岩崎）
シャボン玉	196	（朴）
キャラクター	200	（鈴木・吉田）

引用・参考文献 ……………………204
巻末資料 ……………………207
　　　幼児期運動指針
　　　小学校学習指導要領（抄）
　　　小学校学習指導要領解説（抄）
　　　MKS 幼児運動能力検査実施要項 2016 年度

Part 1
理論編

Chap. 1 運動はなぜ幼児に大切(必要)か

 §1 運動能力の低下からみえてくるもの

1．幼児期の運動

（1）幼児期の運動

　幼児期の運動は、幼稚園教育要領のなかで、5領域の中の「健康」という領域で述べられ、「自分の体を十分に動かし、進んで運動しようとする」ことを「ねらい」としている。このねらいでは、幼児期の運動には意欲（心の健康）が大切であり、意欲があることがからだを動かす（身体の健康）ことにつながることを示している。また、幼児期は生涯にわたる健康の基礎をつくるときであり、年齢にふさわしい発育・発達を促し、健康的な生活をするには運動が必要であることは明らかである。しかし、社会環境や生活様式の変化により、今、必ずしも子どもの健康を支える環境がよいとはいえない。生活リズムの乱れ、運動能力の低下などが指摘される現在、幼児期の健康を育むには、意識して生活を見直す具体的な取り組みが必要とされている。健康によい効果をもたらす運動を考えるとき、単に運動能力や運動技能が向上すればよいと考えるのではなく、生活や遊びが充実し、子ども自身が運動を楽しいこととして経験することが必要と考えられる。楽しいことは運動への動機づけになり、楽しいと感じる運動の経験を重ねることが、結果として運動能力の向上につながり、健康な心身を育むことになるからである。運動能力を伸ばすために、運動能力検査種目をくり返し練習すれば結果はよくなるかもしれないが、子どもにとって何の意味があるであろうか？　子どもの健康を育むためには、運動能力を向上させることが目的なのではなく、豊かな生活から心身の健康が獲得されることが目的であり、その獲得状況を客観的に具体的に把握する目安の一つが運動能力検査である。運動能力検査の目的は、結果を客観的に正確に読み取り、健康を阻害している要因を考えて、その後の生活や遊びの指導に生かしていくことである。こ

§1 運動能力の低下からみえてくるもの

のようなことを考えると、運動だけを取り出して考えるのではなく、生活全体の中での運動のあり方や課題を考えることが必要となる。

ここで幼児期の運動能力に関して簡単に述べる。「運動能力とは何か」に関してはさまざまな考え方があるが、幼児期、児童期の運動能力の特性として運動能力が未分化なことが、1970年代に海野ら[1]や猪俣ら[2]、井上ら[3]の研究でも指摘されている。また、このような研究から、運動能力は単純に未分化から分化へと移行していくのではなく、同じ運動においても関与する運動能力がそれぞれの年齢により異なることが推察されており、成人と子どもの運動能力は質的に差異があることに言及している。この時期の特性として運動能力の中でも杉原[4]のいう、目的に合うように運動をコントロール（制御）する「運動コントロール能力」が基本的な動き（p.67）の経験やくり返しにより急激に発達していく。

（2）健康と運動

幼児期の健康を左右するものとして、栄養、睡眠、運動、生活リズムがあげられる。この4つはそれぞれに連動し、十分運動すると、お腹が空き、眠くなる。また、十分食べると眠くなり、眠ると活力が生まれ、運動を楽しむことができるといったことは誰しも経験することである。厚生労働省調査[5]では、起床、就寝時間と朝食を食べることの関連が調査されたが、早く寝て、早く起きるグループほど朝食を食べる率が上がり、逆になるほど食べない子が多くなる（図表1-1）。乳幼児期の起床・就寝時刻や朝食習慣は、保護者の生活習慣と関連していると推察されている[6]。また、朝食を食べない理由では、小学生から高校生まで約4割の回答は「朝、起きるのが遅いこと」、約半分が「食欲がない」ことを理由にあげている[7]。文部科学省[8]の6歳〜18歳の朝食と体力テストの関連の図表1-2をみると毎

【図表1-1】 幼児の朝食習慣と起床・就寝時刻（平成17年度）

1．起床時刻と朝食

区　分	人数(人)	ほぼ毎日食べる	週に4,5日	週に2,3日	ほとんど食べない	不詳
総　数	2,250	90.5	5.4	2.0	2.0	0.1
午前6時前	77	98.7	1.3	0.0	0.0	0.0
6時台	631	94.0	4.9	0.6	0.5	0.0
7時台	1,107	92.4	3.9	1.7	2.0	0.0
8時台	337	81.6	11.3	3.9	3.3	0.0
9時台	65	83.1	9.2	6.2	1.5	0.0
10時以降	22	36.4	13.6	13.6	36.4	0.0

2．就寝時刻と朝食　　　　　　　　　　　　　　（％）

区　分	人数(人)	ほぼ毎日食べる	週に4,5日	週に2,3日	ほとんど食べない	不詳
総　数	2,250	90.5	5.4	2.0	2.0	0.1
午後8時前	70	97.1	2.9	0.0	0.0	0.0
8時台	370	96.5	1.9	0.3	1.4	0.0
9時台	1,036	93.8	4.4	1.1	0.7	0.0
10時台	564	86.2	7.6	3.4	2.8	0.0
11時台	162	75.9	12.3	6.2	5.6	0.0
12時以降	24	50.0	12.5	8.3	29.2	0.0

（厚生労働省雇用均等・児童家庭局母子保健課「平成17年度乳幼児栄養調査報告書」、2006）

注1）海野孝・市村操一「小学3年生と高校1年生（男子）の運動能力因子構造の比較」日本スポーツ心理学会編『スポーツ心理学概論』不昧堂、1979
　2）猪俣公宏・佐貫春世・岩崎洋子「幼児の運動能力構造の変化について」日本体育学会第21回大会、1970
　3）井上フミ・松浦義行「発育に伴う運動能力因子構造の変化について」体育研究21(1)、1979、pp.27-37
　4）杉原隆・河邉貴子編著『幼児期における運動発達と運動遊びの指導』ミネルヴァ書房、2014、pp.9-10
　5）厚生労働省雇用均等・児童家庭局母子保健課「平成17年度乳幼児栄養調査報告書」、2006
　6）厚生労働省雇用均等・児童家庭局母子保健課「平成27年度乳幼児栄養調査結果の概要」、2016
　7）財団法人日本学校保健会「平成16年度児童生徒の健康状態サーベイランス事業報告」、2005
　8）文部科学省スポーツ・青少年局「平成17年度体力・運動能力調査報告書」、2006

Part 1-1　運動はなぜ幼児に大切（必要）か

【図表1-2】　朝食摂取状況別体力テスト（平成17年度）

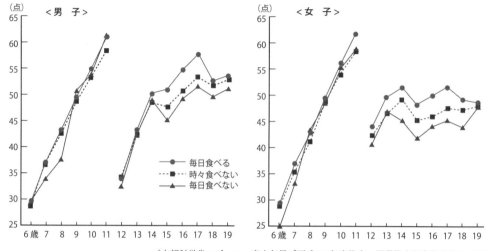

（文部科学省スポーツ・青少年局「平成17年度体力・運動能力調査報告書」、2006）

日食べる、時々食べない、毎日食べないの順で体力テストの得点が高かった。この一連の結果から、就寝時間が遅く、起床時間も遅いので、朝食を食べない、または食べられないため、からだが活性化されておらず、午前中は動く、動きたいという意欲が生まれない様子が想像される。このように大人社会の夜型化が幼児の世界にも広がり、生活のリズムの乱れが指摘されている。図表1-3は近年問題になっている朝食抜きや副食の過剰摂取と血糖値の関連を示したものである。この表からも、活動の中心となる午前中が低血糖となると、活動的な行動は期待できないことがわかる。このように運動能力の低下の背景にはさまざまな生活の要因が関連していると考えられる。保育所保育指針においても健康支援として食育や午睡を含む生活リズムへの配慮があげられている。

【図表1-3】　朝食抜きや副食摂取が血糖に与える影響の想定図

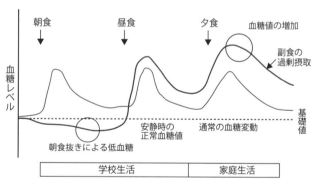

（征矢英昭他「子どもと発育発達」Vol.1 No.4、2003、p.238）

持久力が○秒低下した、ソフトボール投げが○m低下したという数値から、低下の要因を多方面から読み取り、対応していかなければ効果は望めない。乳幼児期の運動は一つひとつ切り離して考えるのではなく、生活全体を見直して、生活や遊びの中に運動をどのように取り入れていくことが効果的なのかを考えなければならない。

（3）遊びと運動能力

遊びの中でからだを使う（運動）ことは多くある。多くの遊びはからだを使うことから成

§1　運動能力の低下からみえてくるもの

【図表1-4】　園での過ごし方2群の比較　　上位群：運動能力・運動技能が上位25%の幼児
　　　　　　　　　　　　　　　　　　　　　　　下位群：運動能力・運動技能が下位25%の幼児

　　　　　　　　　　　　　　（%）　　2．自由遊び　　　　　　（%）　　3．運動遊び　　　　　　　（%）

	上位群 (N=60)	下位群 (N=75)
静かに何かすることが多い	3.3	10.7
座って何かすることが多い	36.7	61.3
活　発	51.7	24
非常に活発	8.3	4
合　計	100	100

	上位群 (N=60)	下位群 (N=75)
室内遊び	8.3	25.3
戸外遊び	40	22.7
どちらも同じ	51.7	52
合　計	100	100

	上位群 (N=60)	下位群 (N=75)
非常によくする	10	1.3
かなりよくする	23.3	8
ふつう	50	44
あまりしない	10	26.7
ほとんどしない	6.7	20
合　計	100	100

4．一番好む活動　　　　　　（%）　　5．一緒に遊ぶ友達の数　　（%）

	上位群 (N=60)	下位群 (N=75)
製作活動	8.3	18.7
表現活動	5	1.3
静的なごっこ	33.3	38.7
動的なごっこ	26.7	12
運動活動	15	1.3
自然	10	16
その他	1.7	12
合　計	100	100

	上位群 (N=60)	下位群 (N=75)
1人	1.7	10.7
2～3人	43.3	60
3～4人	50	26.7
5人以上	5	2.7
合　計	100	100

（岩崎洋子・朴淳香『日本保育学会第60回大会発表論文集』、2007、p.895）

立しているといえるが、現在問題になっているのは、ダイナミックにからだ全体を使う遊び（動的遊び）の機会が減少して、からだの一部を使用する遊び（静的な遊び）が多くなってきていることであろう。筆者らの研究[9]から、運動能力・運動技能検査の上位群と下位群に分け、園での過ごし方の比較をみると（図表1-4）、上位群は活発に行動する子が多く、戸外でよく遊び、いっしょに遊ぶ友だちの数が多い傾向にある。筆者らの一連の研究では、家庭での過ごし方と園での過ごし方はほぼ同じ傾向にあり、戸外でよく遊び、友だちと遊ぶ機会が多い子は運動する経験が多く、運動能力が高い傾向にある。このことは、幼稚園教育要領「健康」の内容として示されている「進んで戸外で遊ぶ」ことの意味を裏づけているともいえる。

　園の生活では、まず、家庭で外遊びの経験が減少していることを考慮して、戸外に出て外の空気に触れることからスタートしたい。外遊びの経験を重ねることが、からだをダイナミックに使うことの機会を増やし、広い空間で遊ぶことが運動量を確保することにつながると考える。このような環境を提供することが幼児の健康に重要であるので、遊び場が十分でない地域では、「子育て支援」の一環に保育後や休み中の遊び場として地域に園庭の開放を行うことなども積極的に考える必要があるのではないかと思われる。

注9）岩崎洋子・朴淳香「同一幼稚園における運動能力と運動技能の関連II」『日本保育学会第60回大会発表論文集』、2007、pp.894-895

Part 1−1　運動はなぜ幼児に大切（必要）か

2．運動能力検査からみた課題

（1）幼児の運動能力の低下とその現状

　幼児の運動能力の低下を危惧する声はだいぶ前から聞かれている。1966年以降これまで行われてきた幼児の運動能力全国調査の時代推移をみると[10]、1986年頃をピークに1997年にかけて大きな低下がみられ、低い水準のまま現在に至っている。この傾向は、1964年から毎年文部科学省が行っている児童・生徒の体力・運動能力調査で報告されている傾向と同じである[11]。つまり、小学生以降にみられる体力・運動能力の低下はすでに幼児期から始まっているといえるのである。実際、どのくらいの低下がみられるのだろうか。男女ともすべての種目すべての年齢で大幅な低下のみられた1986年と2016年を比較してみると、たとえば、投能力（ソフトボール投げ）は約6か月も遅くなっていることが示されている（図表1−5）。

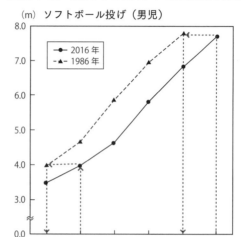

【図表1-5】　1986年と2016年の運動能力の比較

（近藤充夫・松田岩男・杉原隆『体育の科学』37（7）、1987、pp.551-554 及び
森司朗・吉田伊津美・鈴木康弘・中本浩揮「最近の幼児の運動能力 2016年全国調査から」『日本体育学会第68回大会予稿集』、2017、p.121 より作成）

（2）低下の原因（背景）

　このような幼児の運動能力の低下は、直接的には運動経験が乏しくなっていることが影響している。運動発達は運動経験に依存するため（図表1−6）、からだを使って動く経験（運動的な遊び）が多ければ運動発達は促されるし、からだを動かす経験が少なければ運動能力は低くなる。したがって、からだを使って動く経験が少なくなったこと、運動遊びが少なくなったことが運動能力低下の大きな原因としてあげられる。また、この運動経験には子どもを取り巻く環境（物理的要因や心理社会的要因等）が影響を及ぼしている。たとえば、1983年にファミコンが出始めたが80年代からのゲーム機の急速な普及により子どもの遊びが大きく変わった。外遊びが減り、室内での遊びが増えたということに加え、近年では安心して外遊びができる場所がなくなったことで室内での遊びを余儀なくされている状況や、習い事などにより遊びの時間そのものが減少しているということも大きく関係している。汚れることを極度

【図表1-6】　運動発達に影響を与える要因

身体・運動発達
　↑
運動経験（直接的要因）
　↑
生活環境（間接的要因）
　物理的環境
　心理社会的環境

（杉原ら[12]、2004を改変）

注10）森司朗・吉田伊津美・鈴木康弘・中本浩揮「最近の幼児の運動能力 2016年全国調査から」『日本体育学会第68回大会予稿集』、2017、p.121
　11）文部科学省スポーツ・青少年局生涯スポーツ課「平成18年度体力・運動能力調査報告書」、2007
　12）杉原隆・森司朗・吉田伊津美「幼児の運動能力発達の年次推移と運動能力発達に関与する環境要因の構造的分析」平成14～15年度文部科学省科学研究費補助金（基盤研究B）研究成果報告書、2004

§1　運動能力の低下からみえてくるもの

に嫌う親は、子どもに外でどろんこになるまで遊んできなさいとはいわないだろう。このような親や社会の考え方も子どもの遊びに影響を及ぼす要因の一つとなっている。

（3）課題・問題点1　──生涯にわたる健康な心とからだのために──

体力・運動能力が低いことに問題はあるのだろうか。

運動なんてできなくても困らないとか、一流選手にならないのだから運動なんかしなくてよい、などと思う人もいるだろう。では、スポーツ選手を目指さないのなら、体力・運動能力が低くてもよいのだろうか。答えは「ノー」である。体力・運動能力はスポーツをするためだけに必要なのではない。日常生活を円滑に行うためには不可欠なものであり、自分のからだを保持したりコントロールしたり、病気に対する抵抗力という面からも体力や運動能力が必要である。

幼児期の運動能力が低下していることは先に述べたが、このような状況において子どものからだのおかしさも指摘されている。園での散歩では近くの公園まで歩けず途中で座り込む、年長児になっても階段を一段ずつ送り足で降りる、段差もないようなところで転ぶ、転んだときに手が出ず顔から倒れこむなど、例をあげればきりがない。また、幼児期は基本的生活習慣を確立し自立する時期であるが、食事、清潔、排泄、着脱衣といった生活に必要な行為はすべて運動（動作）が関連している。箸を使ったり、身だしなみを整えたり、着替えてボタンかけをしたりすることは、すべて動作（協応動作）がともなっている。すなわち動作の獲得なしには基本的生活習慣の確立はなしえないのである。

幼児期の運動発達の特徴を考えれば、この時期にさまざまな動きを獲得することが望まれる（動きの発達と運動、p.23参照）。また、それがその後の運動発達の基盤になっていることを考えれば、この時期にしっかりとした基礎を培っておくことこそが生涯にわたって健康な心とからだを保つことにつながる。平均寿命が延び、高齢化によるさまざまな問題も出てきている。中高年になって健康のためにと運動を始める人も多いが、いくら便利な世の中になったからとはいえ、すべて機械任せで自動化された中で育っていたのでは自己実現することもままならなくなるだろう。生涯にわたって健康な心とからだで充実した生活を送るためには、それを実現するために十分な体力・運動能力が必要なのである。

（4）課題・問題点2　──動きの未熟さとがんばらない子ども──

これまで行われてきた運動能力検査の中で、もっとも低下の度合いが大きいのが「体支持持続時間」である。これは2つの机（または巧技台など）の間に立ち、それぞれに手を置いて、肘を曲げることなくどのくらい長く手だけでからだを支えることができるかを計るものである。体力要因では筋持久力を測るものであるが、体力そのものが未分化とされる幼児においては、「がんばる力」の指標ともされる。近年、この測定において、腕を震わせたり表情を歪めたりしながら限界までがんばろうとする姿はみられにくく、まだ十分に余裕がありそうなのに自らやめてしまうという子どもが多いように感じる。普段の子どもをみていても同様である。最後までやり通そうという意欲がみられず、すぐにあきらめてしまったり、執着して何かに打ち込んだりすることも少なくなってはいないだろうか。このような子どもの姿が、

13

Part 1 – 1　運動はなぜ幼児に大切（必要）か

体支持持続時間の結果に現れているとも考えられる。

　一方、「両足連続跳び越し」での幼児の動きにも気になる様子がみられる。この種目は10個の積み木を両足をそろえてリズミカルに跳んでいくものである。両足がバラバラになったり、両足が開いてしまったり、一つずつ跳ばなかったりした場合には、やり直して正しい方法で行うことになっている。しかし、実際に測定してみると、ほとんどの子どもが両足をそろえてピョンピョンと10個の積み木を連続して跳ぶことができない。何個かまではうまくいっても途中から足がバラけてしまったり、リズムがくずれたり、最初から両足をそろえて跳ぶことができない子どももいる。また、リズミカルに跳べず、1回ずつ休みを入れながら跳ぶ子どももいる。記録自体は大きい低下とはいえないが、厳密にフォームをチェックすれば、実際にはもっと大きな低下がみられるかもしれない。このことは、自分のからだをコントロールすることができにくくなっていることを示している。多様な動きを経験することが減少したことによって、このような動きにも自分のからだを対応させることが難しくなっていると考えられる。

　このほか、「ソフトボール投げ」も大きく低下している種目の一つである。幼児期からすでに投能力には男児のほうが女児よりも優れているという性差がみられるが、男女児ともにこの能力の低下がみられている。一方、同じボール遊びでも、ボールつきは女児の方が男児よりも優れているという性差があるとされている[13]。運動発達は運動経験に依存しているため、これらの性差は遊びの性差によって生じるものであると考えられている。このことから「投げる」に類する動きの経験を含め、さまざまな遊びの経験が少なくなっていることによる影響であると考えられる。

（5）課題・問題点3　――心の育ちの未成熟――

　このように、体力や運動能力の低下の問題は運動面との関係で述べられることが多い。運動能力の発達に直接的にかかわるのは運動経験であるが、この運動経験が幼児期の発達にもたらす影響は身体や運動面の発達だけに限ったことではない。（4）課題・問題点2でも「がんばる力」の低下を指摘したが、幼児期のからだを使った遊びは幼児の心の育ちにも大きくかかわっている。この点については「3．心の発達と運動」（p.28）以降を参照されたい。

（6）課題・問題点4　――運動指導の問題点――

　運動能力の発達は、幼稚園や保育所における運動指導との関係も明らかにされている[14]。運動指導を多く取り入れている園のほうが幼児の運動能力が低く、運動指導をいっせいで行うことが多い一斉保育を中心としている園は、自由遊び保育中心の園と比較して運動能力が低い。これは保育形態による違いというよりは運動指導のあり方に問題があるといえる。本来、幼児教育は遊びを通しての指導が基本であるが、運動の指導が子どもの遊びになっておらず、指導者が中心となり活動が与えられて行われていることが多い。この場合、いっせい

注13）勝部篤美『幼児体育の理論と実際』杏林書院、1973、pp.50-51
　14）吉田伊津美・杉原隆・森司朗「保育形態および運動指導が運動能力に及ぼす影響」『日本保育学会第57回大会発表論文集』、2004、pp.526-527

に説明を聞いたり、順番を待ったり、運動している時間が制限されるだけでなく、決まったやり方、一律の方法を指導され自由度の低いものになってしまい[15]、自分で考えて行ったり工夫したりしながら行う子どもの遊びとは程遠いものとなってしまう。

　運動能力が低下している現状を受け、子どものことを考えて保育の中に運動指導を積極的に取り入れている園も多い。私立幼稚園では約6割の園で保育者以外の運動指導の講師が指導しているという報告もある[16]。しかし、子どものためと思って行っているはずの活動も、結果的には有益でないものになっているという現状もあり、運動指導の内容を再考してみる必要がある。子どもが運動を能動的に取り組む「遊び」として行ってこそ運動の発達や心の発達にも貢献するものになるのである。

§2　運動することで期待できる効果

1．身体発達と運動

　30年前と比較すると、現代の子どもの体格は向上しているが、運動能力に関しては低下の傾向が明らかとなっている。前の世代と比べると見た目はよくなっているが、どのように動けるかという点ではぎこちなさが目につき、経験不足と考えられる子どもの姿がある。

　幼児期は生涯を通じて身体発達のスピードが速い時期であり、同時にさまざまな運動能力を向上させる。適切な運動の量と質が確保されることによって、望ましい身体発達が期待される。適切な運動指導のためには、子どもの身体はどのように変化していくのか、発達的変化への認識を深めることが必要である。また、子どもの身体は大人の身体を単に小さくしたものではなく、形態的にも機能的にも子どもの特徴を備えているということを理解することが大切である。

（1）幼児期の身体発達のとらえ方
① 発達とは

　身体発達とは、身体のある部分や全体が増大することを指す発育と、機能的な働きを含む変化を合わせた広い概念で用いられる。発達は機能別、個体別に変化の速さに差があるものとされている。発達には順序や過程があるが、環境や学習、遺伝的要因によって生じる速さの違いにより、個人差があることを踏まえなければならない。また、発達とは成人に達するまでを指すのではなく、生まれてから死ぬまでの生涯にわたる過程を指す。そのため、向上の過程にある時期もあれば、加齢にともなって低下の過程を経る時期もある。

注15）吉田伊津美・杉原隆・森司朗「保育実践活動が幼児の運動能力発達に及ぼす影響―運動指導に注目して―」平成17年度～18年度文部科学省科学研究費補助金（基盤研究C）研究成果報告書、2007
　16）前掲注14）に同じ。

② 身体発達の方向

図表1-7のように身体の発達には2つの方向性がある。1つ目は頭部から尾部へという方向である。このことは運動機能が、寝返り（頭）、はいはいから歩行（足）へと発達していくことからもわかる。また、人間の脳は、出生時にある程度発達した段階にあるために、他の部位と比べると発達が進んでおり、全身に占める頭部の割合が高くなっている。方向性の2つ目は、中心から周辺へという方向である。寝返りや座位での姿勢変化は身体の中心を始点として身体の向きを変え、大雑把な手の動きから微細な動きへと、発達的変化のポイントが徐々に中心から周辺へと移行する。

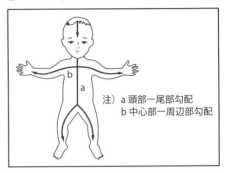

【図表1-7】 発達の進行方向

注) a 頭部－尾部勾配
　　b 中心部－周辺部勾配

(Goodenough, F.L.1945：橋口英俊編著『新・児童心理学講座3巻』金子書房、1992)

③ 身体の発育の特徴

身体の発育の特徴として、各器官ごとに発育のスピードが異なることがあげられる。図表1-8で示されているのは、スキャモンの発育曲線である。横軸が年齢で、縦軸は20歳を100％とした各年齢での各器官の発育の程度が示されている。神経型は、脳、脊髄、神経などの頭部外面計測値、一般型は身長、胸囲、骨格などの発育、リンパ型は免疫等にかかわるリンパ組織の発育、生殖型は生殖器の発育である。神経型は発育が早い時期から進み、6歳までに成人の90％に達する。一般型は、体格に関係しており、幼児期に急激に発育するがその後ゆっ

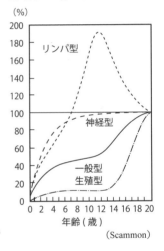

【図表1-8】 器官別発育曲線

(Scammon)

くりとなり、12歳以降に再び発育のスピードを速める。リンパ型は12歳頃に成人の200％に達するが、その後は成人の頃に100％に低下する。生殖型は思春期以降に急激に発育する。身体の各器官の中では、神経型が幼児期の運動に深く関係しており、運動を上手に行ったり、調整したりすることは神経型の器官の発育が基盤となっている。神経型の発育が6歳で成人の90％程度に達するために、幼児期ですでに大人と同じようなレパートリーの80数種類という多様な動きを獲得できる。

（2）身体の形態的発達

① 身長・体重の変化

図表1-9は乳幼児の身長と体重の発達的変化である。わが国の出生児の平均身長は約50cmであり、平均体重は約3,000gである。生涯を通じて、乳児期である最初の1年がもっとも速いスピードで量的に増大する。1歳前後に身長は出生時の約1.5倍の75cmになり、体重は約3倍の9kgになる。身長体重ともに増加のスピードはゆるやかになっていくが、6歳までの変化は生涯を通じて著しいものがある。幼児期は子どものさまざまな面で大きな

§2 運動することで期待できる効果

【図表 1-9】 乳幼児身長および体重の発育曲線

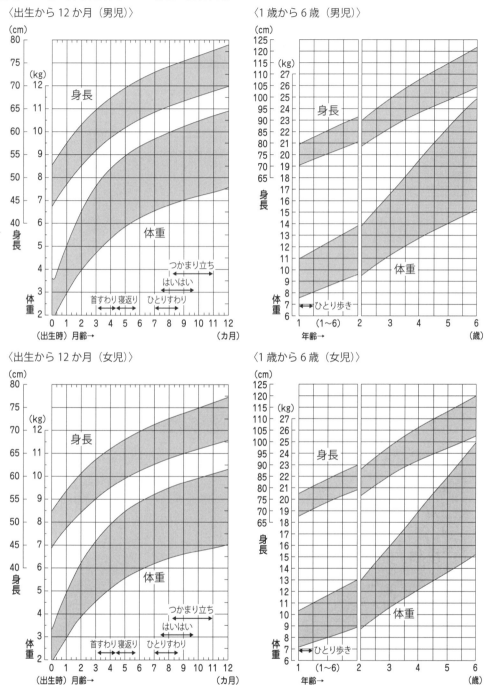

（厚生労働省「平成22年乳幼児身体発育調査報告書」、2011）

成長がみられるが、身長体重の増大は目でとらえてわかりやすい子どもの成長する姿である。
　男女の違いについては、出生時より身長体重ともに女子よりも男子のほうが大きい。思春期のスパートが女子のほうが早く始まるために、一時的に女子が男子を上回ることがあるが、

17

Part 1-1　運動はなぜ幼児に大切（必要）か

【図表1-10】　身長と頭長の比

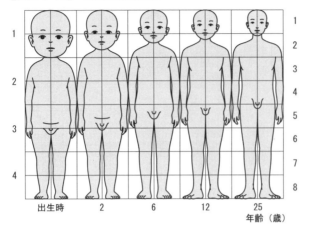

- 身長と頭長との比
  出生児　4：1
  2　歳　5：1
  6　歳　6：1
  12　歳　7：1
  25　歳　8：1

- からだの中心点は、乳児はへそより上、成人は恥骨結合の位置にある。

（C.H.スュトラッツ『子供のからだ』
創元社、1952、p.60）

その後は男子の平均値は女子のそれよりも上回っている。

　身長・体重には個人差があるが、長期間増加の度合いを調べ、平均値のカーブと同様のカーブを描いて増加している場合には、正常な発達とみなすことができる。グラフの帯の中には94％の子どもが入るが、この帯に入らなかったり、増加のカーブが異なる場合には、疾病がある可能性があるので、保護者とともに専門機関への相談を薦めるのがよいだろう。

② 体格の変化

　図表1-10は身長に占める頭部の割合が示されている。出生時は4頭身であるが、6歳には6頭身、成人すると8頭身となる。スキャモンの発育曲線で一般型に比べて神経型の発育が早く発育することをみてきたように、頭部の発育が身体の他の部位と比較すると早くに始まっているためと考えられる。身体の発達が周辺へ進むにつれて、体幹や上肢、下肢の伸びが増大するために、頭部の全身に占める割合は減少していく。

　子どもは遊びや生活の場面で、転倒しやすいということがいわれている。頭部の割合が大きく、身体の重心が高い位置にあるために、バランスをとって姿勢を保持することが難しいことが理由である。また、転倒を未然に防ぐ、バランスをとってある姿勢を保持するといった運動技能が未熟であるということもいえるだろう。そのため、子どもの活動では保育者は常に転倒の危険性がないかどうかといった安全面での配慮をする必要がある。高さのある遊具周辺での活動の際には、子どもの運動技能に合った高さを生かした遊びとなっているのかどうかを考え、高さのある場所には保育者が必ず立って子どもの動きを確認する、転倒や転落の危険性があれば下にマットを敷くなどする。

③ 身体組成

　身体組成を体水分量（図表1-11）と体脂肪（図表1-12）でみてみると、体重に占める総体水分量は出生時で約78％ともっとも高く、幼児期後半には60％程度まで低下する。体脂肪量は、出生時は体重の約12％であるが、その後急激に増加して生後6か月で25％、1歳で28～30％となる。その後運動量が増えてくると筋肉量が増加するので、体脂肪量は徐々に減少して、幼児期後半には約22％となる。男女の違いは思春期以降に顕著にみられるよ

§2 運動することで期待できる効果

【図表1-11】 体水分量の年齢による変化

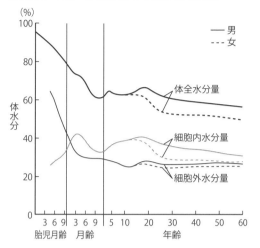

【図表1-12】 体脂肪の年齢による変化

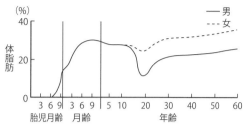

(Friis-Hansen B.(1971); Body composition during growth. In vivo measurements and biochemical data correlated to differential anatomical growth. Pediatrics 47, 264)

【図表1-13】 手骨の発育

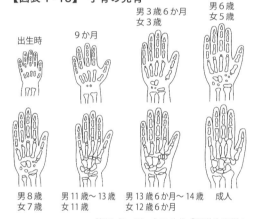

(朝比奈一男・中川功哉「運動生理学」『現代保健体育学大系7』大修館書店、1974)

【図表1-14】 脚部の発育過程

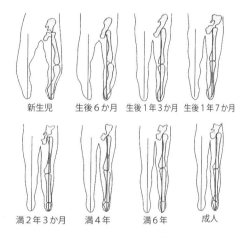

(高石昌弘・宮下充正「スポーツと年齢」『現代スポーツ科学講座』大修館書店、1977)

うになる。

④ 骨の発育

　骨は軟骨から硬い組織の骨へと変わる化骨という現象により発育する。化骨と同時に骨の数も増える。骨の発育状況は、一般的に手根部の化骨数をレントゲンで調べることによって確認できる（図表1-13）。脚部の骨は図表1-14のように発育する。成長の過程で子どもの足がO脚ぎみにみえたり、X脚ぎみにみえたりするのはこのような発育過程があるからである。

　子どもは高いところから飛び降りる動作を遊びの中で好んでするが、衝撃を和らげる背骨のわん曲はまだ形成の途中にあるので、過度な負担がかからないよう高さを考慮する。

　骨が発育するにつれて骨組織が変わると同時に数が増え、組み合わせが複雑になり、多様な動作ができるようになる。幼児期に負荷の大きい運動が適さない場合があるのは、骨の発育を阻害することにつながるからである。また、子どもの遊びや生活の中には、大人が子ど

Part 1 − 1　運動はなぜ幼児に大切（必要）か

もの手を取って何かをすることが多くあるが、脱臼に注意する必要がある。大人が手を引くときは、子どもの動きや気持ちをよくみて受け止めて、子どもの自然な動きに合わせて援助するとよいだろう。

⑤ 体格の評価

体格は、身長が高いとか体重が軽いだけではなく、肥満度やカウプ指数（BMI）により健康度を測定して評価することが可能である。求め方は下記のとおりである。

・肥満度：右記
・カウプ指数（BMI）＝体重（kg）／身長（m）^{2}

〈肥満度計算式〉

$$\frac{（実測体重－標準体重）}{標準体重} \times 100\%$$

20〜30%　軽度肥満
30〜50%　中等度肥満
50%以上　高度肥満

近年、幼児期からの生活習慣病、生活習慣病の予備軍が増加し、予防の上でもこのような指数を用いて何らかの働きかけが必要かどうかを判断する材料とすることがある。カウプ指数（BMI）は、乳児期、幼児期、それ以降成人にかけて基準が異なるので、評価は適切に行われるべきである。乳幼児期の基準は図表1−15に示すとおりであり、とくに乳児期には月齢を基準にして評価したほうがよい。

【図表1-15】　乳幼児のカウプ指数パーセンタイル曲線（平成12年調査）

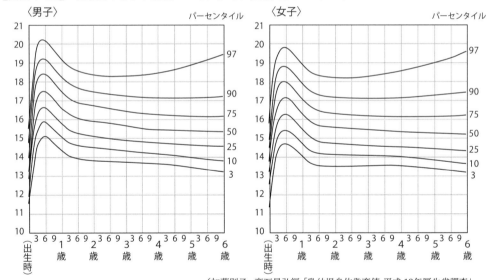

（加藤則子・髙石昌弘編「乳幼児身体発育値 平成12年厚生省調査」
小児保健シリーズ No.56　日本小児保健協会、2002）

体格の評価は生活習慣病などの予防に役立てることができるが、日常の生活で運動量や運動の内容を変えることにより、改善することもありえる。肥満傾向が気になる子どもへの対応は、家庭や医療機関と連携して取り組むことが必要である。

（3）身体の機能的発達

図表1−16と1−17には、子どもの基礎代謝量と生理的データを示してある。これらの生理的データは、身体のリズムを知る際の手がかりとなる。体表面積当たりの総消費エネルギーは年齢が低いほど多いが、体重1kg当たりの基礎代謝量（生命を維持するために最低限必

§2　運動することで期待できる効果

【図表1-16】　各年齢の体重50パーセンタイル値を基にした基礎代謝量

年齢	男子		女子	
	体重50パーセンタイル（kg）	基礎代謝量（kcal）	体重50パーセンタイル（kg）	基礎代謝量（kcal）
1歳	9.39	573 (61)	8.72	521 (60)
2歳	11.50	701 (61)	11.00	658 (60)
3歳	13.49	739 (59)	13.07	682 (52)
4歳	15.50	851 (55)	15.07	766 (51)
5歳	17.47	957 (55)	17.14	895 (52)
6歳	19.65	873 (44)	19.41	832 (43)
7歳	22.17	886 (40)	21.89	923 (42)
8歳	24.95	1,108 (44)	24.47	1,026 (42)
9歳	27.96	1,048 (37)	27.43	953 (35)
10歳	31.39	1,174 (37)	31.23	1,087 (35)
11歳	35.59	1,331 (37)	36.26	1,277 (35)
12歳	40.74	1,261 (31)	41.51	1,230 (30)
13歳	46.34	1,432 (31)	45.81	1,355 (30)
14歳	51.63	1,599 (31)	48.77	1,446 (30)
15歳	55.94	1,510 (27)	50.57	1,280 (25)
16歳	58.79	1,589 (27)	51.59	1,310 (25)
17歳	60.42	1,631 (27)	52.14	1,319 (25)

（注）（ ）内は体重1kgあたりの量

（文部科学省「平成12年度学校保健統計調査報告書および小児・思春期糖尿病管理の手びき」
日本糖尿病学会編　南江堂、2001をもとに作成）

【図表1-17】　生理的なデータの発達的変化

年齢段階	新生児	乳児	幼児	学童	成人
消費熱量（Cal/kg/日）	―	110	85〜90	70〜80	40
呼吸数（/分）	40〜50	30〜40	20〜30	20	16〜18
脈拍数（/分）	120〜140	100〜120	90〜100	80〜90	60〜90
収縮期血圧（mmHg）	―	70〜90	80〜100	95〜105	100〜130
拡張期血圧（mmHg）	―	40〜60	50〜70	60〜80	60〜90
腋窩体温（℃）	37.0〜37.5	36.7〜37.0	36.5〜37.0	36.5〜37.0	36.3〜37.0
尿の1日量（cc）	50〜200	300〜500	500〜700	700〜1000	800〜1200
排尿回数	10〜25	15〜20	10〜12	7〜10	4〜6

	新生児	4か月	7か月	3年	学童期	思春期
睡眠時間	15〜17	14〜15	11〜14	11〜12	8〜10	7〜8

（前田如矢・福西睦子『育児と小児保健』金芳堂、1983）

要なエネルギー）は1〜2歳で最高となり少しずつ減少する。脈拍数や呼吸数が大人と比べると年齢が低いほど多いのは、体重当たりの総消費熱量が大人に比べて高いにもかかわらず心肺機能が未熟なためである。体温は乳児の頃は37度台で日内変動が大きいが、1〜2歳で36度台後半となり、日内変動も少なくなる。体温は体調管理の目安となるため、水遊びのある日は検温して登園するなど家庭に協力を求める。排尿回数と排尿の量は、年齢が低いほど回数が多く、1回の排尿量が少ない。また、季節による変動もあり、寒い季節には排尿回数が増える。園庭や園外保育の活動の際には、なるべく遊びが中断しないよう排尿のタイミングを考慮した保育を心がけるとよい。

（4）今日の子どもの身体発達の課題

　今日、生活習慣病のリスクのある肥満傾向にある子どもや、痩身願望のある子どもは増加している。また、肥満傾向と痩身願望は図表1−18のように、年齢が高くなるにつれて増加している。同じ調査の地域ごとのデータでは、北海道・東北は、全国よりもいずれも割合

Part 1-1 運動はなぜ幼児に大切(必要)か

が上回るという報告がある。自然があり身体を動かす環境があるように思われがちであるが、自家用車を生活の中で利用することが多いこと、近くに同年代の遊び友だちが少ないことなどが、運動不足につながっているのではないかとみられている。遊びや運動の機会が減少すると肥満や痩身の出現数が増えてくるようである。

肥満傾向にある子どもは、運動に興味があっても、自分のからだが思うようにコントロールできずに活動に取り組めない場合がある。その子に合った運動内容を継続的にできるように考慮したい。また図表1-19にあるように肥満度の高い子どもほどテレビ視聴やゲームの時間が長いというデータがある。テレビ視聴やゲームに限らず、室内での遊びが増加していることは、肥満傾向の増加を助長する。肥満傾向にあれば動くことを億劫にさせて室内遊びになりがちとなるし、室内遊びが多くなると肥満傾向が増加する。

また、食物アレルギーや環境アレルギーなど、最近は何らかのアレルギー

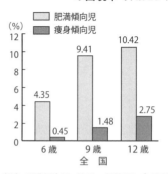

【図表1-18】 肥満傾向児と痩身傾向児の出現率(平成28年度／男子)

(注)肥満傾向児:性別、年齢別に身長別平均体重を求め、その平均体重の120%以上の者
痩身傾向児:性別、年齢別に身長別平均体重を求め、その平均体重の80%以下の者

(文部科学省「平成28年度学校保健統計調査」、2016より作成)

【図表1-19】 肥満度別のテレビ・ビデオ視聴、テレビゲーム類の行っている時間

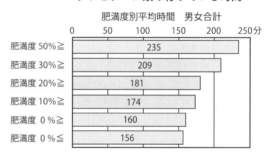

(日本小児科学会「子どもの生活環境改善委員会報告」、1995)

【図表1-20】 各アレルギー疾患の罹患状況の推移

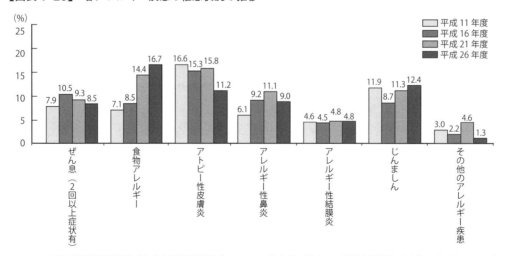

(東京都福祉保健局健康安全室環境保健課「アレルギー性疾患に関する3歳児全都調査(平成26年度)」、2015)

をもつ子どもも増えている（図表1-20）。アレルギーがある場合は、食事が制限されたり、生活や行動に制約があることが多いので、アレルギーをもつ子どもに対しては、その子の生活全般を理解して、適切な運動に取り組めるよう対応を考えていきたい。

2．動きの発達と運動

（1）運動技能の獲得過程

運動技能の獲得過程は、図表1-21のような構造が示されている。図表1-21をみると、0～2歳で獲得される「移動運動の技能」が幼児期の「基本運動の技能」獲得のベースとなっている。さらに「基本運動の技能」は児童期以降に獲得される「スポーツ的・ゲーム的活動の技能」「日常生活・仕事の技能」「表現の技能」の土台となっていることがわかる。

【図表1-21】 運動技能獲得過程の概念図

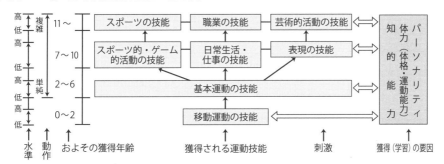

（近藤充夫『幼児のこころと運動』教育出版、1995、p.73）

（2）移動運動の技能の獲得

生後半年を過ぎる頃から子どもは「這う」動きができるようになってくる。はじめは後ろに下がったり、ぐるぐる回ったりしていた「這う」動作も、1歳を迎える頃には目的に突き進む見事な「はいはい」を披露して保護者を驚かせるまでに成長する。興味や関心のあるものに向かい、とにかく「這い回る」ことも多くなり、気がついたときには「床に落ちていたゴミを食べようとしていた」など、肝を冷やした保護者（保育者）も少なくないはずである。そして、「つかまり立ち」から「1人歩き」へと進み、1歳半を迎える頃には「歩く」動作をほぼ獲得することになる。

「這う」「歩く」といった動作の獲得には、「興味や関心のあるものに近づきたい」という子どもの知的好奇心が動機づけとして関与している。そして「這う」「歩く」動作ができることでさまざまな環境へアクセスする機会が増え、子どもの知的好奇心がさらに高まっていくのである。このように「移動運動の技能」と「知的能力」は相互に密接な関連をもち、影響を及ぼし合いながら発達している。たとえば、はいはいをしながらボールを追いかけるような遊びでは、ボールを追いかけながら自分の身体を移動させる経験を積み重ねることにより、方向や位置、距離などの空間的認知能力の発達が促されることが指摘されている。また、何らかの理由により「移動運動の技能」の発達が滞ると、さまざまな環境へアクセスしていく機会が減少してしまうことになる。結果として、多様な刺激が脳に入力される回数も減少

Part 1 - 1　運動はなぜ幼児に大切（必要）か

し、「知的側面の発達」にも影響が出る可能性があることを保育者は覚えておきたい。

（3）基本運動の技能の獲得

　幼児期は、スキャモンの発育曲線で示されている神経系の発達の敏感期であり、からだを動かすことを通して多様な運動刺激を得ることにより「走る」「跳ぶ」「登る」「つかむ」「投げる」「押す」「蹴る」など、動作語で表現できる基本運動の技能を身につけていく。しかしながら、都市化、情報化、少子化が進んだ現代社会では、子どもが屋外でからだを動かして遊ぶ経験を積み重ねることが難しくなっており、結果として幼児期の多様な動きの獲得が妨げられてしまうことが懸念されている。この時期の経験不足は、児童期以降の運動パフォーマンスにも影響を及ぼすといった意味で深刻な問題と言わざるを得ない。たとえば、最近では、子どもたちがドッジボールを昔のように楽しめなくなってきていることを心配する小学校教員が少なくない。幼児期からの「投げる」動作の経験が積み重なっていないことが表面化したわかりやすい一例である。幼児期に「投げる」動きをほとんど経験しないままこの時期を経過すると、小学校以降に練習を重ねて動きを獲得することができた場合でも、その動きにはどこかぎこちなさが残ってしまう可能性が高いことも指摘されており、神経系の発達の敏感期である幼児期に「基本運動の技能」を経験しておくことの重要性が強調されている。

　このような状況を鑑み、文部科学省は2013年に幼児期運動指針（Chap.4§7「幼児期運動指針とは」参照）を公表し、全国の保育所や幼稚園、こども園に配付した。指針では、多様な動きが含まれる遊びをバリエーション豊かに楽しめる工夫が必要であると示されている。

　この時期は、子どもが獲得する「基本運動の技能」の幅が広がるような意識をもって保育に携わることが必要となる。この時期に獲得された「基本運動の技能」が多様であれば、その後の運動技能を洗練させる段階にスムーズに移行することができるためである。

　たとえば幼児期に経験した「打つ」という運動技能のつながりを考えてみよう。このような動きが小学生になって、「スポーツ的・ゲーム的活動の技能」においては「バレーボールのスパイク」、「バットで打つ」など多様な「打つ」動作が洗練されることになる。そして、高いレベルまで「打つ」動きを磨き上げることに成功すれば、プロの選手として活躍する道につながることもあるだろう。また、「日常生活・仕事の技能」では、「釘を打つ」といった動作をみることができる。国宝級の建造物を修復する際には木の性質や気候を考慮した特別な釘が使われることがあり、それを「打ち込む」職人も特別な「打つ」技能を身につけた者に限られるという話がある。「表現の技能」では「太鼓を打つ」などの動作をみることができる。達人の打つ太鼓の響きは、我々の心に染み入り心を豊かにしてくれる。これらのさまざまな「打つ」動作を発展させていくためのベースとして、幼児期に獲得される「基本運動の技能」としての「打つ」動きの経験が欠かせないことを覚えておきたい。個人がどういった運動技能を洗練させていくかは、青年期や成人期の興味、関心、趣向等にもとづく選択により実にさまざまである。子どもが将来どのような技能を必要とするのかを幼児期に予見することはできない。であるならば、できる限り多様な「基本運動の技能」を獲得し、来

るべき将来に備えることが必要となる。

多様な動きを身につけるためには、それらの動きをくり返し経験することが求められる。運動遊びの場面では、新規な課題（たとえばボールでまりつきをするなど）を比較的短い時間でマスターする子どもがいれば、何度挑戦しても上達があまりみられない子どもがいる。一般的に、前者のタイプは「器用な子ども」「運動神経がよい子ども」といわれ、後者のタイプは「不器用な子ども」「運動神経の鈍い子ども」といわれる。近藤は器用な子どもと不器用な子どもの保育曲線を示しているが（図表1-22）、これらタイプの異なる子どもの運動指導の参考にすることができる。

運動初期の段階において、器用な子どもはその動きが高い水準に到達する。一方で不器用な子どもの動きは低い水準に停滞したままである。不器用なタイプの子どもはこの時点で器用な子ど

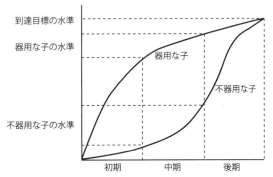

【図表1-22】 器用な子と不器用な子の保育曲線（近藤）

（近藤充夫『幼児のこころと運動』教育出版、1995、p.40）

もと自分のパフォーマンスを比較し、「どうせ僕は（私は）できないから……」とあきらめてしまうことも少なくない。あきらめてしまえば動きをくり返して経験することがなくなり、技能は上達しない。そして、低い水準のまま次の発達段階に進むことになり、児童、青年期での課題となる運動技能の洗練を困難なものとしてしまう可能性が極めて高いということになる。

ここで重要なことは、不器用な子どもであっても、その運動を続けていけば、その水準が器用な子どもの水準へと限りなく近づいてくることである。経験の回数を重ねるに従って少しずつ技能の水準が高まり、後期になると急速に上達していくのが不器用な子どもの保育曲線にみられる特徴なのである。

子どもが途中であきらめそうになった際に、その運動を続けようといった気持ちが子どもに湧いてくるような働きかけが保育者に求められることになる（具体的にどのような働きかけが考えられるかについては内発的動機づけ（p.58）、および応答的環境（p.59）を参照）。

同時に注意しなければならないことは、上達するために必要な条件は動きの経験量であり、それは必ずしも活動に携わっている時間に比例するわけではないということである。たとえば「なわとび遊び」を行っている場合でも、器用な子どもは一度に何度も跳ぶことができ、積極的に跳ぶことに参加しているため、同じ時間遊んでいる不器用な子どもに比べて経験の量が多くなることがよく起こる。このように同じ時間なわとび遊びをしているのだから、同じだけ経験を積んでいるのだろうと思っていると不器用な子どもの経験量は少なくなってしまう。保育者は不器用な子どもに対して、保育者といっしょにじっくりと取り組む時間を設けるなど、その経験量を増やすことを心がけることが大切である。

（4）運動技能のカテゴリー

　幼児期運動指針では、幼児期に獲得していく動きを「体のバランスをとる動き」「体を移動する動き」「用具などを操作する動き」の3つのカテゴリーに分類し整理している。

　「バランスをとる動き」は、「移動する動き」や「操作する動き」のベースとなっており、「起きる」「座る」「転がる」などの動きがそれにあたる。子どもの遊び場面では「ブランコ」や「ジャングルジム」、「すべり台」などの固定遊具を使った遊びでこのような動きがみられることも多い。「移動する動き」は、「歩く」「走る」「跳ぶ」「登る」など、からだがある位置から水平方向あるいは垂直方向へ移動するような動きがそれにあたる。子どもの遊び場面では、とくに道具を使わない遊び（鬼ごっこなど）で移動する動きが多く確認されることが報告されている。「操作する動き」は、「投げる」「捕る」「つく」「回す」「蹴る」など、対象に力を加えたり、あるいは対象より力を受け取る動きがそれにあたる。これらの動きは主に「ボール」「フープ」「なわとび」などの小型遊具でみられやすい動きであることが知られている。

　幼児期に「基本運動の技能」として獲得されるこれらの動きは、その後の経験によりさらに洗練され、高度な動きとなって生活のさまざまな場面で活用されることになる（例として、バスケットボール場面への技能のつながりを図表1-23として示した）。

【図表1-23】　基本運動の技能とスポーツ場面での運動技能のつながり

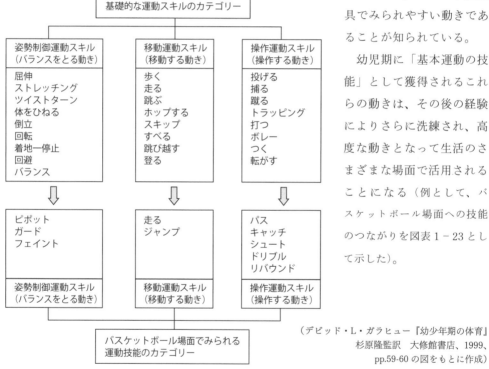

（デビッド・L・ガラヒュー『幼少年期の体育』
杉原隆監訳　大修館書店、1999、
pp.59-60の図をもとに作成）

（5）動きの転移

　西嶋らは、遊びの中でみられるひねり要素を多く含んだ遊び（こままわし、輪なげ、めんこ、フリスビー、紙ひこうきとばしなど）が、投動作に及ぼす可能性に着目し研究を行っている。とくに未熟な投動作の段階にある幼児であっても比較的簡単に「大きなひねりをともないながら投げる」感覚を経験しやすい「フリスビー」に着目し、「外ひねり投げ」（身体の外方向に腕が動く投げ方）の経験が、「内ひねり投げ」（身体の内方向に腕を動かす投げ方）に及ぼす影

§2 運動することで期待できる効果

響について動作分析を行っている（図表1-24）。

【図表1-24】 外ひねり投げと内ひねり投げ

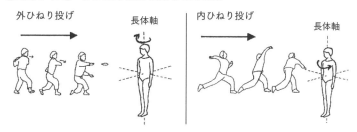

（西幅孝弘・太田昌秀「投動作における運動発生形態をもとにした伝承論～あそびから投動作へ～」日本体育学会第49回大会発表資料、1998）

分析の対象となったのは、外遊び経験が少なく（保護者からの申告）、投動作が未熟と判断された4歳～13歳の子どもである。子どもはスポーツクラブが始まる前の10分程度フリスビーで自由に遊ぶ経験（フリスビーの当てっこ遊びや的当て遊びなど）を重ねた。

遊びの前後における投動作の変化を動作分析した結果として、「ひねり動作が出現するようになったこと」（図表1-25）、「足の交差型が自然に出現したこと」（図表1-26）などが報告され、フリスビー遊びで培った「身体を大きくひねりながら投げる」感覚は、投動作にも影響を及ぼす可能性の高いことが指摘されている。そして、フリスビーの遊びの中での運動構造の類似性や筋感覚が運動のリズムとして逆方向の動き（投動作）に転移したのではないかといった考察がなされている。

幼児期は多様な運動技能（投げる、捕る、走る、登る等）を獲得することが必要であるとされ、これらの動きを獲得していくためにくり返して経験することが必要であるとされてきた。西幅らの研究結果は「その動き」そのものがくり返し経験されなくとも、運動構造や筋感覚の類似性をもつ動きを経験することにより、動きが転移される可能性を示したものとして興味深い。

【図表1-25】 フリスビー遊び前後の投動作の比較（Y男・4歳児の事例）

4歳児　Y男　はじめの様子（H9.10.23）

○腕だけで押し出すように投げている。

4歳児　Y男　15分間のフリスビー遊び×6日（H9.11.27）

○長体軸のひねりが出現してきている。

4歳児　Y男　15分間のフリスビー遊び×20日（H10.4.2）

○ひねりや鞭動作のみられるまとまった動きとなっている。

【図表1-26】 フリスビー遊び前後の投動作の比較（K男・4歳児の事例）

4歳児　K男　はじめの様子（H10.5.14）

○ナンバ型（同じ側の手足を前方に出す）で投げている。

4歳児　K男　10分間のフリスビー遊び×4日（H10.6.15）

○交差型に変化し、重心の移動を伴っている。

（西幅孝弘・太田昌秀「投動作における運動発生形態をもとにした伝承論～あそびから投動作へ～」日本体育学会第49回大会発表資料、1998）

（6）日常生活の中での動きの獲得

「幼児期は基本運動の技能の獲得時期であり、多様な運動技能を獲得する経験が必要である」といった文章を目にすると、「それではどのような運動遊びを……」ということになりがちである。運動技能とは運動遊びを通して獲得されるばかりでなく、日常生活におけるさまざまな活動を通して身につくものでもあることを覚えておきたい。

たとえば、「布団をたたむ」といった作業も大人にとってはそれほど難しい動きではないが、子どもにはかなり難しい運動技能（「つかむ」「もち上げる」「折り曲げる」など）を多く含んでいる（写真）。これらの活動を日常生活の中でくり返すことは、子どもの運動技能の獲得に大きく貢献することになる。そして、これらの動きは、「自分のペースで行うことができる」といった利点もある。

幼児期運動指針においても、「幼児にとって体を動かすことは遊びが中心となるが、散歩や手伝いなど生活の中での様々な動きを含めてとらえておくことが大切である」ことが指摘されている。特に「お手伝い」は、運動技能を高めながら、自分の活動が感謝される経験を通して社会性の発達に影響を及ぼす可能性が高いと考えられる。運動といえば、プールや体操教室といった習い事にその経験を委ねる傾向が少なくない中、家庭に向けて「日常生活の中での動き」の重要性を伝えていくことも保育者の大切な役割のひとつである。

3．心の発達と運動

（1）感情の発達と運動
① 感情とは

人は、喜んだり悲しんだり喜怒哀楽などの豊かな感情（feeling）を表出することで周囲とのコミュニケーションを図っている。感情とは、快―不快を基本軸として感じる主観的経験の総称で、ごく簡単にいえば主観的な気持ちである。一般的に使われる「感情」の他に、「情緒・情動（emotion）」や「気分（mood）」、「情操（sentiment）」など同じように用いられる言葉がある。厳密にいえば主に情動（情緒）を扱うことになるが、ここではもっとも一般的な「感情」を統一して用いることとする。

② 乳幼児期の感情の発達

これまで長い間、乳幼児の感情は出生後の「興奮」という未分化な状態から、「不快」と「快」、さらにそれらがさまざまな感情に分化していくと考えられてきた[17]。しかし近年、乳児の表情研究が進むにつれ、出生直後から「興奮」だけではない、いくつかの感情がある

注17）Bridges, K.M.B. (1932); Emotional development in early infancy. Child development, 3, 324-334.

ことがわかってきた。スルーフやルイスは、誕生直後から「苦痛」「満足」「興味（関心）」の3種類の原初的な感情が備わっているとし、新生児期には周囲の刺激に対する反応としての「不愉快」「驚き」などが表われ、2〜3か月頃になると、「うれしさ」や「悲しみ」「怒り」などの感情もみられる。1歳頃には「すねる」「得意」の表出もみられ、生後1年くらいまで間に、興味（関心）、喜び、嫌悪、苦痛、悲しみ、怒り、驚き、恐れといった基本的な感情が表現されることから、基本的な感情はかなり生得的なものではないかと考えられている（図表1-27）。

1歳を過ぎると徐々に自己意識が芽生えてくるのにともない、「恥（てれ）」や「共感」「嫉妬」も表われてくる。さらに2歳以降には、ある種の基準や社会のルールを内在化できるようになり、「誇り」「罪悪感」のような感情も表れ、3歳頃までには大人がもっているほとんどの感情が出揃う。このように人生の初期にさまざまな感情に分化することを感情の早期分化という。

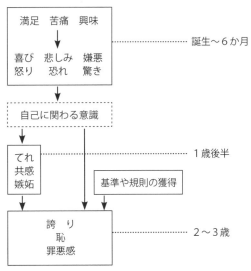

【図表1-27】 ルイスによる感情の発達

(Lewis et al.,1989.：桜井、2006 [18])

③ 乳幼児の感情と運動

このような感情の発達には、周囲からの積極的な働きかけが重要である。感情は、快─不快といった緊張や興奮が生起し、表出し、解消するという過程をくり返すことにより促進される。つまり、豊かな感情を育むには、豊かな感情的経験が必要である。しかし、感情的経験が重要であるとはいえ、その感情的経験が子どもの心身の健康や育ちに悪影響をもたらさない形で経験されなければならない。極端に不快な状況に置かれ、毎日恐怖や不安を感じてばかりいたのでは、心身の健康が歪められてしまう。また快の感情だけ経験していればよいかというとそうではない。不快な感情の表出の仕方を学ぶ機会がもてないだけでなく、不快な状況に陥ったときの対処の仕方も学ぶことができなくなる。

子どもは、毎日の生活の中でさまざまな感情的体験をしている。その中で運動的な遊びにおいては、感情的体験の量、インパクトの強さ、快から不快までさまざまな種類の感情が生起する機会が多く提供される。挑戦的な場面では不安になりつつも、できたときの喜びは大きい。いっしょにいる友だちが「すごい」と声をかけてくれて得意な気持ちになる。同じ遊びでもたくさんの友だちといっしょに行うことで、その楽しさは倍増する。短時間のうちに多くの種類の感情を強いインパクトで体験し表出する機会となる。また、多くの友だちとかかわることの多い運動遊びでは、思い通りにいかずに不満に思ったり、嫌な思いをしたり、

注18）桜井茂男「第7章 感情と動機づけ」桜井茂男編『はじめて学ぶ乳幼児の心理 こころの育ちと発達の支援』有斐閣ブックス、2006、pp.117-124

Part 1 - 1　運動はなぜ幼児に大切（必要）か

くやしい思いをすることなど不快な感情も体験する。このように運動的な遊びは、子どもに
豊富な感情的体験を与えてくれる機会となっている。

④ 乳幼児の感情と保育者のかかわり

　感情を表出することは、感情的な興奮や緊張を解消し満足を得ることにつながる。感情の
発達において大切なのは、まず子どもが感じた感情的な興奮や緊張を十分に自由に表出でき
るようにすること、それに対して応答的にかかわることである。嫌なことがあったり、怖い
ときに何もいえなかったり、おもしろいこと、楽しいときにも表現ができないなど、過度に
感情の表出を制限される環境で育ったり、極端に感情的経験の少ない環境で育てられた子ど
もは感情の発達が歪められてしまう。子どもは好奇心が旺盛である。子どもの新しい発見や
経験に対して寛大で受容的にかかわることが感情の発達においても大切である。

　感情的体験において運動遊び場面の指導で気をつけなければならないことは、快の感情的
体験は強化し、不快な感情的体験はその活動との結びつきが強くならないようにしていくこ
とである。イザード[19]は「興味」の感情はあらゆるタイプの遊びにおいてその動因となっ
ているとしているが、人は「興味」「喜び」「得意」など快の感情を抱くものに対しては接近
する行動に、「嫌悪」「恐怖」「苦痛」など不快な感情を抱くものに対しては回避する行動を
とる。したがって、快の感情的体験をした場合は強化してやり、新たな意欲へと結びつけて
やることが大切である。これに対し、不快な感情的体験をした場合は、不快な感情とその活
動との結びつきがそれ以上強くならないように配慮する必要がある。一般的には、「水泳は
怖い」「サッカーはおもしろい」など、ある特定の種目に対して特定の感情が対応している
ことはない。しかし、ある活動で極度の恐怖心を抱いてしまった場合には、その活動は怖い
ものだと思ってしまい、またやりたいとは思わないだろう。

　本当は怖くないのに、過度に怖がってしまう場合は段階を踏んで恐怖心を軽減させたり、
自身が過度に怖がってしまっていたことを知る機会としたり、鉄棒＝恐怖などのように強固
な結びつきをつくらないようにしなければならない。とくに怖いや痛い、苦しいなどの不快
な感情をもたせないようにしていく配慮が必要である。

　また、保育者は「明るくてやさしい先生」としていつもニコニコしているだけではなく、
それぞれの場面に応じた感情を表出していくことも必要である。楽しいときは子どもといっ
しょに喜び、悲しいときは慰め合ったりすることで、子どもは保育者をモデルとして感情の
表出やその対応などを学んでいく。

⑤ 感情的興奮・緊張の対象と表出方法の変化

　感情の発達にともない、感情的興奮や緊張の対象となるものにも変化がみられてくる。た
とえば、「恐れ」の対象は、乳児期から幼児期前半にかけては具体的なものや直接的な出来
事がその対象となることが多いが、幼児期前半から幼児期後半にかけては概念的なものや想
像上のもの、間接的なものにその対象が変化してくる。小さい時期では大きな音そのものや

注19) Carroll E.Izard　1923-2017　アメリカ　心理学者
　　　Carroll E.Izard『感情心理学』荘厳舜哉監訳　ナカニシヤ出版、1996

大きな音を出すものだったのが、次第におばけなどの想像上のものを怖がるようになる。これは、思考機能の発達によるものと考えられる。

一方、感情の表出もコントロールできるようになり（図表1-28）、変化してくる。直接的、衝動的、身体的な表出が多かったのが、6歳くらいになると言語的な表出や、表出を抑制したりするようになってくる。これらは認知面や言語機能などの発達や、周囲との相互作用を通してしだいに社会的に受け入れられる表現を学習していくためである。

感情の表出は、子どもの内的状態の表れでもあり自己主張の手段でもある。このことは、同時に他者に対する信号の役割も果たしている。子どもは他者との相互作用の中で、自分の考えを相手に伝えたり、相手の思いをくみ取ったりして適切な対応を身につけていく。幼児の感情は激しく、短く、変わりやすい。子ども同士がお互い自己の感情を十分コントロールできない中で、他者の極端な表出に強い恐怖を感じたり、臆病になったりするなど極端な経験に偏ることのないよう配慮することも必要である。

【図表1-28】　幼児の怒りの発達

(%)

	3歳	6歳	増減
怒ったとき足をばたばたする	77.6	52.0	減
怒ったときには床や地面の上にひっくりかえる	51.2	29.2	〃
怒ったときには泣きわめく	90.0	71.7	〃
怒ったときにはまわりの人に乱暴をする	60.5	51.4	〃
怒ったときにはじっとこらえている	41.5	52.9	増
自分の悪口を言われるとじっとこらえている	37.5	51.0	〃

（日本保育学会「本邦幼児の発達基準の研究」『幼児の教育』フレーベル館、1955）

（2）自己概念と運動

① 自己の発見と運動

運動経験とパーソナリティとの関係については、幼児期における自己概念の形成が重要な役割を果たしていると考えられる。自己概念とは自分に対する評価、あるいは自分自身についてのイメージであり、この自己概念がその人の行動傾向、すなわちパーソナリティーの中核になる。

私たちが自分自身に対してもっているイメージは、生まれながらにしてもっているわけではない。出生時は、自他未分化な状態にあるとされ、自分と自分以外のものとの区別がついていない。つまり明確なイメージをもっていない。それが泣くことなどによって外界に働きかけ、他者によって欲求が満たされるという周囲とのかかわりの経験や、自分の手や足などをいじったりなめたりするような自己刺激的運動をくり返すうちに、自分とそれ以外の事物との区別ができるようになってくる（身体的自己）。そして以降は自分の名前や他者との関係など行動的、社会的、心理的側面へと自己の領域を広げていく。

② 運動経験がパーソナリティーに与える影響

4、5歳くらいになると「……する」「……できる」という行動的な側面や能力に関する内容が多くなってくる[20]。子どもがさまざまな直接体験の中で、行動の主体という形で自己が意識されているのである。とくに「……ができる」という有能感は、幼児期の自己概念

Part 1 - 1　運動はなぜ幼児に大切（必要）か

の内容として非常に重要な位置を占めると考えられる。したがって、幼児期にどのような環境のもとでどのような経験をするかということが自己概念の形成において非常に重要になってくる。

　幼児期はさまざまな面で自立しはじめ、自分でしたいこと、できることも増えていく。あることをうまく成し遂げることができ、周囲からもほめられたり認められたりするとそのことに自信をもち、積極的に行動するようになる。このようなくり返しで、さまざまなことがうまくできる自分という自己像をつくることになる。これに対し、あることがうまくできずに、周囲からも認められず評価もされないということをくり返していると、自信を失い、駄目な自分というイメージをつくってしまうことになる。自信がなく不安や劣等感が高くなると、消極的で引っ込み思案になり、ますます何もできなくなってしまうだろう。

　ハーロック[21]が指摘するように、幼児にとって何かができるということは、運動によってできるということである。大人は多種多様な生活領域をもっているが、子どもにとっては運動が生活にもつ価値は非常に高い。また、運動は上手下手やできるできないがわかりやすいという特徴もある。運動のもつこのような性質が自己概念の発達してくる幼児期に非常に大きな意味をもつのである。

　自己を確立していく上では運動は密接に関連しているが、運動経験とパーソナリティーとの関係については、単に運動すれば一律に望ましいパーソナリティーが形成されるかというとそうではない。もっとも大切なのは、どのように運動にかかわったか、どのように運動を行ったかということである。すなわち、有能感をもつようにかかわれたのか、無力感をもつようにしかかかわれなかったのかということによって、運動のもたらす影響はまったく正反対のものになってしまう（図表1-29）。

【図表1-29】　運動経験と自己概念および
パーソナリティーの関係についての模式図

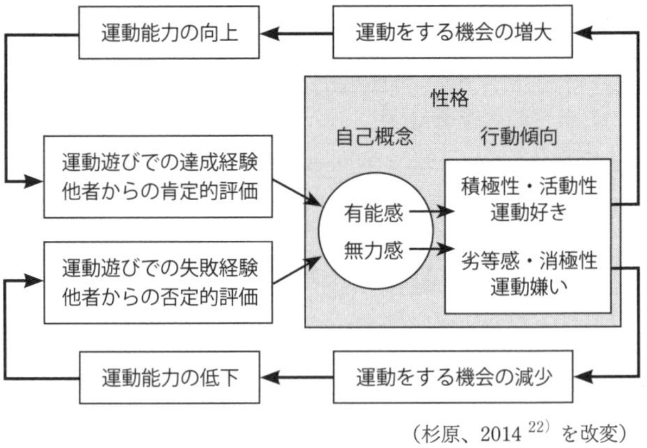

（杉原、2014[22]を改変）

③ 運動指導と保育者のかかわり

　したがって、幼児期における運動指導は、一人ひとりの子どもが有能感をもてるように最大限の配慮がなされなければならない。画一的に行われているスポーツ指導では、個人差が軽視され、決められたやり方でできた場合のみ上手であると評価される傾向にある。できるできないをはっきりさせたり、勝ち負けを強調したり、順番を競わせたりするようなスポーツ指導にありがちな方法は幼児のパーソナリティーの発達にとって望ましくない影響を与え

注20）柏木惠子『子どもの「自己」の発達』東京大学出版会、1983
　　21）Hurlock Elizabeth Bergner,　アメリカ　発達心理学者
　　22）杉原隆「幼児期の発達的特徴に応じた運動指導のあり方」杉原隆・河邉貴子編著『幼児期における運動発達と運動遊びの指導』ミネルヴァ書房、2014、p.57

ることがあるので注意しなければならない。個々の子どものもっている能力を十分に発揮し、自分のやりたいことを自分のやりたい方法で試行錯誤しながら上手になっていくという実感をもてるようにすることで、子どもは有能感をもてるようになる。

4．社会性（ルール）の発達と運動

（1）社会性とは

社会性とは一般的には「対人関係」に関することに用いることが多く、社会性の発達とは対人関係が形成されたり、維持されたりするときに必要となる行動の発達の全般を表している。社会性の発達の内容としては、人との信頼関係の形成、親からの自立、生活習慣の自立、自己統制、意思の相互作用、集団参加、基本的なルールや規範、他者の感情理解などが主なこととしてあげられる。3歳ぐらいになると友だちを意識した「いっしょに」とか「私も」という言葉や行動が多くなり、図表1-30に示したように自己をコントロールする力の2つの面「自己主張・実現」「自己抑制」が発達する。自己主張は3歳から4歳後半くらいまで高まるが、その後、変化は少なく、「自己抑制」は「欲しいものがあっても待てる・譲れる」「きまりやルールを守れる」「くやしい、悲しいとき感情を爆発させない」等、他者への共感や協調する傾向が年齢とともに高くなる。

社会性の発達には、「人との基本的な信頼関係の形成」が重要といわれており、安定した大人との信頼関係が自立や友だちとの良好な関係を築きやすいといわれている。また、社会化という言葉が使われることがあるが、生きていく社会の価値規範、生活様式など文化に適合するような行動を身につけていく過程を示し、運動場面の中には社会性の発達や社会化を促す要素が多く含まれる。

【図表1-30】 2つの自己制御機能（自己主張・実現と自己抑制）の発達

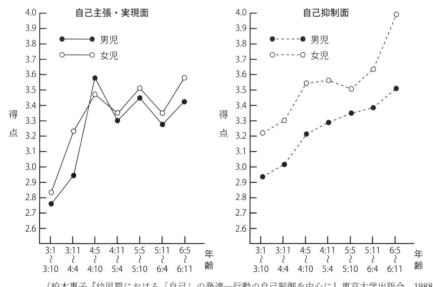

（柏木惠子『幼児期における「自己」の発達―行動の自己制御を中心に』東京大学出版会、1988）

Part 1-1　運動はなぜ幼児に大切（必要）か

（2）社会性と運動

前ページにあげた発達の中で、運動と社会性とのかかわりの深いのは、運動遊具や固定遊具の使用や集団のゲームで必要となる基本的なルールや規範などがあげられる。たとえば、乗りたいブランコは他の子が乗っているので、回数をかぞえて（何回乗ったら交代というルールがある場合）順番を待つ、といったルールがあることを理解し、すぐ乗りたいけれど待つとか、ドッジボールのゲーム中ボールに当たり、くやしいけれど外に出るといった経験を重ねながら、みんなで楽しさを共有するにはどのように行動をすることが必要かを理解し、身につけていく。しかし、発達の段階では自己中心的行動や自己主張からいざこざが生じることも多く、遊びが中断したり、成立しなくなることもあるが、そのような葛藤がルールをつくり、守ることの意識につながることも多いので、このような場面を大切にしたい。また、ルールを守るということは、ルール（きまり）を理解することが必要になる。図表1-31、1-32には、ルール（きまり）のある遊びと年齢の関連を示した。このような発達と集団遊びの成立を図表1-33に、1-34にその年齢的な変化を表した。集団生活の中で、友だちといっしょに遊ぶ楽しさをいろいろ経験していくと、ルールのある遊びを好んで行い、ルールを守ることを楽しんだり、ルールのある中で競ったり（図表1-35）、協力しながら役割を分担したり（図表1-36）、ルールがあることにより遊びが複雑になり、より楽しく、安全に行われることを理解するようになる。4歳児頃からこのような遊びが始まり、5歳児になるときまりがあり、協力関係が必要になる遊びを好んで行うようになる。このように幼児期の知的、社会的な発達が運動場面を多様化、複雑化させていくと同時に、運動する環境が社会性の発達を促していると考えられる。

【図表1-31】 遊びのきまりがわかる子・守れる子の割合　　【図表1-32】 生活年齢と遊びのきまりとの関連

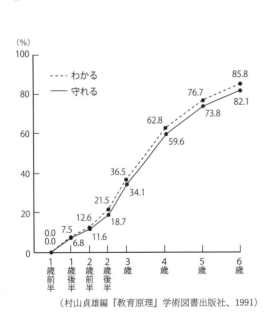

（村山貞雄編『教育原理』学術図書出版社、1991）

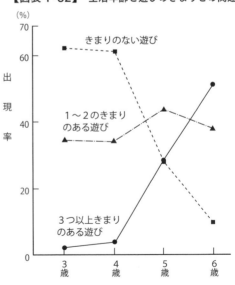

（上武正二他編『児童心理学事典』協同出版、1974　西頭の資料より作成）

§2 運動することで期待できる効果

【図表1-33】 遊びの発達

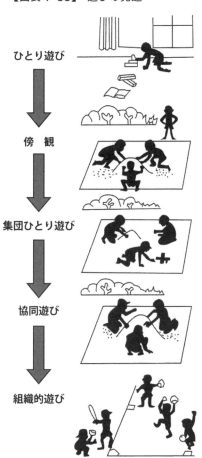

ひとり遊び
↓
傍観
↓
集団ひとり遊び
↓
協同遊び
↓
組織的遊び

(西山啓他監『目でみる教育心理学』
ナカニシヤ出版、1978)

【図表1-34】 遊びの年齢的変化

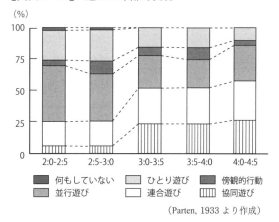

■ 何もしていない　□ ひとり遊び　■ 傍観的行動
■ 並行遊び　□ 連合遊び　‖‖ 協同遊び

(Parten, 1933 より作成)

【図表1-35】 競争に興味を示す子どもの割合

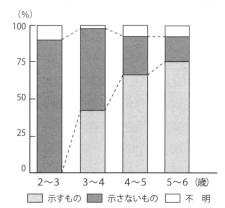

□ 示すもの　■ 示さないもの　□ 不　明

(Greenberg,1932：武政太郎・辰野千寿
『発達心理学概説』金子書房、1970)

現在、集団で遊ぶ経験が少ない子が多くなり、異年齢集団の減少により集団での遊びが成立しにくく、共通のルールも伝わりにくくなっているといわれている。しかし、運動場面でのルールは具体的であり、動きながら理解することができるので子どもが社会性を身につけるよい機会となる。集団で遊ぶ機会が少なくなってきている現在、保育者が園生活の中で、集団でルールや協力関係のある遊びを積極的に提案し実践することが求められている。

【図表1-36】 遊びのきまりと協力関係との関連

(西頭ほか、1969による)

	きまりが3つ以上ある遊び		きまりが1〜2つある遊び		きまりのない遊び		計
	協力関係		協力関係		協力関係		人数
	あり	なし	あり	なし	あり	なし	
3歳	5	0	44	27	4	120	200
4歳	0	10	68	9	52	94	233
5歳	64	1	88	14	22	42	231
6歳	116	1	87	0	7	17	228

表は対象とした子どもの数のうち、遊びにきまりと協力関係がみられた人数を表す。
年齢とともに社会性の一つでもある協力関係はきまりが多くなるに従って増し、そのような遊びが5歳頃より中心となる。このことは社会性の発達と集団の組織化が相互に関連していくことを示している。

(杉原隆・柴崎正行編『保育講座 保育内容 健康』
ミネルヴァ書房、2001、p.71)

Part 1-1 運動はなぜ幼児に大切（必要）か

（3）事例ドッジボールにみるルール

※下線は新しく加わったルール

　　複数の子どもがドッジボールをしているが、ボールの取り合いのトラブルが生じる。ボールを
キャッチした人が投げることができることとなるが、同時にボールにふれた場合取り合いになり、
相談した結果、ジャンケンで勝ったらボールを投げることができるとなる。遠くにボールがそれ
たり、遠くに人が行ってしまうと中断時間が長くなったり、投げたボールが届かないので、線を
丸く引きその中ですることとなる。次の日、昨日遊んでいた子に他の子が加わり、遊びが始まる。
前日の丸では小さいので丸を大きくする。
　　ドッジボールを他で経験していた子が、丸の外は当てる人で、中の人は当たらないように逃
げることを主張、他の子は説明がよくわからない様子。保育者が仲介してまずやってみること
に。中の子どもはただ逃げることを楽しみ、外の子はただ投げるだけで当てる意識はない。何と
なくつまらなくなって、1人2人と抜ける子が出る。1人の子が外から当てたとき「おれ、中に
入れるんだ」と中に入ると、それから外にいた子が中の子を当てようという意識が出て、逃げる
子も当たらないように逃げる。丸が大きくて、当たりにくいことに気づいた子が丸を小さくする
と、当たる確率が高くなり、外の子、中の子の動きが速くなる。
　　何回かの活動の中で、顔にボールが当たり「ずるい顔に当てて」「顔に当てたらいけないんだ」
との声に顔に当てないとのきまりも加わり、線を踏んで中に入って投げることは駄目、といった
ルールが次々と決まり、遠くにボールがそれたとき、パスをして早く中の人を当てる協力の行
動も生まれてきた。自分たちが遊びの中で決めたルールなので、理解しやすく、ルールを意識し
た行動がみられ、遊びに参加する子も増えて、持続時間も長くなった。その後、参加する子が多
くなったので、ボールにふれる機会を多くし、協力や役割を意識できるようにチーム分けをした。
卒園近くになると各チームごとに作戦を立て、対戦することに意欲を高めていった。

　最初から通常のドッジボールのルールに従って行うよりも、事例にあるように、試行錯誤
することがあっても、自分たちでルールを考えて、実践し修正していくということのくり返
しの中でルールの必要性や理解が深まる。また、共通理解や子ども同士の調整が無理なとき
は、保育者が仲介したり、アドバイスをすることにより、ドッジボールが共通の遊びとして
楽しめるようになることが多い。

5．知的な発達と運動

（1）知的な発達と運動

　出生後まもなくから2歳頃までは、知的な活動は運動の形をとり、両者は未分化で一体の
ものとなっている。つまり、この時期の知的活動は運動の形で行われる。たとえば、ガラガ
ラを振ることを行っているうちに、ガラガラを鳴らすことで周囲の環境に影響を与えること
に気づいたり、振る以外にもガラガラを鳴らす方法があることが感覚的にもわかるように
なってくる。そしてしだいに実際に実行してみなくても、自分の行う運動とその結果を想像
できるようになる（図表1-37）。このことは、運動の結果の予期によって新しい問題解決の

§2　運動することで期待できる効果

【図表1-37】　感覚運動的知能の発達（0-2歳）

段　　階	おおよその年齢	運動の例
1．反射運動（反射の段階）	0〜1か月	原始反射、かたまり運動
2．活動そのものへの興味からその活動を繰り返す（第一次循環反応成立の段階）	1〜4か月	自分の意志で運動（随意運動）。注意や興味、感情などの精神活動が関係
3．運動が周りの環境に影響を与えることに気づき繰り返す（第二次循環反応（目的―手段の分化）成立の段階）	4〜8か月	手を振るとガラガラが音を出すことに気づくと繰り返す
4．意図的に運動を手段として使用・簡単な問題解決行動（第二次循環反応のシェマの協調とそれの既知場面への適応の段階）	8〜12か月	ガラガラを振って親が喜ぶと、親に構ってもらうためにガラガラを振る
5．能動的実験による新しい手段の発見（第三次循環反応成立の段階）	12〜18か月	ガラガラを鳴らすために様々な手段を用いる
6．運動の結果の予期により新しい問題解決を発見可能な段階（シェマの結合による新しい手段の発明）	18〜24か月	運動を実行しなくても、自分の運動とその結果を想像できる ⇒感覚運動的知能の完成

（杉原1999[23]、村田1991[24]より作成）

方法を発見することができることを意味する。ピアジェ[25]はこの生後2年間の中心的な知的活動を「感覚運動的知能」と呼んだ。頭の中で想像できるということは、表象の働きであり、抽象的な概念が芽生え、次の段階である概念的知能への移行の準備が整ったといえる。

一方、バウアー[26]は、乳児が手渡されたものを把握する運動の発達過程から、2歳頃までにはモノは長くなれば重くなるという長さと重さの関係についてのルールが成立することを明らかにした（予期のルール）。このことは、幼児期の遊びの中でみられるモノの動きとタイミング、強さ、方向などとの関係についてのルール等への基盤となっている。このように運動をコントロールするということは、知的な活動でもある。運動学習の理論では、運動を身につけること、すなわち学習することは、運動をくり返すことにより正確で緻密な運動のイメージ・予期をつくり上げることであり、感覚運動的スキーマと呼ばれている。

（2）運動から分化した低次の知的能力

2歳頃からは、前述の知的能力を基盤に表象的な思考が可能となってくる。しかし、表象される概念は未熟なものであり、十分抽象化されておらず、感覚的・具体的で自分の経験と直接結びついた状態である。このような知的な能力は、子どもの生活や遊びを通して発達していく。とくに直接体験である運動遊びにおいては、低次の知的活動が多く随伴している。

運動的な遊びには、「上下」「左右」「前後」「高低」などの空間的概念や、「速い遅い」などの時間的概念、「強い弱い」などの力量的概念、「1、2、3……」などの数の概念、「ひざ」「頭」などの身体部位の認知、役割やルールの理解、「やり方やルールを考える」など

注23）杉原隆「パーソナリティの発達と運動」近藤充夫編著『保育内容健康』建帛社、1999、pp.58-59
　24）村田義幸「感覚運動的知能」山本多喜司監『発達心理学用語辞典』北大路書房、1991、p.55
　25）Jean Piaget　1896-1980　スイス　心理学者
　26）Bower, T.G.R.　1941-　アメリカ　心理学者
　　　Bower, T.G.R.『乳児の世界』岡本夏木・野村庄吾他訳　ミネルヴァ書房、1979

Part 1－1　運動はなぜ幼児に大切（必要）か

の創造的思考など、さまざまな知的活動がともなっている。乳幼児期の知的な能力は、青年期の知的な能力とは発達的に大きく異なっており、感覚的な行動や具体的なものと密接に関係する低い水準であるが、運動遊びの場面には多くの知的な活動が随伴しており、幼児の知的な発達を促進している。運動遊びとの関係を中心に簡単に乳幼児の知的発達について概観しておきたい。

① 言語の発達

　産声を上げて生まれてきた子どもはしだいに喃語を発するようになるが、まだ意味のある言葉はもたない。立位ができる頃には場面に応じた有意味語（初語）を使うようになり、歩行が始まる頃には一語文が発せられるようになる。2歳を過ぎる頃には二語文を使えるようになり簡単な会話ができるようになる。3歳を過ぎる頃には言葉が生活の中心として位置づき、必要な情報伝達が言葉で交わされるようになってくる。言葉の数も急増し、助詞や接続詞を使った表現が使われてくる。また「きのう○○した」「あした△△する」のような過去形や未来形も使われる。このようにして自分の意思を伝え、友だち同士のコミュニケーションが徐々に図れるようになってくる。4歳頃にかけては「○○したら△△する」のような仮定法もわかるようになってくる。仮定法が理解できることにより「タッチされたら鬼になる」のようなルールの理解が可能になってくるのである。

　運動遊びでの説明や指示は子どもの言葉の発達を理解して行わなければならない。2～3歳には実際に動作で行って示し、4歳には動作と言葉で、5歳には言葉を中心とした説明や指示で理解されるようになるが、実際には言葉を中心に動きを示しながら行うと理解されやすいだろう。

② 空間的概念の形成

　空間の概念は視機能と関連して運動的な遊びを支える重要な能力の一つである。3歳になると空間の知覚が急激に発達してくる。3歳頃にはほとんどの子どもは「上下」が理解できるようになってくる。次いで「前後」で、「左右」の理解はもっとも遅く5歳でも6割くらいの子どもが理解できる程度である[27]。遊びの中で、自分と物との関係、自分と他者との関係、物と物との関係などさまざまな場面で空間の認知は関係している。遊びの中で高さや奥行き、左右や中外などの環境の構成を意図的にしていくとよい。子どもの理解に応じて、「上に」や「後ろに」といった指示を行う必要があるだろう。

③ 時間的概念の認知

　4～5歳くらいになると、速いや遅いなどの速さ（時間）がわかり、タイミングを合わせたり調整して自分の動きをコントロールできるようになる。なわの回る速さやボールの転がる速さ、ゆっくりなどの意味が理解され、なわのタイミングをつかんでなわとびをしたり、ボールの速さに合わせて走ったり、動作をゆっくりするなどができるようになる。

注27）村山貞雄編『日本の幼児の成長・発達に関する総合調査』サンマーク出版、1987

§2 運動することで期待できる効果

④ 数概念の発達

数の理解については、生活や遊びの多くの場面で関連している。3歳頃には20近くまで数をかぞえられるようになる[28]。なわとびやまりつきなど、数をかぞえることは遊びの中で多くみられる。また、人数合わせをしたり、物の数をそろえたり、分けたりなどをする過程では足し算や引き算が行われている。ワークシートで数式を書いたりする計算ではなく、実際のものを扱いながら足したり引いたり、増やしたり減らしたりなどの行為を行っているのである。ある園でドッジボールを行っていたときのことである。コートをラインテープでつくっていた。参加する子どもの人数が減ってきたのでコートを小さくしようということになった。「どうやって半分の大きさにしたらよいか」との保育者の問いに、年長児のある子どもが「ひも（ラインテープ）を半分にしたらいいんじゃない？」と答えた。その子は割り算（分数）をしていたのである。

⑤ 身体部位の認知

手遊びや運動遊びでは身体部位を指し示すことが多くあるが、からだを使った遊びは身体の各部位の認知とも関連が深い。2歳頃までには、頭、目、口、鼻、耳など頭部の部位が認知され、手、足、腹、尻なども3歳頃までに理解されるようになる。説明や指示をする際には、子どもの理解に沿った形で伝えていくことが必要である。足首、かかと、つま先などは理解されにくい部位でもある。「つま先立ちで」と指示しても大人がやるような足の指を曲げて背伸びのような姿勢をとる子どもばかりではない。また「ひたい」はわからなくても「おでこ」というと3歳児でもほとんどが理解している。子どもの認知の発達を考慮した言葉かけが必要であろう。

また、このような身体部位の認知は自己の発達とも大きくかかわっている。「手はおひざ」といって腿に手を置くことはないだろうか。正確には「ひざ」は膝蓋骨であって大腿部ではない。身体部位として正しい認識をするためには正確に知らせていくことも必要なのではないだろうか。運動的な遊びの中で、ルールや動き方を教える際には身体部位を示すことが多くある。このように運動遊びは、身体部位の認識を促す機会にもなっている。

⑥ きまりの理解

パーテン[29]の社会性の発達からみた遊びでは、ひとり遊びから並行遊びそして協同的な遊びへと発達していく（p.35）。この過程で欠かすことができないのが、課題意識や役割の認識、さらにはルールやきまりの理解である。これらがあって初めて集団での遊びが可能になる。図表1-31（p.34）をみると、3歳くらいでは遊びのきまりがわかって守れる子は3割強である。4歳になると6割、6歳には8割以上がきまりが守れるようになってくる。すなわち、きまりがわかって守れるようになり、きまりを共有することができることでより多くの子どもといっしょに遊べるようになる。したがって、きまりやルールが十分に理解でき

注28）栗山和弘「第1章 数概念」吉田甫・多鹿秀継編著『認知心理学からみた数の理解』北大路書房、1995、pp.11-32

29）Parten, M.B.(1933); Social play among pre-school children. Journal of Abnormal and Social Psychology 28, 136-147.

Part 1 - 1　運動はなぜ幼児に大切（必要）か

ない段階で、過度にきまりの多い活動を与えようとしても子どもには理解されずに単に活動を与えただけということにもなりかねないのである。

⑦ その他の発達

運動遊びにはさまざまな科学的な学びの基礎がある。ブランコは振り子、シーソーはバランスなど、将来的には物理で学ぶような原理が組み込まれている。砂場遊びでは水を使って遊ぶことも多い。穴を掘った砂場に水を溜めようとしても浸み込んでしまいなかなか溜まらなかったり、雨どいを組み立てて水を流そうとするが思うように流れなかったり、何度もくり返すうちに、しだいに砂や水の性質を感覚的に理解したり、重力を体験したりしている。からだを使って遊んだ後は汗をかいたり、水が飲みたくなったりする。これらの体験を通してからだの仕組みを理解していくことにもなっていく。

ある幼稚園の先生が人事交流で2年間小学校の先生をしたときのことである。1年生を担当し、1学期に濁音と半濁音を学習するという授業を行った。「ふかふか」に濁点をつけると「ぶかぶか」、半濁点をつけると「ぷかぷか」になると説明した。するとある子どもが「あ！『ぷかぷか』はプールで水に浮いてるときみたいだね」といった。別の子は「色水遊びしたとき、葉っぱが水に『ぷかぷか』浮いてたよ」「○○ちゃん、幼稚園のときお兄ちゃんの『ぶかぶか』のズボン履いてたね」など、子どもたちが口々に幼稚園での体験と「ふかふか」や「ぶかぶか」「ぷかぷか」の音のイメージとを結びつけた発言をしたのである。そのときにその先生は、幼児期の遊びの中での体験がこのような形で小学校での学びに結びついているんだと実感したそうである。

難しい公式や原理など子どもは知るよしもないが、自ら体験する中でその後の学びの基礎になる科学的な体験をしているのである。今日、多くの専門職において EBP[30]（根拠に基づいた実践）の重要性が指摘されていることから、幼児教育の専門家である保育者においても、科学的根拠に基づいた保育実践を行う必要性が指摘されている[31]。子どもは「ただ遊んでいる」だけではない。遊びの中に埋め込まれた非常に多くの学びの原点を保育者が意識し、子どもに気づかせていくようなかかわりも必要である。

注 30）EBP（Evidence Based Practice）　科学的に効果的であると証明された事実や根拠に基づいた援助プログラムのこと。保育の場面においても、子どもを理解し、知識と技術を駆使し、子どもとかかわる必要がある。またその実践においては単に経験だけでなく、それぞれの場面で科学的根拠に基づいた判断を下す必要がある。
　31）北野幸子「第9章　保育者の専門性とは何か」白川蓉子・稲垣由子・北野幸子・奥山登美子『育ちあう乳幼児教育保育』有斐閣コンパクト、2004、pp.199-217

Chap.2 遊び・生活と運動

 §1 生活としての運動

1．生活と運動

　私たちは生まれてから死ぬまでの間、生活を営むと同時に「動く」生き物である。乳幼児から高齢者まで発達段階に応じて、動きの種類や量は異なっていても、その時点での自分のからだをフルに使って、合理的に組み合わせて生活に必要な動き、また、生活を楽しみ充実させる動き（活動）を行いながら生きている。私たちは、一見何もしていないような行動でも、移動したり、物をもったりと実にさまざまに動きながら生活している。人間のからだは機能を維持するためには適度に動かさなくてはならないし、動かしすぎても故障する。

　保育者は、園での活動において運動遊びを計画するとき、子どもたちがからだを使って生き生きと活動することを期待し、どのような動きを獲得しているのかを考えるであろう。運動遊びの時間はからだをフルに使って活動する時間であるが、からだは園での日常の生活の中でも多面的な役割を果たすと同時に、いろいろな使われ方をしている。日頃、運動とはとらえていない活動を運動としてとらえ直してみると、pp.42-44 で述べるように、園生活では運動遊び以外でも多くの動きを経験することができることがわかるだろう。

2．子どもの生活と運動

　子どもの一日は、生活と遊びに費やされている。家庭で過ごすか園で過ごすかによってその内容も少しずつ異なってくるが、発達段階に応じて遊びの内容も変容し、そこで経験される運動も変化をする。子どもはこれは生活のこと、これは遊びといった区別をして生活しているわけではないので、子どもの生活の様子をみていると、生活の場面でもからだをフルに

Part 1 − 2　遊び・生活と運動

使った結果として運動量が多く、動きの種類も多い活動となっていることがある。

　幼児期の運動発達についてはすでに述べている通りであるが、生涯という視点では図表1−21（p.23）のような運動発達の経過を確認することができる。獲得される運動技能は、運動の場面だけでなく、生活全般において経験されるものである。運動遊びのスポーツ、仕事、日常生活、表現それぞれにふさわしい運動の獲得は、7歳以降にみられるものである。

　乳児期にみられる初期の運動様式は反射であるが、随意運動へと切り替わり、寝返りによる姿勢変化、はいはい、歩行といった移動運動が出現する。また、何か自分の興味のあるもののほうへ手を伸ばし、つかんで引き寄せるという把握運動、操作的な運動が芽生える。これらが基礎的な運動技能の段階である。2歳頃から基礎的な運動技能を基盤として、生活の中でみられる基本の動きが未熟な段階のものから多様で洗練された段階へと変化する。この時期に獲得された生活に必要な動き、遊びで使われる動きは、将来、さまざまな場面での動きの基本形となる。6歳頃までには、大人が日常生活で使う動きとほぼ同じ数の動きが出現するが、これは神経型の発育が6歳で成人のほぼ90％に達することによるものである（p.16参照）。基礎的な運動技能を基盤として基本運動の技能があり、その積み重ねの上に、スポーツ・ゲーム的活動の技能、日常生活・仕事の技能、表現の技能があるのである。そのため、基本運動の技能の段階では、幅広く十分な運動の経験が可能な環境を整えることが必要である。

　運動というと、運動内容を考え、着替えをし、場所を確保して、というように形を意識しなければできないもののようであるが、子どもの生活と遊びは切り離すことのできないものと考えれば、保育者は生活場面での動きの経験を見直すことが必要となる。基本運動の技能の時期は、生活場面全般において多様な動きを経験し、くり返すことができる環境をつくっていくことが大切である。

　運動の機会は、意識的に練習するといったものでなく、自発的な活動となることが望ましく、自然にくり返すことによって上手になっていくというのがよい。積極的に自発的に取り組む子どもは多様な運動機能を獲得できると予想されるが、消極的で自発性に乏しいと運動技能の水準は低いものであることが予想される。図表1−21（p.23）の獲得要因にあるように、知的・身体的・社会的な側面の総合的な発達との関連を考えて、活動の動機づけにかかわる知的な興味・関心や、保育者や友だちとのかかわりによる社会性の育ちにも注目することが大切である。

3．基本的生活習慣にみられる動き

　基本的生活習慣には、箸をもつ、服を着るなど、微細で高い運動技能が要求されるものが多く、幼児期に獲得される運動技能の基本的なものの多くを含んでいる。そのため、毎日の生活の中で長い期間くり返すことによって、大人に依存しながらやっていたことが自立してやれるようになる。生活習慣の自立は手や腕の機能の発達段階との関連が深いため、適切な

§1　生活としての運動

時期に自分なりのやり方でやってみたり、くり返したりということをしたほうがよい。

　園生活での生活習慣の機会は、お弁当や給食などの食事、排泄、着衣、清潔に関すること で、保育所であれば睡眠となる。生活習慣の動きとダイナミックな運動場面でみられる動き の関連については、まだ明らかにされていない面も多いが、生活習慣の自立がスムーズであ る場合は、連続して行われる運動の活動や他の活動への取り組みが活発になされる傾向があ る。たとえば、水遊びの前の着替えがスムーズにいくと、次の水遊びの時間を十分に楽しむ ことができるが、着替えがスムーズに進まずに自分に自信がなくなると情緒の安定が保たれ ず、水遊びを楽しめなくなるというようなことである。

　そのため、基本的生活習慣に関しては、個々の動きの経験を十分に行えるよう、時間的な 配慮や言葉かけ、援助を適切に行いながら、主活動や他の活動との連続性をも意識しながら 指導を進めたい。

4．運動遊びと他の活動（事例から）

　図表2−1には子どもの全身的な活動の中にみられる基本的な運動技能を示してある。こ れをもとに、運動遊びと運動と意識しないで行った他のねらいの活動を比較してみたい。

　ここではある幼稚園の実践を通して、運動遊びとして計画された活動と運動遊びとしては 計画していなかった他のねらいで行った活動を比較して、動きの種類の違いから何がわかっ たかを述べる。1クラス（年中児）の子どもたちと担任保育者と保育補助の2名で、園の外 にある公園で追いかけっこや転がしドッジボールなどの運動遊びを、その日の保育計画とし て立案し実施した。公園に到着すると広場の端にある3段程度の階段のところにみんなで集 まる。追いかけっこや転がしドッジボールをするスペースにはゴミが散乱していた。保育者 は子どもたちが走り回るスペースにゴミがあっては十分な活動にならないと考え、計画して いた追いかけっこに入る前に子どもたちとゴミ拾いをすることにした。1クラスの子どもが ほぼ全員何かしらを拾ってゴミ箱にそれを捨てに行っていた。次に2名の保育者を捕まえて タッチするという単純な追いかけっこを全員で行った。

　この2つの活動では84種類の動きのうち、それぞれどのような動作が含まれていたかを 記録したものが図表2−2である。

　子どもはみんなでゴミを拾おうということになると、走って拾おうと保育者はいっていな いにもかかわらず、いっせいに集まっていた階段を駆け下りて、走ってゴミを拾いに行き、 拾ったゴミは走ってゴミ箱へと入れに行っていた。そのため、2つの活動はいずれも「走 る」を中心とした活動となった。動きの種類だけに限っていえば、運動遊びとして計画され た「先生を捕まえろ」より「ゴミ拾い」のほうが多くの動きを経験している。

　「ゴミ拾い」は、物（この場合はゴミなのであるが）とかかわることにより、「かがんで拾 う」「走る→止まる→投げ入れる」「もって走る」「走りながら投げる」などの組み合わせ、 複合的な動きが多く生み出された。それと比較すると「先生を捕まえろ」は、走る動きは水

43

Part 1 - 2　遊び・生活と運動

【図表 2-1】　基本的な動作と分類（84 種類）

カテゴリー	動作の内容	個　々　の　動　作		
安定性	姿勢変化 平衡動作	たつ・たちあがる かがむ・しゃがむ ねる・ねころぶ まわる ころがる	さかだちする おきる・おきあがる つみかさなる・くむ のる のりまわす	わたる あるきわたる ぶらさがる うく
移　動	上下動作	のぼる あがる・とびのる とびつく	とびあがる はいのぼる・よじのぼる おりる	とびおりる すべりおりる とびこす
	水平動作	はう およぐ あるく ふむ	すべる はしる・かけっこする スキップ・ホップする 2 ステップ・ワルツする	ギャロップする おう・おいかける とぶ
	回転動作	かわす かくれる くぐる・くぐりぬける	もぐる にげる・にげまわる とまる	はいる・はいりこむ
操　作	荷重動作	かつぐ ささえる はこぶ・はこびいれる もつ・もちあげる・もち かえる あげる	うごかす こぐ おこす・ひっぱりおこす おす・おしだす おさえる・おさえつける	つきおとす なげおとす おぶう・おぶさる
	脱荷重操作	おろす・かかえておろす うかべる	おりる もたれる	もたれかかる
	捕捉動作	つかむ・つかまえる とめる あてる・なげあてる・ぶ つける いれる・なげいれる	うける うけとめる わたす ふる・ふりまわす	まわす つむ・つみあげる ころがす ほる
	攻撃的動作	たたく つく うつ・うちあげる・うち とばす わる なげる・なげあげる	くずす ける・けりとばす たおす・おしたおす しばる・しばりつける あたる・ぶつかる	ひく・ひっぱる ふりおとす すもうをとる

（体育科学センター体育カリキュラム作成小委員会「幼稚園における体育カリキュラムの作成に関する研究 I
カリキュラムの基本的な考え方と予備調査の結果について」『体育科学』8、1980、p.152）

平方向を保ったままであった。組み合わせ動作としては「走る→止まる→タッチする」、「走りながらタッチする」などがみられた。

　動きの種類としては運動遊びとして計画されていなかった「ゴミ拾い」のほうがより多く経験することができていた。

　動きの質的な面に着目してみると、計画的に行われた「先生を捕まえろ」のほうが、スピードをもった力強い走りとなっていたり、先生は子どもたちをよけながら曲線的に逃げていたので、先生を追いかけながら、走る方向をコントロールして走っていた。対象が物（ゴミ）であるのと大好きな先生であるのとでは、向かう気持ちが異なる。思いの強いものに対しては全身の力を込めて向かうからである。また、「先生を捕まえろ」は、その楽しさが子どもに予測可能なものであったと考えられるので、興味・関心の高い活動となり、自発的に

§1　生活としての運動

【図表2-2】「ゴミ拾い」と「先生を捕まえろ」で経験する動作

カテゴリー	動作の内容	ゴミ拾い	先生を捕まえろ
		個 々 の 動 作	
安定性	姿勢変化 平衡動作	たつ・たちあがる しゃがむ	たつ かがむ・しゃがむ まわる ころがる
移　動	上下動作	のぼる おりる	とびつく とびおりる
	水平動作	あるく はしる ギャロップする	あるく はしる スキップ おう・おいかける とぶ
	回転動作	かわす	かわす とまる
操　作	荷重動作	はこぶ・はこびいれる もつ・もちあげる・もちかえる あげる	おす おさえる
	脱荷重操作	おりる	おりる
	捕捉動作	つかむ いれる・なげいれる ふる・ふりまわす まわす ほる	つかむ・つかまえる まわす
	攻撃的動作	たたく なげる	たたく

「走り」の水準が高くなっていたのである。保育者が逃げ回ることによって、方向をいろいろに変えながら走ることを子どもは経験できたわけであるが、これには保育者の意図性が働いていたであろう。子どもの走る姿をみながら、保育者自身の走りを調整して子どもに追いかけられていた。

　以上のことから、運動遊びと計画していた活動とそうでない活動では、計画していない活動でも運動の種類を多く経験することができていることがわかった。運動と認識しない活動の中にも多くの運動経験の機会が含まれている。しかし、計画的に行った活動のほうがダイナミックであり、運動量も充実したものがあった。日常の生活場面での運動で従来運動と考えていない活動も、保育者が運動と認識し意図的に動きを組み入れることにより、運動としての充足感を得られるだろう。この「ゴミ拾い」をみんなで「追いかけっこ」が楽しくできるよう、場をきれいにすることとして子どもたちに伝えると、2つの活動が連続性のあるものとなる。運動の機会を運動遊びの活動とだけとらえるのではなく、日常にあるさまざまな活動を運動ととらえ保育することは、運動の量的、質的の両方を積み重ねることにつながる。

5．日常の園生活の活動を運動ととらえなおす

　日常の園生活の活動を運動ととらえなおすことにより、子どもの運動経験の質的・量的な積み重ねが期待できる。毎日の活動にあることとして、基本的生活習慣の動きを、各年齢に応じて運動ととらえなおしてみることが可能であろう。また、活動が変わる際に保育室のイスとテーブルの位置を変える場合や、遊びで大きな用具類を使う場合がある。年齢によって、保育者といっしょに運んだり配置したり、子どもからアイディアを出してもらいながらやってみるのもよいだろう。子どもから出てきたアイディアで進めると興味・関心が高まり、自発的な運動となることが期待できるからである。

　また、保育者自身が日常生活全般を運動ととらえなおして、意識的に動くこともよいだろう。活動と活動のつなぎであったり、単なる移動と思われるような動きでも、意図的に動くことによって、その姿は知らず知らずのうちに子どものモデルになっているだろう。また、動いている感じを言葉にしたりすることにより、聞いている子どもは、その動きに興味をもって注目したり、自分でもやってみたりする。

§2　遊びの中の運動

1．運動と遊び

（1）遊びとは

　遊びとは何か、人はなぜ遊ぶのかに関しては多くの理論が提唱されている。また、遊びをどのような視点（たとえば哲学、社会学、心理学、文化人類学など）からとらえるかにより遊びの概念が異なることもあるが、共通していることは「人間の根本的な特徴である」ことであろう。

　遊びとそうでない行動を分けるとき、遊びをどのようにとらえるかにより異なると思われるが、一般的には遊びの成立条件として、以下のことをあげる人が多い。

　A　外部からの強制感や拘束感がないこと
　B　活動が楽しいこと
　C　活動自体が目的であること

　子どもの心理や意識が上記にあげた条件に近い状態であれば、遊びが成立していると考えられる。

　遊びの概念の追究には2つの方向があると考えられる。一つは活動している主体である子どもの状態から遊びか遊びでないかを判断する方法である。心理学では内発的な動機づけ理論（内発的動機づけと外発的動機づけ、p.54参照）が提唱されると、遊びは内発的な自己目的的な行動と考えられ、内発的な動機の割合が多ければ遊びの要素が大きくなり、外発的な動

§2 遊びの中の運動

機の割合が多くなれば遊びから遠ざかると考えられている。杉原は、現実の場面を考えると、活動への動機はある子が同一の活動を行っていても、遊びの展開や仲間関係などが複雑に関連し、活動への動機は刻々と変化するので、遊びか遊びでないかという区別ではなく、どちらの割合が多い傾向かということになるのであろうと述べている（図表2-3）。また、自由遊びの時間と称していても、保育者のかかわりや言葉が強制的であり、子どもが、活動を楽しめていない状態では、遊んでいるとはいえないであろう。逆に一斉指導の時間で先生の指導のもとで行われていても、参加している子どもが自主的に参加し、楽しんでいれば遊びといえる。このように遊びであるかどうかは保育形態や遊びの内容で決まるのではなく、参加している子どもの動機により決まる

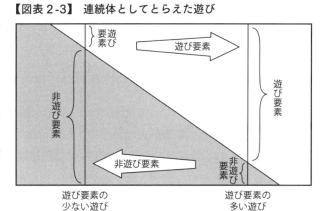

【図表2-3】 連続体としてとらえた遊び

（杉原隆『新版 運動指導の心理学』大修館書店、2008、p.146を一部改変）

という考えである。もう一つの概念は遊びを主体（子ども）と切り離して外的な形態からとらえる方法である。「鬼ごっこ」や「ドッジボール」といった一定の外的な形態があれば遊びとみなす方法で、他の活動と区別するときに用いることが多い。ここでは運動・スポーツと関連があるカイヨワの遊びの分類を示す。

（2）カイヨワの遊び論

カイヨワ[1]はホイジンガ[2]の「遊びの要素はスポーツにとり重要であり、それが欠けるとスポーツは文化から遠ざかり、人間にとり意味のないものになる」との論をさらに広く考えて、遊びの主体の心理的な態度から図表2-4のように4つに分類した。遊びをアゴーン（競争）、アレア（機会）、ミミクリー（模擬）、イリンクス（眩暈＝めまい）に分け、スポーツはアゴーンが制度化され、組織化されたものと考えられている。また、方向をパイディア（Paidia：無秩序に騒いだり、興じたりする本能的な行動）から故意につくり出したり、勝手に決めた困難を乗り越える喜びなどが出現し、ルドゥス（Ludus：遊びの中の規則性の支配する範囲が強まる遊び）に移行していくと述べている。競争が規則化されると、運動がスポーツ競技的になるが、運動の中にはアレア、ミミクリー、イリンクス的要素の多い運動もある。子どもの遊びは多様な楽しみが存在しているが、集団として行う遊びが年齢とともに多くなることをパーテンらは図表1-33、1-34（p.35）のように示している。

注1） Caillois, Roger. 1913-1978 フランス 文学、社会学、美学、宗教学などさまざまな領域に及ぶ
　　Caillois, Roger.『遊びと人間』清水幾太郎・霧生和夫訳 岩波書店、1970
　2） Huizinga, Johan. 1872-1945 オランダ 文化史家
　　Huizinga, Johan.『ホモ・ルーデンス』高橋英夫訳 中公文庫、1973

Part 1－2　遊び・生活と運動

【図表 2-4】　遊びの配分

	アゴーン（競争）	アレア（機会）	ミミクリー（模擬）	イリンクス（眩暈）
パイディア 喧　騒 混　乱 哄　笑 凧揚げ 穴送り ペイシェンス クロスワード・パズル ルドゥス	ルールのない｛競争 闘争 　　など 陸上競技 ボクシング、ビリヤード フェンシング、チェッカー サッカー、チェス スポーツ競技一般	番決め唄 表か裏か 賭　け ルーレット 宝籤（単式、複式、 繰越式）	子供の物真似 幻想の遊び 人形遊び 玩具の武具 仮面、変装 演　劇 一般のスペクタクル芸術	子供のくるくる回り 回転木馬 ブランコ ワルツ ボラドレス、祭りの見世物 ス　キー 登　山 綱渡り

注）どの欄においても、いろいろな遊びは、大体のところ、上から下へ、パイディアの要素が減り、ルドゥスの要素が増す順序に従って並べてある。

（R.カイヨワ『遊びと人間』清水・霧生訳　岩波書店、1970、p.55）

（3）パーテンの遊びの発達

パーテンら[3]は、未就学児の遊びの変化をひとり遊びから組織的な遊びへの変化として図表 1－33（p.35）のように表した。最初は 1 人で始まる遊びも、友だちをみたり、同じ場で違う遊びをしたりという、かかわりのない状態から、同じ遊びを協力したり、役割を分担して楽しむようになり、いっしょに遊ぶ友だちの人数が増加していく様子を示している。人数が増えることにより、共通のルールが生まれ、そのルールに従い行動し、その中で遊びを楽しむようになり、組織的な遊びを行うようになる。このような遊びの成立には社会的、知的、情緒的な発達が必要になる（pp.33-40 参照）。

また、友だちとのかかわりが多くなる 5 歳くらいから仲間意識が高まり、競争に勝ちたいという要求から、目的を達成するために自発的な練習が行われるようになる。よくみられる例として、サッカーのシュートの練習を何回も壁に向かって練習する姿である。試合でシュートを失敗してくやしい、友だちのように決めたいという目標ができると練習し、達成すると、また、次の目標を決めて練習する姿である。練習はそれ自体が楽しいものでなくとも、目的に向かって見通しをもち行動することは、遊びからゲームスポーツ的な遊びへの移行を予測させる。

（4）組織化されたスポーツの課題

近年、スポーツ種目の実施が低年齢化する傾向にあり、遊びとして経験する前に、大人が行うスポーツをそのまま子どもに与えて、幼児期から組織化した方法を用いることがある。スポーツのそのような方法に問題はないであろうか。児童期を対象とした研究では、コークリー[4]はプレイグループと組織化した競技チームを対象に分析する中で、自発的なプレイグループは目的がゲーム経験と考えられているが、組織的なチームではゲームは手段であり、勝利やスキルの向上が目的であるとし、児童期では組織的なスポーツよりインフォーマルな

注3）Parten,M.&Newhall,S.M.(1943);Social Behavior of Preschool Children,Baker,Kounin&Wright(ed.);Child Behavior and Development,McGraw Hill.

4）Coakley, J. Jbid; Sport in Society issues and controversies, Mosby.
Coakley, J.『現代のスポーツ　その神話と現実』影山健他訳　道和書院、1984

5）山本清洋「スポーツと遊び」高橋たまき他共編『遊びの発達学 基礎編』培風館、1996、pp.161-184

§2 遊びの中の運動

プレイグループのほうが、発達上望ましいとしている。山本ら[5]も子どもの認識レベルや思考の特性を考えると、科学的な認識や思考が完成途中にある少年中期までは、組織的なスポーツは適さないと述べている。このように集団が組織化されたスポーツへの参加は、小学校高学年以降が効果的であろうと述べている。近年は幼児も早くからチームに所属して組織化された一つの運動を集中的に行う例がある。

　ある公園で幼児のサッカーチームが11名でサッカーの試合をしていた。監督と思われる大人が「ボールに集まるな」「自分のポジションを守れ」と最初から最後まで同じことを大声で叫んでいた。子どもは一瞬、ボールから離れたり、自分のポジションへ戻るがすぐにボールのほうへ走っていく。そのうち、子どもたちは自分がボールを蹴りたいのに、蹴ることができないので、つまらなそうにしていたが、ときどき監督の様子をうかがいながら他のことをする姿がみられた。このチームはゲームに負けたが、試合後も否定的な言葉をかけられ、勝たなければ意味がないと叱責されていた。指導者がゲームのとき、どのような目標をもって指導するかは個人差があり、その特性を目標志向性と呼び、課題志向性と自我志向性がある。この例のように指導者が結果や能力を重視する（自我志向、パフォーマンス志向）と、子どもは緊張感や不安が高まり行動が消極的になる傾向がある。指導者が努力や経過を重視し（課題志向、マスタリー志向）、下手でも努力すること、一生懸命やることを評価し、失敗を責めないと子どもは内発的な動機づけが強くなり、運動を楽しむようになるといわれる。幼児期はチームが勝利することよりも、自分がボールを多く蹴ることが楽しい時期であり、その楽しさを十分味わうことが必要である。そのようなくり返しから、多様な蹴る技術が身についていく。サッカーの指導者が何を目的として指導するかは、子どもが運動をどのように楽しみ、とらえるかに大きくかかわる問題である。同じようなことが保護者にもいえる。アメリカ、イギリス、デンマークなどでは、保護者の過度な勝利志向を抑制するためのガイドラインやプログラム作成などが始まっており、日本においてもこのような対策が、今後、必要になることが考えられる。

　最近、日本でも小人数でコートを狭くして、なるべく1人の子どもが多くボールにふれる機会をつくるゲームをすることがある。その理由は、ボールを自分が蹴りたいという欲求を十分充足することが、サッカーを好きになり、興味をもつことにつながるからである。

　園においても、早い時期からスポーツ種目のように、大人と同じルールを用いて組織化されたチームで運動するよりも、遊びとしてからだを使うことを楽しむほうが運動を身近に感じ、生涯運動を楽しむことにつながると考えられる。

2．運動遊び

（1）運動遊びとは

　遊びの中で活発にからだを使う遊びを運動遊びと称する。走る、跳ぶ、投げる、転がる、泳ぐなど全身運動をともなう遊びや運動遊具、固定遊具を使う遊びなどに用いられることが

49

Part 1－2　遊び・生活と運動

多い。

　以前は遊びにより育つものを重要視して、体力遊びとか体育遊びなどの名称でいわれたときもあったが、現在は用いないことが多い。遊びにより育つものと遊びとは必ずしも対応するものではなく、同じ遊びをしてもその育ちは個々に異なる。そのような意味から、「運動遊び」とは総合的な遊びの中でからだを使うことが中心となる遊びを示しているといえる。

　ピアジェ[6]は最初に人間が獲得する知的な働きかけは運動による環境への働きかけであると述べている。初期の段階では知的活動と運動は未分化であるが、２歳頃になると、運動を意図的に使うようになり、アニメのヒーローのポーズや新幹線になり走ったり、見立ててからだを意図的に使うようになる。

　ハーロック[7]は遊びに影響を与える要因として、① 健康、② 知能、③ 性、④ 環境、⑤ 余暇の量、⑥ 施設をあげ、後から、⑦ 運動発達、⑧ 社会経済的地位を加えた。その中で遊ぶための玩具、時間、場所が少ない子どもは環境に恵まれている子ほど遊ばないこと、遊ぶ時間が限られている子はその時間内で完結する遊びしかしないことを明らかにして、遊ぶ環境の大切さを述べている。幼児期の遊びは、時間、空間、仲間など３つの間が必要であり、運動遊びにおいても積極的に環境を工夫し整えることが重要であることを示している。

　また、遊び空間として仙田[8]は建築家の視点から、多様な遊びの成立には空間の工夫が必要であることを述べている。多様な遊びが可能なスペースとして、① 自然のスペース、② 広いオープンスペース、③ 道のスペース、④ 無秩序で雑然としたアナーキースペース、⑤ アジトスペース、⑥ 遊具のスペースが必要であると述べている（図表２－５）。このようなスペースでの運動遊びを考えてみると、空間の多様さは、動きの多様さを引き出す環境となることが予測される。運動環境を考えるとき、空間をどのように多様化していくのかは大切であり、仙田の提唱する多様なスペースは参考になると思われる。

【図表2-5】　遊び空間と遊び場の状態

遊び空間	遊び場の状態	遊び場
自然スペース	木、水、土を素材として生き物がいる状態	山、川、田畑、水路、森、雑木林等
オープンスペース	広がりがある状態	グラウンド、広場、空地、野球場、原っぱ等
道スペース	人が通る道がある状態	道路、路地等
アナーキースペース	混乱し、未整理な状態	焼跡、城跡、工事場、材料置場等
アジトスペース	秘密の隠れ家の状態	山小屋、洞窟、馬小屋等
遊具スペース	遊具がある状態	児童遊園、遊具公園等

(仙田満『こどものあそび環境』鹿島出版会、2009)

（2）世界の運動遊び

　大林らの『民族遊戯大事典』（大修館、1998）をみると、世界中で呼び名や最初の目的が異なっていても、身体の動きや遊具の使い方が同じような遊びが多いのに驚く。コマ、たこ、綱引き、ブランコ、石けり、ボール遊びなど誰でも経験している遊びは、世界の国の子ども

注6）Jean Piajet(1945);2e ed,1959 La Formaition du Symbole chez Lenfant,Neuchatel Paris,Delacheaux&Niestle.
　　7）Elizabeth B.Hurlock(1942); Child Development,NewYork,McGrow Hill.
　　8）仙田満『子どもとあそび』岩波新書、1992

§2 遊びの中の運動

の遊びの中に多くある。ボールの種類も図表2-6にあるように、編み球、詰め球、豚の膀胱球、木球、鋳型球系ゴムボールなど地域により異なるが、投げたり、蹴ったり、転がしたりという動きは共通している。

竹馬を例にあげると竹馬は今、背丈ほどの竹の棒の下部に短い横木を固定して、横木に足をのせ、手で竹の棒を操作して歩行する遊具である。しかし、日本を始め東南アジアやインドでは竹を保持するのはからだの前であるが、ヨーロッパなどでは背中で支えることが行われていた。竹馬は当初、川を渡る道具として（図表2-7）、家畜の見張りとして、農場のイバラや毒蛇から身を守るために使われており、また、国によっては儀礼用として使われていた。日本では、1本の竹を馬に見立ててまたいで走る春駒という遊びがルーツであるようであるが、今の形のはじまりは、大人が人にみせる芸であったとの記録がある（図表2-8）。16世紀に描かれたブリューゲルの「子供の遊戯」の絵の中にも長い竹馬、短い竹馬が見

【図表2-6】 いろいろなもので作ったボール

タクローのボール
（編み球系）

北米インディアンの用いる
ボール（詰め球系）

豚の膀胱ボール
（ふくらませ球系）

球蹴り競争用の木球
（切り出し系）

鋳型球系ゴムボール

図表2-6、2-7
（大林太良『民族遊戯大事典』大修館、1998）

【図表2-7】 ユーゴスラビアのカーニオウラでの川を渡る竹馬

【図表2-8】 竹馬

古代の竹馬（葉のついた生竹にまたがった）

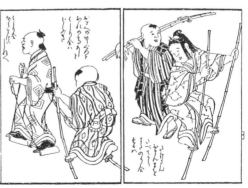
竹馬『竹馬之友』
たけさん　おまんまをたべてから　またのり合いするは
おまへの竹ぐつし　おれの高あしと　はしり合はどふた
はしり合ならまけはしねへ

（笹間良彦『日本こどものあそび大図鑑』遊子館、2005）

Part 1-2　遊び・生活と運動

【図表2-9】　ピーテル・ブリューゲル「子供の遊戯」

（森洋子『ブリューゲルの「子供の遊戯」』未来社、1989）

上記絵中央右部
46）短い竹馬
50）長い竹馬

【図表2-10】　子捕ろ子捕ろ『骨董集』　　【図表2-11】　子捕ろ子捕ろ『簡易戸外遊戯法』

図表2-10、2-11（笹間良彦『日本こどものあそび大図鑑』遊子館、2005）

い出せる（図表2-9）。日本でも江戸時代には竹馬の玩具ができている。このように古今東西、運動遊びと思われる遊びの起源はさまざまであるが、用いる動きや動作は共通しており、楽しみ方やルールに共通点も多い。

　ブリューゲルの描いた16世紀中世ヨーロッパのフランドル地方の子どもの遊びの絵の中にみられ、今も行われている共通する運動遊びとしては、ブランコ、いろいろな鬼ごっこ、馬跳び、輪回し、シーソー、うさぎ跳び、綱引き、逆立ち、でんぐり返し、竹馬、コマ、たこ、水遊びがあり、子どもの遊ぶ姿が生き生きと描かれている（図表2-9）。

　また、日本では、鬼ごっこの始まりは平安時代に僧が子どもたちを集め、仏典の一場面を奉納させた「比比丘女（ひふくめ）」であり（図表2-10）、その後、鬼に子どもを取られまいとする母親と鬼とのやり取りをゲーム化した「子捕ろ、子捕ろ」となったといわれる（図表2-11）。その後、その時代の社会背景を歌に入れ、「かごめ、かごめ」「花いちもんめ」などが生まれ、伝承されている。

　世界の子どもの遊びをみると、からだを使う遊びが多くあり、共通な遊具やルールを用いている例が多くみられている。

§3　動機づけと運動

1．行動と動機づけ

　夜中に急な用事を思い出して車のエンジンをかけようとしたところ、ガソリンの残量が少なくあわてた経験をしたことはないだろうか。自動車がガソリンを動力源として必要としているように、人間が行動（活動）する際にもエネルギーが不可欠である。人間が行動する際に筋肉の動力源として働いている代表的な物質にグリコーゲンがある。マラソン選手は、42.195kmを走り続けるエネルギーを確保するために、グリコーゲンが体内に効率的に蓄積されるよう、試合の数日前から食事のコントロールを行うことが知られている（カーボローディング）。

　自動車であれば、エネルギー（主にガソリン）が十分であれば後はスイッチを入れることにより機械的にアクションが起こり、エネルギーの続く限り走り続けることができる。一方、人間の場合はスイッチを入れれば……というわけにはいかない。機械とは異なり、人間には行動を開始し、維持・継続していくための精神的なエネルギーがさらに必要とされている。精神的なエネルギーの問題に関しては主に心理学の分野で研究が進んでおり、「動機づけ」といった概念で取り扱われている。

　動機づけには3つの機能があると考えられている。第一は行動を始めるためのエネルギーに関する機能であり、「初発機能」といわれている。第二は行動を維持・継続していくためのエネルギーに関する機能であり、「志向機能」といわれている。第三の機能は、「強化機

Part 1 - 2　遊び・生活と運動

能」といわれているものである。「強化機能」は行動の再現性に関する機能であり、たとえば、子どもがなわとびを跳ぶことに成功して達成感を味わうと何度もくり返しなわとび遊びを行うようになるケースがこれにあたる。

　人間の行動の初発、維持・継続には動機づけが重要な役割を果たしている。保育者は子どもの運動遊びにかかわる際、動機づけの側面を常に視野に入れながら、環境の設定や援助の仕方を考えていくことが求められる。とくに「運動遊び」を避ける傾向の強い子どもには、その子どもの運動遊びに対する動機づけを考慮して、子どもの状況に合わせたアプローチが必要となる。

２．内発的動機づけと外発的動機づけ

　動機づけは大まかに分類すると、内発的動機づけと外発的動機づけに分類することができる。内発的動機づけとは、行っている行動自体が報酬となり行動が生起している場合がそれにあたる。一方、外発的に動機づけられた行動とは、行っている行動以外に報酬が存在し、外的な報酬を得るために行動が生起している場合を示している（図表2-12）。

【図表2-12】　内発的動機づけと外発的動機づけの違い

外発的動機づけ　動機 → 行動（運動）→ 目標

内発的動機づけ　動機 → 行動（運動）＝目標

（杉原隆『新版 運動指導の心理学』大修館書店、2008、p.134）

　なわとびに取り組む子どもを例に、内発的動機づけと外発的動機づけの違いについて考えてみよう。園での冬季の外遊びとして、なわとび遊びに取り組む子どもの姿をみかけることはめずらしくない。その際、なわとびカードのようなものが子どもに配られ、自分が跳ぶ回数を保育者にかぞえてもらい、跳べた回数をカードに記入してもらうことを楽しみになわとびに挑戦する子どもの姿をみることがある（写真左下）。また、なわとび大会を設定し、優勝者には賞状やメダルが与えられることを伝え、子どもの意欲を引き出す工夫をしている園も少なくないのではないだろうか。このような働きかけがきっかけとなり、子どものなわとび遊びの活動が活発になっている場合は、外発的動機づけが高められてなわとび活動に参加している可能性が高いことになる。子どものなわとび遊びの背後には、保育者に

なわとびカードに記録してもらいたい（認められたい）といった承認動機やなわとび大会で多く跳んでメダルを獲得したいといった獲得動機によるエネルギーが想定されるのである。

　「子どものなわとびをもう２回も買い換えました」という小学校１年生の子どもをもつ保護者からの話を聞いたことがある。その子どもはなわとびが跳べることがうれしくてしょうがなく、学校から帰ってくるとなわとびで遊んでばかりいるの

§3　動機づけと運動

だそうだ。地面（アスファルト）となわの摩擦によりなわとびが切れて使いものにならなくなり、2度も買いなおしたということである。このような子どもの場合、とくになわとびをすれば何らかの外的な報酬が得られるということはない。なわとびすることそれ自体が楽しく、なわとびをすることの楽しみや満足感が報酬となり、行動を強化している。このような場合は内発的動機に動機づけられてなわとび遊びを行っているものと解釈することができる。

3．動機づけと遊び

　実際の行動は内発的動機づけや外発的動機づけのどちらか一方によって行動が起こっている場合は非常に稀であり、両方の動機づけが複雑に絡み合いながら人間の行動に関与している場合が多い。たとえば、先に示したなわとびの例を考えてみると、子どもがなわとびを始めたきっかけは「先生に印をつけてもらいたい」、「メダルを獲得したい」といった動機（動機づけの初発機能）であったかもしれない。しかし、その動機づけだけでなわとびを続けているとはあまり考えにくい。なわとびで遊ぶ時間が多くなるにつれて、だんだん上手に跳べるようになり、しだいになわとびを跳ぶこと自体の楽しみが大きくなってくることは十分に予想されることである。そうなると、なわとびに慣れてきた頃には動機づけとしては「先生に印をつけてもらいたい」といった承認動機、「メダルを獲得したい」といった獲得動機、「なわとびを跳ぶことが楽しい」といった内発的動機づけが複雑に絡み合って存在していることになるのである。

　杉原は内発的動機づけに動機づけられた行動と遊びの関係について以下のように示している。

> 「心理学でも古くから遊びには大きな関心が払われさまざまな理論が提唱されてきたが、内発的動機づけ理論の登場とともに、遊びを内発的に動機づけられた行動であるとする考え方が遊びの現代理論として有力になってきた。内発的に動機づけられた行動が何らかの手段ではなく自己目的的な行動であること、さらには、自分の能力を向上させ自分らしく生きることを追求する行動であるという理論は、遊びを人間存在の根本的な特徴と位置づける考え方と調和する」[9]

　そして、遊びは遊びか遊びでないかという非連続的な二分論ではなく、どの程度強く内発的に動機づけられているかという連続体でとらえられるという考え方を提示し、内発的動機づけに動機づけられている部分が多いほど遊び的な要素が多くなり、外発的動機づけに動機づけられた部分が多いほど、遊び要素の少ない活動となることを示している。さらにこの割合は状況によって変化する可能性のあるダイナミックなものであることがあわせて指摘されている（図表2-13）。

　幼稚園教育要領には、幼児の自発的活動としての遊びを通して指導を行うことの必要性が

注9）杉原隆『新版 運動指導の心理学』大修館書店、2008、p.145

述べられている。幼児期の教育が遊びを通して行われるものであることを考慮すれば、運動遊びも内発的に動機づけられた遊び的要素の多い活動であることが望ましいことになる。保育者は子どもの活動において内発的動機づけの割合が高まるような（遊びの要素が多くなるような）働きかけを考えながら、子どもに接していくことが求められているのである。

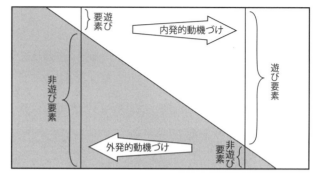

【図表 2-13】 動機づけと遊び要素の関係

（杉原隆『新版 運動指導の心理学』大修館書店、2008、p.146 を一部改変）

4．子どもの運動遊びに関連した外発的動機づけ

　前述した「承認動機」や「獲得動機」以外にも外発的動機づけには、さまざまな種類のあることが報告されている。外発的動機づけの中でも主に子どもの運動遊びに関係が深いと考えられる動機づけについて、その事例を含めて図表 2-14 に示した。
　「ホメオスタシス性動機」とは、生命を維持するのに必要な生理的安定を維持しようとす

【図表 2-14】 子どもの運動遊び場面にみられる外発的動機づけに動機づけられた行動の例

ホメオスタシス性動機	苦痛回避動機としての事例	苦しい、痛い、暑いなど身体的苦痛を回避しようとする動機。「走ると疲れるから走りたくない」、「外で遊ぶと汗をかくから外で遊びたくない」といったことを主張する子どもが増えてきていることが危惧されている。
情緒的動機	回避動機としての事例	「ドッジボールで遊んでいるときにボールが顔に当たり、とても痛い思いをした」などの恐怖は回避動機につながる場合がある。また、「鉄棒から落下して大きなケガをした」などのケガをともなう強い恐怖は外傷性不安と呼ばれ、非常に強い回避動機として機能し、成人してからも鉄棒で遊ぶことに恐怖を感じるなど、消し去ることが難しいともいわれている。
社会的動機	親和動機としての事例	友だちがやっているから自分もそれをやってみたいというように友だちとの交流がしたいという動機
	獲得動機としての事例	なわとび大会でメダルがもらいたいのでなわとびをがんばるといったようにご褒美を獲得したいといった動機
	優越動機としての事例	友だちとのかけっこやドッジボールの試合で相手チームに勝ちたいといった人より優れたいという動機
	承認動機としての事例	保育者や保護者にみてもらいたい、ほめてもらいたいといった他者に認められたいという動機
	顕示動機としての事例	なわとび大会で優勝した友だちがみんなの前で表彰されているのをみて自分もみんなに注目してもらいたいと思うような自分を他者に印象づけたいという動機
	達成動機としての事例	なわとびで 10 回跳ぶことを目標にしてがんばるような、何か物事を成し遂げたいという動機

§3 動機づけと運動

る動機のことであり、図表に示した苦痛回避動機の他に「空腹動機」や「呼吸動機」などが報告されている[10]。「情緒的動機」とは、快や不快の感情に基づく動機づけであり、運動遊び場面で「快」の感情を生起すれば運動遊びへの接近動機として働き、逆に「不快」な感情を感じれば回避動機として働くことになる。「情緒的動機」に関しては、保育者に留意してもらいたい回避動機としての事例を図表に示した。また、社会の中で生じる自己と他者の人間関係に関連する動機は社会的動機に分類されており、「親和動機」「獲得動機」「優越動機」「承認動機」「顕示動機」「達成動機」のあることが報告されている[11]。

このように外発的動機づけにはさまざまな種類が報告されている。そして、何らかの動機づけが単独で機能しているというよりは、複数の外発的動機づけや内発的動機づけが複雑に絡み合いながら機能していると考えるのが一般的なとらえ方である。

これまでの動機づけ理論に関する議論では、外発的動機づけと内発的動機づけを対比させ、内発的動機づけを外発的動機づけよりも重視すべきであるといった主張が展開されることが多い。なぜなら、外発的に動機づけられた行動の場合、行動の報酬が行動そのものに内在していないため、外的報酬の消滅と同時に動機づけが低下し、行動の継続性に課題が残ることが多いからだと考えられる。たとえば、なわとび大会でメダルを獲得することを目的としてなわとび遊びに動機づけられている場合、なわとび大会が終了し、メダル獲得という報酬が達成（もしくは未達成）されれば、報酬が消滅するのでなわとび遊びという行動を強化する要素がなくなり、なわとび遊び自体も行わなくなるという結果につながりやすい。一方、内発的動機づけに動機づけられた行動の場合は、行動そのものに報酬が内在している（なわとび遊びそれ自体が楽しい、満足感を味わうことができるなど）ため、行動が継続しやすいことになる。

保育者がなわとびカードを利用したり、なわとび大会を開催するのは、なわとびへの興味や関心を高め、なわとび遊びを行うためのきっかけをつくることにその主な目的があるはずである。しかしながら、なわとび大会やカードのことばかりを強調し、「カードの印をつけてあげるから跳んでごらん」といった言葉かけや、「大会のメダルをとるためにがんばろう」といった類の働きかけが強調されると、子どものなわとび遊びにおける外発的動機づけを高め、相対的に内発的動機づけを低めることにつながってしまう（図表2－12、p.54参照）。そのような働きかけは、本来の目的であるはずの「なわとび遊びを自ら楽しめる子どもを育てること」にはつながりにくい。保育者が子どもの興味や関心を高めるために褒美や賞賛を用意し、まずは、外発的に動機づけて行動を起こさせる（動機づけの初発機能）やり方は効果的である場合も少なくない（とくに子どもの興味や関心の低い活動には効果的であろう）。しかし、保育者が大切にしなければならないことは、外発的に動機づけられて生起した活動が、その活動を通して動機づけがしだいに内面化し、内発的動機づけによる行動へと変容していくよ

注10）杉原隆『新版 運動指導の心理学』大修館書店、2008
　11）同上

57

Part 1−2　遊び・生活と運動

うな働きかけを行うことにある。

　では、外発的動機づけから内発的動機づけへ変容を促すためにはどのような働きかけが必要となるのであろうか。

5．外発的動機づけから内発的動機づけへ

　内発的な動機づけは、人間がもつ興味・関心・知的好奇心によって起こる精神的エネルギーとして解釈され、教材への興味（楽しそう、やってみたいという感覚）が子どもの内発的動機づけを高める要因として注目されてきた。また、デシ[12] は、「人は、有能感や自己決定感を実感したい基本的欲求をもっている」ことを前提とし、内発的な動機づけの本質は自己決定と有能さの認知であるという内発的動機づけの認知的評価理論を構築した。

　デシの理論に従って内発的に動機づけられた子どものなわとび遊びを解釈すれば、なわとび遊びの中で、「自分は自分のイメージしているようになわを跳ぶことができる」といった有能感を味わうことが報酬となり、動機づけが高められていることになる。そして、あやとび、走りとび、2人とびなど多様な跳び方を楽しむことができる子どもでは、「自分がやりたいときに跳びたいやり方で跳ぶことができる」という自己決定感を強く味わうことになり、さらに動機づけが高まることが想定されるのである。

　保育者は、子どもの内発的動機づけに影響を及ぼす中核的な要因としての「有能感」≒「できる感覚を感じること」に配慮しながら子どもの運動遊びにかかわる必要がある。「できないからやりたくない」と主張する子どもの姿を目にすることがよくあるが、やはり子どもは「できる」という感覚を味わうことが好きであり、「できるからこそやりたい」のである。

　ところが一般的な運動のイメージとしては、練習を重ねて「できないことができるようになる」ことが大切であり、それこそが運動の醍醐味であると考えられている部分が少なくない。このような運動のイメージが保育者の運動遊びへのかかわり方に影響し、「できないこと」をがんばって練習させるような指導の姿を目にすることも少なくないのである。「できないこと」ががんばることで「できるようになる」のであれば、「有能感」という報酬に恵まれることになり、内発的動機づけを高めることにつながる可能性は高い。しかしながら、すべての子どもがそのように成功体験を積める保証はないのである。「できないまま」で終わることが子どもに及ぼす影響を、保育者はきちんと理解しておかなければならない。失敗的な経験だけを積み重ねた子どもには「無力感」が蓄積され、運動遊びが嫌いになることにつながる場合も少なくない。つまり、子どもの運動遊びにかかわる際の保育者の基本的態度として「できないことを練習させてできるようにする」のではなく、「できることをくり返し楽しむことを通してその質を高めていく」スタイルをもつべきなのである。子どもが「で

注 12）Edward L. Deci　アメリカ　社会心理学者
　　　Edward L. Deci『内発的動機づけ』安藤延男・石田梅男訳　誠信書房、1980

§3 動機づけと運動

きる」といった感覚を重ねていくことで内発的な動機づけが高められることを考えれば、とくに外発的動機づけによって運動遊びに参加している子どもにはその活動の中で「できる」という感覚を多く経験できるような保育者の援助や働きかけが求められているということになる。

6．応答的環境の重要性

　運動遊びの中で有能さや自己決定の感覚を認知することが内発的動機づけを高めるために大切な要因となることはこれまで述べてきたとおりである。そして、有能さの認知や自己決定感は運動遊びが「できる」といった現実が重要な要素となっている。しかしながら実際の現場では、運動遊びに不慣れであり、「できる」といった感覚を感じることが難しい子どもがいる場合も少なくない。身体を使った遊びが苦手であり何をやってもうまくできないタイプの子どもに対して、保育者がかかわる際の参考となるのが応答的環境という考え方である。

　応答的環境とは、子どもが何か行動を起こした際に、その結果が本人に返ってくる環境のことであるとされている。たとえば、なわとびを上手に跳べるような子どもには、「有能感」といった形で結果が返ってくる可能性が高く、環境としては十分に応答的であるということができる。一方で運動が苦手な子どもの場合、「やろうとしたことができなかった」という形で結果が返されることになり、環境は応答的であるとは言い難い。このままでは、子どもの内面にがんばっても無駄であるという「無力感」だけが残されてしまいかねない。このような場合、保育者は子どもがやろうとしたことが「できたか、できなかったか」といった評価以外に、「フォームがよくなった」「力強くなった」というような運動の質的な側面を含めて評価を行うことが重要なポイントとなる。「最初の数回と最後の数回ではどのあたりがよくできるようになったのか」、「昨日に比べると何がよくなったのか」など、子ども自身の成長を評価として返すことで、「自分も少しずつできるようになってきているのだ」という「有能感」をもつことができる。このように、子どもの心の中に何かしらの「有能感」を育てる保育者の援助が、子どもの内発的な動機づけを高め、「もう一回やってみよう」「明日も挑戦してみよう」といった子どもの自発的な運動遊びへのかかわりにつながる可能性が高いことを覚えておきたい。

　また、「がんばっていた」「もっとやりたかった」など、子どもの思いに寄り添うような評価を返すことも子どもにとっての応答的環境につながることが指摘されている。とくに子ども自身が「よくやった」とか「がんばった」といったことを感じている状況において、応答的な働きかけが保育者からもたらされることにより、内発的な動機づけが高められる可能性が高いことがわかっている。「有能さ」の評価基準を「できたか、できなかったか」といった部分だけに当てはめるのではなく、子どもの成長（動きの質的な発展など）や運動遊びに対する姿勢をも含めて評価を返していくことが大切である。

Part 1 − 2　遊び・生活と運動

7．動機づけの視点からみた一斉活動と自由遊び

　保育中の運動遊び経験をどのように保証していくべきかを考えると、「一斉活動」と「自由遊び」といった2つの場面が想定される。運動遊びに関しては、一斉活動が必要なケースがいくつか考えられる（図表2−15）。「それぞれの季節に経験させたい活動」とは、夏であれば水遊び（プー

【図表2-15】　一斉活動を通して取り上げたい内容

1．それぞれの季節に経験させたい活動
2．自由遊びで発展させたい活動
3．自由遊びで出にくい活動
4．遊具の出し入れや使い方を知らせる活動

ル）であり、冬であれば雪遊びなどが代表的なものである。雪遊びは雪が降ったときにしか行うことができない特殊な経験であり、そのときに一斉活動として取り上げなければ、雪の感触を楽しみながら遊ぶ貴重な経験の機会を逃してしまうことになりかねない。「自由遊びで発展させたい活動」とは、たとえば「ドッジボール」や「○○鬼」などのように組織的な遊びやルールが複雑な遊びを指している。子どもだけで遊びを始めから構成していくことが難しいため、遊びを一斉活動の中で取り上げ、経験を通して遊び方を理解することが必要である。これらの経験が、自由遊びの中での遊びの選択肢を広げていくことにつながる。「自由遊びに出にくい活動」とは、たとえばバンブーダンスやフォークダンスである。音楽や特殊な遊具が必要であったり、人数が多くなければできないような運動遊びを指している。「遊具の出し入れや使い方を知らせる活動」は、とくに新入園児に対して必要な活動となる。遊具のある場所、出し入れの仕方、使用方法、安全面への留意点を4月頃に一斉活動を通して知らせることが大切である。どのような遊具が園にあり、どのような遊び方ができるのかをていねいに知らせることにより、子どもの運動遊びへの興味や関心を高めることにつながることが期待できる。

　一斉活動を行う際の留意点もあわせて覚えておきたい。

　自由遊び場面と一斉活動場面での「活動の単位」「活動の選択」「動きの経験」の違いについてまとめたのが図表2−16である。一斉活動の場面では「活動の単位」が「クラス

【図表2-16】　自由遊びと一斉活動の違い

	活動の単位	活動の選択	動きの経験
自由遊び	1人・グループ	幼児	個々で違う
一斉活動	クラス単位	保育者	共通した動きが多い

単位」、「活動の選択」は「保育者」、「動きの経験」は「共通した動きが多い」といったようにおおよその方向性があらかじめ決まっている。そのため子どもの「自己決定感」を阻害しやすいといった問題がある。前述したように、「自己決定感」は内発的動機づけの中核となる重要な感覚である。保育者は一斉活動を行う際にも「活動の選択に幅をもたせる」など、一斉活動の中で子どもが自己決定を行う場面が確保されるような工夫や配慮をしていくことが必要となる。

Chap.3 運動指導のポイント

 §1　運動量を考える

1．日常場面での動き、生活の中の動き

　運動指導というと、ボールを使ったりなわを使ったりという活動を真っ先に思い浮かべるかもしれない。しかし、ここでいう運動は身体活動というほうが適している。すなわち、運動量というのは身体活動量を指している。

　ずいぶん前から、幼児の運動能力の低下が指摘されているが、この低下の背景には身体活動の低下が大きくかかわっている。これは遊びの変化が大きいとされているが、普段の生活を見直してみると、日常場面においても至るところでからだを動かす機会が減少している。たとえば、階段を使わずエレベーターやエスカレーターに乗り、移動は車や自転車で、歩く機会が減っている。畳での生活は少なくなりイスやベッドになり、トイレも和式から洋式に変化した。さらには蛇口やドアノブの形状も変わり、ノブをひねる動きからレバーの上げ下げになるどころか、接近すれば自動で対応してくれるようになり、そこにはまったく動きがともなわなくなってしまっている。このようなことから、日常場面での動き、生活の中の動きを再考してみる必要があろう。

　便利になることはありがたいことである。しかし、便利になったことの弊害もあることを頭に置いておくべきである。動きの獲得は経験による。便利な中では動きの経験・身体活動が制限されている。最低限の日常生活を送ることのできる体力さえもない状態では健康とはいえない。小さいときから便利なものしか知らないで育った子どもには、選択肢そのものが限られてくる。いろいろな選択肢のある人は、「今日は荷物が多いからエレベーターを使おう」とか、「今日は天気がいいから少し歩こう」などと、いくつかある選択肢の中からそのときの状態に適した一つを選んで使えるだろう。しかし、選択肢がなく育った子どもは、階

Part 1-3　運動指導のポイント

上に上がる際はエレベーター、ワンメーターの距離でもタクシーと、幼少期から刷り込まれた行動パターンのみが生涯にわたって出現するようになるのはごく自然のことといえる。そうなるとますます身体活動量を確保することが難しくなってくる。年齢が低ければ低いほど子どもの行動は親に依存し、まねる。親が歩くことが多ければ子どもも自然に歩いている。「からだを動かすのはスポーツクラブで。あとは便利で楽な日常生活を」というのではなく、まずは日々の生活の中での動きを意図的に活発にしていくことが必要であろう。

2．日常生活の見直し　——保護者をも巻き込んだ意識改革——

　登園の際の移動手段、荷物の運搬や移動など、ほんの少し見直して意識するだけで、自然に運動量を増やすことができる。登園時に親が自転車に子どもを乗せて正門で降ろすのではなく、少しの距離をいっしょに歩くようにする。自転車なら子どもは座って運ばれるだけなので子どもの運動量はゼロである。自転車から徒歩にすれば子どもは歩かざるを得ない。たとえば、歩幅を約50cmとすると、500mくらいの距離を歩くと約1,000歩。往復なら約2,000歩になる。まずは親の普段の生活の見直しにより、自身の身体活動量を増やせることに気づかせていくべきであろう。無理して行っても続かない。ごくごく普段の生活の中であたり前に行っていればそれが習慣となり、あたり前のことになって、その結果体力を維持することにつながっていく。年齢が低い子どもほど、子どもの行動は親に依存する。親が動けば子どもも自ずと動くのである。

　幼稚園のある平日と、幼稚園が休みの土日の幼児の歩数を比較した研究によると[1]、幼稚園のある平日のほうが休みの日より歩数が多い。幼稚園の保育時間は4時間程であるが、その時間中動き回っているわけではない。しかし、幼稚園のない休日に比べ歩数が多いのである。幼稚園教育要領、保育所保育指針、幼保連携型認定こども園教育・保育要領の領域健康の内容には「進んで戸外で遊ぶ」がある。子どもが外で遊びにくくなっている中、園では戸外での遊びを積極的に取り入れようと限られた環境を工夫している。子どもを取り巻く環境が変化してきた今、このような取り組みも園の役割として必要である。しかし、すべて園任せで家庭ではゲームだけをしているというのでは問題である。休日、家族で公園に出かけたり、親子でいっしょに外で遊んだりということが身体活動の確保だけでなく、親子のコミュニケーションを図る機会にもなる。家庭ではまったく動かず、園だけで運動量を保証するというのではなく、子どもの生活全般を視野に入れた子どもへのかかわり、保護者へのかかわりが必要になってくる。

注1）吉田伊津美「園での遊びの性差と運動能力との関係」『福岡教育大学紀要』54(4)、2005、pp.255-261

§1 運動量を考える

3．生活の見直し ——園内での身体活動——

　園の中では、たとえば荷物や遊具の移動をどのように行っているだろうか。ある園では給食の際にやかんでお茶を配ることになっているが、重くて子どもが行うと失敗するからと保育者が保育室まで運び、個々のコップに注ぐことにしている。やかんが重いなら子どもがもてる程度の大きさのものを用意することで失敗も防げる。また、万が一、失敗してもそういった経験が教育的な活動として位置づけられるのではないだろうか。動きは経験することで身につくのである。遊びの遊具にしても子どもは必要だと思えば遠くにあっても、重いものでもどうにかしてもってきてそれを使って遊ぼうとする。移動が大変だからとわざわざ近くに配置しなくても、あえて遠いところにある遊具を提案することで、子どもはそれを運んでくるという行動に出るだろう。砂遊びでは水を使って遊ぶことも多い。そんなときは近くの水道をあえて使えないことにしてもよい。必要であれば、どんなに遠いところにある水道でも子どもは何往復もしながら水を運ぶのである。あえて運動やスポーツを行おうとしなくても、生活の中で身体活動量を増やしていくことはそう難しいことではない。

4．遊びの中での工夫1 ——みんなで楽しむ雰囲気とモデルとしての保育者——

　遊びの環境を考える際にはいろいろな要素があるが、運動的な遊びにもっとも大きな影響を与えるのが、保育者や友だち、クラスや園全体の雰囲気といった人的環境である。年齢が低ければなおさらその影響は大きい。動くことや汚れることを嫌っていたり、保育室での活動を好んで行う保育者のクラスは、子どもたちも静的な活動が多くなる。これに対し、保育者が率先して園庭へ出て、自分も遊びに参加したり、活発に遊んでいる子どもに声をかけたりすることによって、多くの子どもがその遊びに参加するようになる。これを示唆する結果は、幼児の運動能力と担任保育者の運動の得意不得意の認識との関係でも明らかにされている[2]。運動を得意だと思っている保育者のクラスは、運動が苦手だと思っている保育者のクラスよりも子どもの運動能力が高い。おそらく運動を得意だと思っている保育者は、動くことを億劫がったり、嫌がったりすることがなく、むしろ積極的に動いているのだろう。これに対し、運動が苦手であると思っている保育者は、もともと好きではないので動く習慣も少なく、からだを使った遊びそのものにも苦手意識をもっているためそういった遊びを積極的に行っていないことが考えられる。もしかしたら「運動遊び」を特別な活動としてとらえているのかもしれない。保育者自身が得意でなくても、おもしろそうなことをやってみたり、子どもたちがやっていることに共感したり、興味を引く行為や楽しそうな雰囲気が子どもの動きを誘発する。中にはあまり動くことを好まない子どももいる。しかし、クラスや周囲の雰囲気がいつも楽しくおもしろそうな環境であれば、消極的だった子どももしだいに興味を

注2）森司朗・杉原隆・吉田伊津美・近藤充夫「園環境が幼児の運動能力発達に与える影響」『体育の科学』54(4)、
　　2004、pp.329-336

Part 1 - 3 運動指導のポイント

示し、参加するようになってくる。このような運動的な遊びを楽しむ雰囲気を保育者が率先してつくり出すことが非常に重要である。

　運動経験が豊富で運動の得意な保育者が望ましいように思われるかもしれないが、決してそうではない。体育が苦手で運動は好きではないという保育者も中にはいるだろう。むしろそのような保育者のほうが子どもといっしょになって遊ぶ仲間としてはよい場合がある。指導するのはあくまでも「遊び」である。スポーツを経験してきた指導者や体育を専門として学んできた指導者は、スポーツの専門家ではあるが幼児のことをよく知らないということも多い。その場合、運動遊びや体育遊びなどというと大人のスポーツを小型化して行ったり、決められたやり方でくり返し練習させたりする傾向が強く出てしまっていることがある。これは幼児期の運動指導における非常に大きい問題点である。一斉的に指導を行う傾向の高い園と自由遊びを中心とした園では、自由遊びを中心とした園の方が活動量が多いという指摘もある。運動的な活動の時間が多くあっても必ずしも活動量が多いとは限らないのである。もっとも大切なことは保育者が幼児期の発達の特徴と一人ひとりの子どものことをよく理解していることである。運動が苦手であっても思いきり子どもといっしょに遊びを楽しめることが大切である。

5. 遊びの中での工夫2 ──園環境を空間として考える──

　園庭などの物理的な環境は容易につくり変えることはできないが、今ある環境を工夫することで運動量を増加させることができる。広い場所がなければ思いきり動けないと考えるかもしれない。しかし、狭い場所でも工夫次第ではからだを思いきり動かすことは可能である。

　運動能力と園庭の広さとの関係では、広い園庭の園よりも中程度の広さの園の子どものほうが運動能力は高いという報告がある[3]。これには2つの解釈が成り立つ。一つは、広いからといってその場所を十分に活用して子どもは動くわけではないということである。広ければ広いだけそこを十分に活用して思いきり動きそうであるが、実は子どもに適した広さがあり、やたらに広いところでも端から端まで場所を使ってはいないのではないかということである。もう一つは、十分な広さを保証されていない園においては保育者が環境を工夫することで、限られた場所の中で子どもが十分に活動できるような配慮を行っているということである。つまり、限られた環境であっても、工夫次第で子どもの動きを引き出し、運動量を確保できるということである。

　まわりの環境によってさまざまな動きが引き出されることの解釈として、ギブソンはアフォーダンス理論を提唱した[4]。水溜りがあればバシャッと跳びこんでみたり、縁石を平均台のように歩きわたってみたり、石があったら蹴ってみたり、枯れ枝を手にして振り回してみたり、それぞれの環境が子どもの動きを誘発（アフォード）しているといえる。つまり、

────────────────────────

注3）森司朗・杉原隆・吉田伊津美・近藤充夫「園環境が幼児の運動能力発達に与える影響」『体育の科学』54(4)、2004、pp.329-336
　4）J. Gibson　1904-1979　アメリカ　知覚心理学者
　　　佐々木正人『アフォーダンス　新しい認知の理論』岩波科学ライブラリー　岩波書店、1994

こうしなさい、ああしなさいといちいち指示しなくても、子どもがそうしたくなってしまう環境、子どもの動きを引き出す環境を準備することで、いろいろな動きが引き出されていくことになる。床面が平面であれば、障害物を置いてみる。高さによってはまたいだり跳んだりするだろうし、階段のように上ったり下りたりするかもしれない。もっと高ければよじ登ったり飛び降りたりするだろう。このような工夫が子どもの身体活動を増やすことにつながる。動きの視点から運動量を増やす工夫もできるのである。横（水平方向）に制限があれば、高さ（垂直方向）への可能性を探ることで運動量を増やすこともできる。

一方、狭い場所でも運動量の確保できる遊びはたくさんある。たとえば、子とろ鬼や足踏み鬼などの鬼遊びは、場所はそれほど必要ではないが、手軽に行えルールも簡単でかつ運動量も非常に多い。直線を思いきり走ることも行いたいが、場所の制約でなかなか難しいところもある。そんなときは曲線のコースや折り返しのコースをつくることで距離を長くすることができる。また、このようなコースでは全身のバランスをとったりスピードをコントロールしたりしながら多様な走りが経験できるという点で、運動発達の面からも効果的であるといえる。大人の発想で活動を与えてやらせるのではなく、子どもの動きを引き出す環境を考え、子どもが主体的に動き出す工夫をすることこそが保育者の役割であるといえ、その力量が問われるのではないだろうか。

§2 運動の質を考える

運動指導の場面で保育者が気をつけなければならないことの一つに運動の質の問題がある。前述したように、幼児期は基本運動の技能を獲得する時期であり、多様な動きを経験することが必要とされている（動きの発達と運動、p.23参照）。保育者は、子どもの多様な動きの経験を念頭に置きながら運動指導に関する計画や環境の構成、援助を考えていかなければならない。

1．遊びの分類を参考にして

子どもの遊びの多様性を考えるときに、カイヨワの遊びの分類が参考になる。カイヨワは遊びを「競争」「運」「模倣」「めまい」、4つの役割のどれが優勢であるかによって、遊びの体系を「4つの主要項目に分類すること」を提案している。カイヨワの遊びの分類に沿って、子どもにみられる遊びを分類したのが図表3－1である。

【図表3-1】 遊びの分類

競争（アゴーン）	運（アレア）	模倣（ミミクリー）	めまい（イリンクス）
かけっこ すもう ドッジボール	どんじゃんけん はないちもんめ クツとばし（表か裏か）	くまさん歩き おままごと 忍者遊び	ブランコ ジャングルジム すべり台

（R.カイヨワ『遊びと人間』1958 に記された遊びの分類を参考に作成）

65

Part 1－3　運動指導のポイント

運動の質を考えた場合、子どもの運動経験が偏らないことは一つの重要なポイントとなる。子どもが経験する運動の種類が偏ってしまえば（たとえば、運動遊びといえば、「ボール」遊びを提供することが多いなど）、経験する動きも限られてくるからである。保育者は自分が提供する遊びが自分の趣向や得手不得手によって偏っていないかを折に触れて確認してみるとよい。「かけっこ」や「ドッジボール」など競争的な遊び（「競争」に分類される）を取り上げることが続いた場合は、「ジャングルジム」を登る、「平均台」を渡るなどの身体感覚を楽しむ遊び（「めまい」に分類される）を次に取り入れてみることが検討されてもよいであろう。また、どのような運動遊びを提供しようかということに迷ったときに「遊びの分類」を見直してみることで、自分の思考パターンにない遊びが連想されることも期待できる。

子ども自身にも遊びの傾向が偏ることがある（たとえば、外で遊ぶときはほとんど「ブランコ」で遊んでいるなど）。「めまい」的な遊びばかりを好む子どもがいれば、「模倣」の遊びしか行わない子どもがいる場合もあるだろう。保育者はこのような子どもに遊びを提供していく際の目安として、「遊びの分類」を利用することができる。子どもが「競争」「運」「模倣」「めまい」の要素を偏ることなく経験し、それぞれの遊びの楽しさを経験することを援助していく姿勢が必要である。それぞれの要素に特有の楽しさに子どもが気づくことは、子どもの遊びの幅を広げることにつながるからである。子どもの遊びの幅が広がることで子どもが遊びの中で経験する動きの多様性が増してくるのである。

2．動きのバリエーションを考える

保育者は、子どもが経験する運動の質を高めるポイントとして、一つの動きであってもその動き方を変化させていくことを覚えておきたい。幼児期運動指針では、一つの動きの変化のことを「運動バリエーション」という言葉で示している。

運動バリエーションとは、たとえば平均台の上を「渡る」という動作であっても、「前を向いて渡る」「カニ歩きのように横向きで渡る」「後ろ向きで慎重に渡る」など、「渡る」動作に含まれるさまざまな「渡り方」のことを示している。「渡る」という言葉で括られる動作にもさまざまな「渡り方」（バリエーション）があり、多様なバリエーションを経験することにより、多様な刺激が運動神経に伝わり、その動きを洗練させていくことにつながるのである。

杉原は、動きのバリエーションを変化させる際には、「空間的調整」「時間的調整」「力量的調整」といった3つの要素がポイントとなることを指摘している（図表3-2）。たとえば、保育者が平均台の上に障害物（ボールや積木など）を置いてみるといった工夫を施せば、子どもは障害物を避けて渡るために脚の運び方を空間的に調整する必要に迫られることになる（「渡る」動きの空間的調整）。また、平均台が斜めに立てかけられていれば、脚にしっかりと力を込めて渡ることが要求されるであろう（「渡る」動きの力量的調整）。

上記3要素は、環境や子どもの能力などにより、どのような場合でも変化させることがで

§2 運動の質を考える

【図表3-2】 動きのバリエーションを変化させる3要素

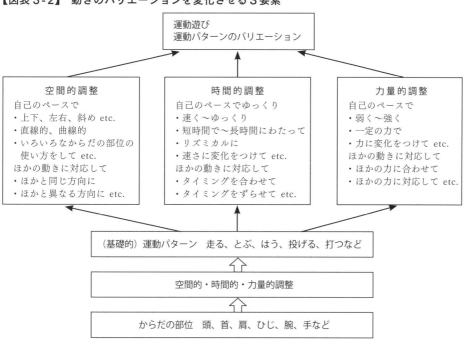

(杉原隆他編『保育講座(6) 保育内容健康』ミネルヴァ書房、1990、p.160)

きるとは限らない。一方、たとえば「空間的要素」と「時間的要素」を同時に変化させるといったバリエーション展開を考えられる場面もあるだろう。保育者には、子どもの興味や能力、環境の特性などを勘案し、遊びの中でさまざまな動きのバリエーションを子どもが経験できるような工夫や配慮が求められているのである。

3．できることの質を高めていく

　大人は「できない」課題に対して努力を積み重ね、「できるようになる」過程を楽しむことができる（たとえば、クロールの泳法を練習し、少しずつスムーズに泳ぐことができるようになるなど）。一方、幼児は「できないことはやりたくない」といった気持ちが強いのが一般的な傾向である。保育者は「どうせできないからやりたくない」となわとびや鉄棒などの運動遊びを拒絶する子どもの姿を目にしたことがあるはずである。このような子どもには、「できないことに挑戦し努力を積み重ねてできるようになる」というよりは、「できることをくり返すことで、できることの質的水準が高まることを期待する」といった保育者スタンスが必要となる。たとえば、なわとびをうまく跳べない子どもがいたとする。うまく跳べない原因は子どもによってさまざまであるが、まずはその子どものできる内容から始めることを勧めたい。なわの回旋とジャンプのタイミングをうまく合わせることができない子どもであれば、なわを回す動作となわを跳ぶ動作を別々にしてみるのも一つの方法である（なわを自分のからだの後ろから前にまず回し、脚の前に止まったなわを跳び越す）。もしくは、保育者がなわを回

Part 1-3 運動指導のポイント

し、子どもといっしょに跳んでみる方法も考えられるであろう。いずれにせよ子どもが自分でできる水準でその運動を楽しめるような働きかけ（環境の設定、助言、助力）が大切である。できる動きをくり返すうちに少しずつ動きの質が向上していくことを子どもが感じ、「もっと難しい跳び方に挑戦したい」という意欲が子どもの内面に育ってくることを期待しながら、子どもにかかわる姿勢が求められる。運動遊びを続けていれば、運動の刺激は必ず脳に伝わっている。パフォーマンス（目で確認できる獲得された運動技能）として劇的な変化は認められなくとも、内的な変化（運動に関する神経系の変化）は少しずつ積み重なっているはずである。その積み重ねがいつの日か子どものパフォーマンスとして現れてくることを信じて子どもにかかわり続けていくことは保育者の大切な役割の一つである。

4．運動指導の質を考える

　幼児期の運動指導というと、「とび箱が跳べるようになる」「逆上がりができるようになる」「なわとびが跳べるようになる」ことが一つの到達目標のように扱われ、目標達成を目指して「とび箱」「鉄棒」「なわとび」の練習をくり返すような運動指導の形態を目にすることがある。とくに年長クラス（5、6歳児）になり、小学校への接続が視野に入ってくると、保護者にも「小学校に入学する前にせめてなわとびくらいは跳べるようになっていてほしい……」、「逆上がりができなくて小学校で子どもが恥をかくのでは……」といった気持ちが強くなるようである。保育者も保護者の期待に応えようと、練習に力が入ってしまう気持ちはわからないでもない。園によっては、子どもの運動指導を得意とする人を特別に雇い、「体操の時間」などを設けて指導を任せているケースもみられる。しかしながら、このような一斉指導型の運動指導が子どもの運動能力に及ぼす影響に関しては、いくつかの研究においてその効果を疑問視する報告がなされており、決まった動きをくり返しトレーニングするような運動指導のあり方は幼児の運動能力に必ずしもよい影響を与えるわけではないことが指摘されている。

　「とび箱が跳べる」「逆上がりができる」ようになるためには、他の学習と同様に子どもの側にそれなりのレディネス[5]が備わっていなければならない。柳沢[6]は、たとえば「とび箱」が跳べるようになるためには「腕でからだを支える力」がレディネスとして必要であり、「くまさん歩き」「かえるさんとび」「背中跳び越し」や「手押し車」等の遊びを経験する中で少しずつ「腕でからだを支える力」が子どもに身についてくることを指摘している。また、「逆上がり」ができるようになるための要素として「ぶら下がる力」、「お腹を鉄棒に引きつけてくる力」がレディネスとして必要であることを示し、それらの力をつけるための遊びとして「棒登り」や「ぶたのまるやき」（鉄棒にぶら下がる遊び）、「おさるのじゃんけん」など

注5）レディネス　ある学習に成功するために必要とされる発達的ならびに経験的な条件を意味する。（下中邦彦編『新版 心理学事典』平凡社、1981）
　6）柳沢秋孝『からだ力がつく運動遊び』主婦の友社、2003

があることを紹介している。

　このように、「とび箱」が跳べるようになる、「逆上がり」ができるようになるためには、その前段階でからだを使って十分に遊び、「腕でからだを支える力」や「お腹を鉄棒に引きつけてくる力」等が身についていることが必要なのである。そのようなレディネスを無視し、年長クラス（5、6歳児）になったからといって急に「とび箱」や「逆上がり」の練習を始めたところで、レディネスが十分でない子どもにそれらができるようにならないのは当然の結果なのである。さらにこのような子どもは、できないことをくり返し練習させられることにより、運動遊び（鉄棒やとび箱）そのものを嫌いになってしまう可能性も高い。嫌いになってしまえば、小学校での取り組みにも消極的になり、これらの運動技能を身につける機会を失うことにつながりかねない。

　本来であれば、「逆上がり」ができるようになること、「とび箱」が跳べるようになることは小学校での学習課題であり、幼児期はそのレディネスを蓄える時期のはずである。課題を先取りすることを焦るあまり、「できない」といった気持ちを子どもの中に蓄積させ、運動嫌いな子どもを育ててしまうことは避けなければならない。

　上に示した「手押し車」や「ぶたのまるやき」などの遊びは、以前は子どもの遊びの中でよくみられていたものである。近年では子どもの外遊びの機会が減少し、からだを使った遊びの経験値は低くなる傾向が顕著である。子どもを取り巻く環境がこのような状況であるからこそ、園ではからだを使って十分に遊び込むことを通して、小学校での課題に取り組むための基礎的な運動能力・運動技能を身につけていくことを大切にした運動指導がなされるべきである。

§3　環境を工夫する

1．運動にふさわしい環境とは

　子どもが運動する環境には、運動遊具や運動できるスペースなどの物的環境と、友だちや保育者などの人的環境がある。実際に子どもがからだを動かす活動では、物的環境と人的環境が関連しあってそこから生まれる空間、遊ぶに十分な時間などが総合的に充実することが大切である。

　人は環境とかかわり合いながら生きている。環境に働きかけると同時に、環境を変化させていると考えられるが、ギブソンのアフォーダンスの理論にもとづけば、人は環境とかかわり、働きかけることにより、環境から動きを引き出されているというのである（p.64 注4参照）。子どもがどのような運動を経験するかは、どのような環境とかかわれるのかということと密接につながっているといえるだろう。

　現代の子どもの家庭での遊びが外遊びから室内遊びへと変化してきていることにより、自

Part 1 - 3　運動指導のポイント

然環境の中で異年齢の集団での子ども同士のかかわりを通しての育ちを期待することがとても難しくなってきている。そのため、園での遊び環境は、家庭で少なくなっていると思われる外遊びを積極的に取り入れていくことを念頭に置くことも大切である。

　子どもの遊び空間として、仙田満は、1．自然のスペース（自然空間の中で生命の重さを学んだ）、2．オープンスペース（鬼ごっこやボールゲームをする広がりのある空間）、3．道のスペース（出会いの空間、ネットワークの遊び空間）、4．アナーキースペース（廃材置き場、工事場、想像力を刺激）、5．アジトのスペース（子どもたちの共同体としての意識の場）、6．遊具スペース（公園など）の6つをあげている（図表2-5、p.50参照）。今では安全上の問題などからもアナーキースペースやアジトのスペースはほとんどないに等しく、遊具のスペースが子どもの遊び場の大半を占めているといえるだろう。仙田は、6つの空間の中でも重要な順番として、自然、オープン、道をあげている。自然には多種多様な刺激が含まれている。外気に触れることだけで子どもにはよい気分転換となり、からだを使って遊びたくなる気持ちが湧いてくるし、園内にはない植物や生き物とかかわりをもつことは、意識せずに運動経験を多様なものにしてくれる。また、オープンスペースや道のスペースでは空間に広がりがあるということだけで移動の動きを多く経験し、オープンスペースでは年齢や経験に適した集団での遊びを行いやすい。自然、オープン、道のスペースは環境に変化をつけやすいことも特徴である。遊び環境が工夫や変化を可能とするものであるほど、子どもの運動経験は多様な広がりをもつものとなりえる。これらのことを参考にしながら、園生活で子どもがかかわる環境への工夫を運動の種類と運動の量などから検討していくべきである。

2．動きを引き出す環境

（1）遊具の役割

　転がるボールを追いかける動きは、はいはいの段階の乳児にもみられる。転がる、弾むといったボールそのものから出てくる動きが子どもにとって魅力的であるともいえるし、カラフルな丸い形に子どもは親しみをもちやすいということもあるだろう。このようにそれ自体が動きを引き出したり、興味・関心を抱いてかかわってみたいと思わせる遊具は、運動経験を豊富にする。

　園にある遊具は、園の生活を楽しみにさせる、子どもにとって魅力的なものであると同時に、かかわることで動きを引き出す機能をもつものがある。ボールやなわのように子どもたちの間に頻繁にみられる基本的な使い方による動きから、経験や年齢に応じて広がりが出てくる。経験される運動の内容はたとえばボールでは、投げる、受ける、蹴る、弾ませるなどの動きから、走って取りに行く、走って蹴るなどの組み合わせの動き、壁に当てたり、かごに入れたり、斜面を転がしたりなど複合的な動きが出現する。

　固定遊具は、「○○まで上れるようになりたい」というように、子どもが挑戦意欲や達成意欲をもちやすい。乳児期の後半には、鉄棒にぶら下がったり、ジャングルジムに上ったり、

§3 環境を工夫する

大人に揺らしてもらってブランコに乗ることができる。保育者が見守り、手を添えられる安定的な状況で、乳児期後半の子どものやりたい気持ちに沿って固定遊具を経験させたい。幼児期になると、ジャングルジムでは、手足を交互に動かして、上まで上がる、横に移動する、下に下りるといった動きがみられるようになる。ジャングルジムをスムーズに上ったり下りたりするために、手と足を交互に動かして協応させながら、最初は一段ごとに足をそろえながらの動きであった段階から、自分が行きたいと思う上下、左右の方向にからだをコントロールして動くことができるようになる。

（2）遊具の組み合わせや配置を考える

はいはいに始まる移動運動は、歩く、走る、跳ぶという動きが未熟な段階のものから徐々にしっかりとしたものがみられるようになる。これらの動きは水平方向のものであるのに対し、高いところに上ったり下りたりすることは上下の方向の動きである。子どもがよじ上れるぐらいの高さの台や固定遊具は容易に上り下りの動作を経験できる。現代の生活環境では、階段や斜面を経験する機会が少ないため、階段を怖がったり、斜面でバランスがとりにくいために怖がったりする子どもがみられるが、自然環境にある崖のようなところに行くと、さかんに手を使って斜面をよじ上ったり、おしりをついてすべって下りたりなどの動作を喜んでくり返す子どもも多くいる。斜面があると手を使うなど自分のからだをフルに生かしながら上りたくなり、おしりですべってスピードを楽しんだりということを自発的にできることから考えると、園庭のような空間にも斜面があるとこのような子どもの興味や関心を満たしたものとなるだろう。

また、遊具を組み合わせることによって、上下の動きを複合的により多く経験できる。アスレチックなどの総合遊具は、ある遊具から上り始め、遊具と遊具の間のつり橋のようなところを手足の協応で移動したり、別の遊具から下に下りたり、などといった動きが出てくる。3歳児頃にはぎこちなかったつり橋の移動も5歳児頃にはスピードをもったなめらかな動きとなってくる。幼児期の動きで特徴的な調整力の発達がこのような場では確認できるだろう。総合遊具では、水平、上下の動きに加え、くぐる、隠れる、入り込むなどの動作もより多く経験できるであろう。

総合遊具のような動きの経験ができるような工夫としては、固定遊具と固定遊具の間に運動会の綱引きで使う綱を渡したり、固定遊具と固定遊具を接近させて配置し、地面に下りずに遊具間を行ったり来たりできるようにしている園もある。小型遊具や他の運動遊具との組み合わせも工夫することができるだろう。たとえばジャングルジムに平均台や巧技台のビームを組み合わせて、上を渡ったり、腹ばいになったり、ぶら下がったりという動きを引き出すことができる。

水平方向の移動は、日常生活の中で頻繁にみられるが、距離や幅を意識することによって、運動量や高い技能を経験できる工夫が可能である。たとえば、なわやマットを距離の目安として、また幅の目安として活用することである。なわやマットも2つ以上のものを組み合わせることによって、幅の広い狭いを数種類設定することも可能である。

Part 1-3　運動指導のポイント

3．人とのかかわり

（1）保育者とのかかわり

　子どもが運動する環境には、物的環境だけでなく人的環境も影響していることを忘れては
ならない。人的環境という場合には、保育者と友だち、主として園生活でかかわりをもつす
べての人を指す。幼児期の運動で大切なことは、高い運動能力を早期に期待するのではなく、
幅広い活動の中で遊びを通してより多くのことを経験することである。そこでは、子ども
自身がもつ運動に対する意欲や身体活動欲求が高いことが望ましい。子どもがやってみたい、
もっとやりたい、もっとできるようになりたいと自ら思い、行動に出ることである。安定的
な関係の中で、保育者から認められたり、受け止められたり、ほめられたりということが運
動に対する意欲の源となったりするのである。ほめられ、受け止められると、もっとやりた
い、先生にもみてほしいという気持ちが生じてくる。

　また、保育者は子どもの運動をみる際に、できたかできないかを他の子どもとの比較で評
価するのではなく、その子の日頃の活動と比較してどうなのかという観点でみなくてはなら
ない。その子なりのやり方でできているのかどうかといったことで子どもをみていくことも
大切であるし、運動の結果そのものではなく、何かしら子どもの工夫があるかどうか、運動
することによって何を楽しんでいるのかに着目してみるのもよいであろう。そのような場合
は、運動ができているかできていないかと直接関係ないようにみえるかもしれないが、その
取り組みを認めたり、運動の中にあるイメージが楽しいものであることによって、くり返し
することを期待できるであろう。

　その子なりのやり方や工夫がある場合、それが今のその子の運動技能であると考えられ、
認められたり、ほめられたりすることでくり返し取り組んだり、さらに工夫やアイディアが
出てきたりすることで技能も高まることが予想され、結果として運動能力の向上にもつな
がっていくであろう。

　保育者のかかわりでは、保育者自身が運動を楽しんでいる姿を子どもにみせていくことも
大切なことである。保育者自身が運動が得意か苦手かといった問題とは別に、動くことの心
地よさはだれもが感じられることであろうから、動く心地よさや、からだを動かす遊びでい
ろいろな工夫をすることの楽しさを子どもといっしょに感じながら、取り組んでいくとよい
だろう。

（2）友だちとのかかわり

　幼児は友だちとのかかわりを通して、保育者や親とのかかわりとは異なるさまざまなこと
を学ぶ。運動の場面では、年齢が低い場合には、他の友だちがやっているのをみたり、自分
より年齢が上の子どもが遊んでいる様子をみたりすることでかかわりが生まれる。みること
によって楽しさが共有できたり、どのようにやっているのかをみて、自分もやってみようと
いう気持ちが出てくる。

　3歳ぐらいになってくると友だちと同じようにする様子が頻繁にみられるが、このぐらい

の年齢は何かと同一化することに興味・関心が高い時期なので、いっしょに動くという経験ができるようになる。同一化ということでは、他の人ということだけでなく、生活の中に身近にあるものや生き物、キャラクターなどになりきることも多くある。何かになりきるということを楽しみ、自分を表現し、自分のからだを思うように使って、多様な動きを経験しているのである。単発的に何かになっていた遊びが、なりきる時間が長いものになってくる頃には、子どもなりにイメージを豊かにもち、イメージの世界で遊びが展開するようになる。それにともなって、動きも活発化したり、反対に静的だけれども微細でなめらかなものが出てきたりするだろう。イメージを友だちと共有する度合いが多くなってくると、遊び込むことも多くなり、友だちとのかかわりにも変化が生じてくる。このような経験をくり返す中で、友だち同士イメージを共有して遊びを楽しいものにしたり、友だちの動きがわかってそれに応じながら動いたりということも出てくる。

　子ども同士のかかわりから運動のきっかけが生まれたり、遊びが深まることによって運動量や運動の種類を多く経験するようになる。また、友だちと協同して動くことによって、他の友だちの動きと同調しながら自分の動きをすることの経験につながる。人とのかかわりによる刺激も運動には大切な要素である。

§4　安全を考える

1．安全についての基本的考え方

　幼児期に備えたい力の一つとして、子どもが自分自身の判断で安全に注意を向け、危険に対処できるようになることがあげられる。自分自身の行動で危険に対処するためには、状況を的確に判断する安定した心と、危険から身をかわすことができる運動能力が必要となる。しかし、幼児期は心身が発達途上にあり、未熟な状態にあるので、子どもが自分自身の力によって、自分の身を危険から守ることが十分にできるとはいえない。保育者は子どもの安全を確保するために、事故が起らないよう配慮することに努めなければならない。

　子どもが生活する環境には、さまざまな危険がある。図表3-3によれば、1歳〜9歳では死亡原因の第2位に不慮の事故があがっている。運動機能の向上により活動が活発になってくるが、状況判断が未熟なために事故につながる行動を起こしてしまうためである。図表3-4には不慮の事故の内訳が昭和60年から示されているが、年々、不慮の事故による総数は減っていることがわかる。しかしながら、子どもの生活する環境の多くが子どもの安全に配慮したものというわけではないので、潜在的な危険が潜んでいる可能性が減っているとは必ずしもいえないであろう。

　子どもの事故は単純な状況や条件のもとに発生するのではなく、複数の状況が重なり合うことによって発生する。保育者は生活や遊びを通して子どもの活動にかかわりながら、共に

Part 1 − 3　運動指導のポイント

【図表 3-3】　年齢別にみた死因順位

年齢	第1位		第2位		第3位		第4位		第5位	
	死因	死亡数	死因	死亡数	死因	死亡数	死因	死亡数	死因	死亡数
総数	悪性新生物	372,801	心疾患	197,807	肺炎	119,206	脳血管疾患	109,233	老衰	92,759
0歳	先天奇形等	653	呼吸障害等	281	乳幼児突然死症候群	109	不慮の事故	73	出血性障害等	68
1～4	先天奇形等	147	不慮の事故	84	悪性新生物	59	心疾患	40	肺炎	34
5～9	悪性新生物	84	不慮の事故	68	先天奇形等	31	肺炎	19	(その他の新生物 心疾患)	16
10～14	悪性新生物	95	自殺	70	不慮の事故	66	先天奇形等	27	心疾患	19

(厚生労働省「人口動態統計」、2016)

【図表 3-4】　年齢階級別、不慮の事故の死因別死亡数の推移

(人)

区分			不慮の事故総数	交通事故		転落・転倒		煙、火災及び火災への曝露		不慮の溺死及び溺水		不慮の窒息		その他	
0歳	昭和60年	1985	451	20	(4.4)	14	(3.1)	9	(2.0)	35	(7.8)	347	(76.9)	26	(5.8)
	平成2	90	346	28	(8.1)	12	(3.5)	14	(4.0)	27	(7.8)	247	(71.4)	18	(5.2)
	7	95	329	18	(5.5)	8	(2.4)	5	(1.5)	22	(6.7)	231	(70.2)	45	(13.7)
	12	2000	217	16	(7.4)	8	(3.7)	6	(2.8)	7	(3.2)	160	(73.7)	20	(9.2)
	17	05	174	11	(6.3)	7	(4.0)	6	(3.4)	9	(5.2)	133	(76.4)	8	(4.6)
	22	10	113	9	(8.0)	4	(3.5)	3	(2.7)	6	(5.3)	85	(75.2)	6	(5.3)
	27	15	81	3	(3.7)	1	(1.2)	1	(1.2)	4	(4.9)	69	(85.2)	3	(3.7)
1～4歳	昭和60年	1985	1,002	312	(31.1)	49	(4.9)	58	(5.8)	414	(41.3)	84	(8.4)	85	(8.5)
	平成2	90	725	265	(36.6)	45	(6.2)	50	(6.9)	262	(36.1)	64	(8.8)	39	(5.4)
	7	95	630	176	(27.9)	33	(5.2)	31	(4.9)	176	(27.9)	90	(14.3)	124	(19.7)
	12	2000	308	104	(33.8)	40	(13.0)	25	(8.1)	77	(25.0)	49	(15.9)	13	(4.2)
	17	05	236	71	(30.1)	21	(8.9)	37	(15.7)	56	(23.7)	39	(16.5)	12	(5.1)
	22	10	151	44	(29.1)	19	(12.6)	21	(13.9)	32	(21.2)	28	(18.5)	7	(4.6)
	27	15	109	37	(33.9)	10	(9.2)	3	(2.8)	27	(24.8)	29	(26.6)	3	(2.8)
5～9歳	昭和60年	1985	728	362	(49.7)	17	(2.3)	38	(5.2)	242	(33.2)	18	(2.5)	51	(7.0)
	平成2	90	523	274	(52.4)	13	(2.5)	33	(6.3)	150	(28.7)	20	(3.8)	33	(6.3)
	7	95	525	216	(41.1)	13	(2.5)	28	(5.3)	112	(21.3)	13	(2.5)	143	(27.2)
	12	2000	242	119	(49.2)	17	(7.0)	22	(9.1)	63	(26.0)	14	(5.8)	7	(2.9)
	17	05	230	109	(47.7)	8	(3.5)	22	(9.6)	61	(26.5)	15	(6.5)	15	(6.5)
	22	10	125	56	(44.8)	10	(8.0)	11	(8.8)	34	(27.2)	10	(8.0)	4	(3.2)
	27	15	87	37	(42.5)	7	(8.0)	4	(4.6)	29	(33.3)	7	(8.0)	3	(3.4)
10～14歳	昭和60年	1985	407	231	(56.8)	19	(4.7)	20	(4.9)	95	(23.3)	9	(2.2)	33	(8.1)
	平成2	90	320	183	(57.2)	25	(7.8)	16	(5.0)	55	(17.2)	12	(3.8)	29	(9.1)
	7	95	370	117	(31.6)	15	(4.1)	16	(4.3)	52	(14.1)	17	(4.6)	153	(41.4)
	12	2000	166	86	(51.8)	12	(7.2)	16	(9.6)	33	(19.9)	12	(7.2)	7	(4.2)
	17	05	150	71	(47.3)	14	(9.3)	14	(9.3)	25	(16.7)	11	(7.3)	15	(10.0)
	22	10	121	45	(37.2)	11	(9.1)	13	(10.7)	34	(28.1)	11	(9.1)	7	(5.8)
	27	15	74	25	(33.8)	2	(2.7)	8	(10.8)	27	(36.5)	9	(12.2)	3	(4.1)

(厚生労働省「人口動態統計」、1985、1990、1995、2000、2005、2010、2015 より作成)

考え合う機会をつくり出し、安全に対処できる力を身につけさせていくべきである。

　子どもの遊びに対する興味を損なうことなくその安全を見守り、目の前で展開している遊びのどこで安全を確保したらよいのかを判断するのは難しいことである。次に示すのは遊具

§4 安全を考える

の安全確保に関して国土交通省が示した指針についての説明[7]である。いつどこでどのように安全を確保したらよいのかを考える指標としたい。

「子どもは、遊びを通して冒険や挑戦をし、心身の能力を高めていくものであり、それは遊びの価値のひとつであるが、冒険や挑戦には危険性も内在している。子どもの遊びにおける安全確保に当たっては、子どもの遊びに内在する危険性が遊びの価値のひとつでもあることから、<u>事故の回避能力を育む危険性あるいは子どもが判断可能な危険性であるリスク</u>と、<u>事故につながる危険性あるいは子どもが判断不可能な危険性であるハザード</u>とに区分するものとする。」（下線筆者）

リスクとハザードの意味については、次のように示されている。リスクは、遊びの楽しみの要素で冒険や挑戦の対象である。子どもは小さなリスクへの対応を学ぶことで経験的に危険を予測し、事故を回避できるようになる。ハザードは、遊びがもっている冒険や挑戦といった遊びの価値とは関係ないところで事故を発生させるおそれのある危険性である。リスクとハザードの境界は、社会状況や子どもの発達段階によって異なり、一様でない。

2．負傷の発生状況

図表3-5～7に示すのは、園内における負傷の発生状況である。

負傷の発生する場所は、園内・園舎内が半数以上である。また、園舎内のうち、保育室が半数を越えている。園生活は保育室で過ごすことを基本としてさまざまな活動が展開されるので、過ごす時間が多いことを考えると、遊具周辺での負傷だけでなく、生活習慣、食事などの生活空間、室内での遊びでも負傷につながる潜在的危険がないかに注意する必要がある。園舎外では運動場等がもっとも多く、体育・遊戯施設での発生も多い。

園庭の固定遊具（図表3-8）の遊びでは、施設の種別により多少の違いがあるが、すべり台、総合遊具・アスレチック、鉄棒での負傷の発生割合が高い。運動技能と合わない使い方、子ども同士押し合ったりすることは、負傷につながりやすい。また、遊具で遊んでいる子どもと周辺で遊んでいる子どもとの衝突による負傷も起こりうる。子どもが高さのある遊具で遊ぶときは、保育者が安全を守る必要があり、遊具で遊んでいる子どもだけでなく、周辺で遊んでいる子どもとの動線の重なりの可能性にも注意を向けなければならない。

図表3-9～11には、保育所等のデータのみであるが、負傷の種類と部位について示す。乳幼児

【図表3-5】 負傷における場所別発生割合

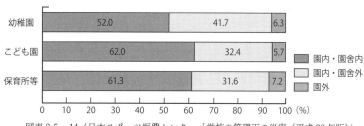

図表3-5～14（日本スポーツ振興センター「学校の管理下の災害（平成28年版）」、2016より作成）

注7）国土交通省「遊びにおけるリスクとハザード」「都市公園における遊具の安全確保に関する指針（改訂第2版）」、2014

Part 1 - 3　運動指導のポイント

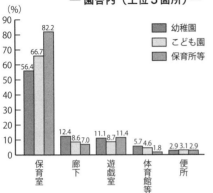

【図表 3-6】 負傷における場所別発生割合
— 園舎内（上位5箇所）—

【図表 3-7】 負傷における場所別発生割合
— 園舎外 —

区分	幼稚園		こども園		保育所等	
	件数	%	件数	%	件数	%
園庭	7,701	95.7	1,646	95.4	12,000	94.7
プール	96	1.2	36	2.1	325	2.6
その他（水飲み場等）	246	3.1	43	2.5	341	2.7
計	8,043	100.0	1,725	100.0	12,666	100.0

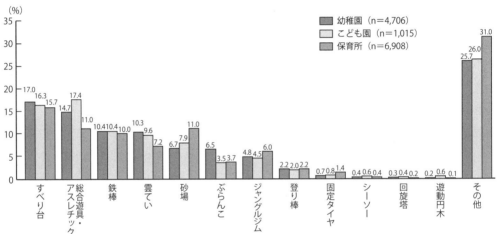

【図表 3-8】 体育・遊戯施設別の発生割合

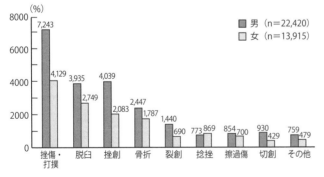

【図表 3-9】 負傷種類別の男女別発生割合（保育所等）

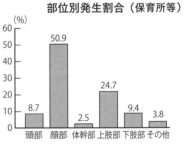

【図表 3-10】 負傷における部位別発生割合（保育所等）

の体格の特徴である全身に占める頭部の割合が高いということと、基礎的な運動能力の獲得過程にあることから、受け身動作が未熟で転倒しやすい。そのため、頭部と顔部の負傷の割合が高く、合わせて60％近くに上る。また、顔部を部位について細かくみてみると眼部がもっとも多く、歯部、前額部、頬部、口部の順となっている。

　図表3－12～14には月別、曜日別、時間帯別の発生割合を保育施設の種別ごとに示して

§4 安全を考える

【図表3-11】 負傷における部位別発生割合 顔部（保育所等）

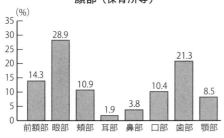

【図表3-12】 負傷における月別発生割合

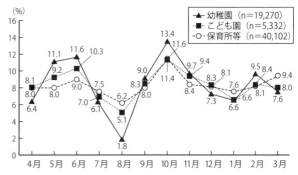

いる。月別では、幼稚園では時期に特徴がみられ、5、6、10月の発生割合が高い。新学期が始まった直後は子どもの遊び方がまだ様子をみているような感じがあるが、園生活が軌道にのってくると少し難しいことに挑戦したりすることがあり、ケガにつながることが予想される。8月が極端に低いのは夏休みだからである。保育所等では年間を通じてほぼ横ばいであるが、8月は低く10月は高くなっている。10月は、いずれの保育施設でも高い。運動会の実施や運動会に向けての練習が多く行われる時期なので、負傷が起こりにくい環境を考えた活動を行いたい。曜日別では、いずれの保育施設においても週の後半にやや高くなっていく。週の後半に向けて蓄積される疲労は、子どもが自覚できない面もあるので、活動の際には子どもの体調をしっかりと

【図表3-13】 負傷における曜日別発生割合

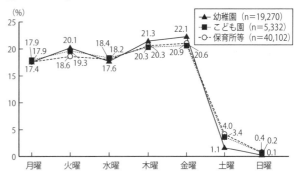

【図表3-14】 負傷における時間帯別発生割合

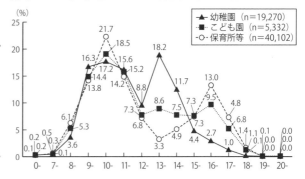

観察しながら活動を行う必要がある。時間帯では、いずれの保育施設においても9時台から11時台と広い時間帯で高くなり、幼稚園では13時台も高い時間帯となっている。午前中は、その日の主活動が行われている時間帯であり、13時台は昼食後で多くの園では自由遊びが行われているが、保育者の目が行き届かなかったり、休息後に午前中のペースと同じように子どもが動きたい気持ちをもつことが、負傷につながる可能性がある。休息後の活動の際には、子どもが無理なペースで遊び始めていないかを注意する必要がある。保育所等は、16時台も高い時間帯となっている。幼稚園と同様に、午睡やおやつの後の自由遊びの活動の時間帯である。子どもの遊びのペースにも目を配ると同時に、シフト勤務で職員が入れ替わる時間帯でもあるので、負傷の発生が高まる時間帯であることに配慮して過ごすようにしたい。

Part 1−3 運動指導のポイント

3．環境設定、動線を考える

図表3−15をみると死亡1に対して、入院が必要な事故が40あり、外来受診が3,600あることがわかる。また家庭で処置、経過観察した数は多い。

子どもの様子をみていて保育者がドキッとしない日はないであろう。事故につながるかどうかは保育にかかわる人の細やかな環境整備、事故への予測や日頃の指導、個々の子どもの行動特性の理解などによる

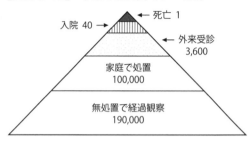

【図表3-15】 事故の氷山図（1～4歳）

（田中哲郎他「わが国における小児事故」
『保健の科学』40（10）杏林書院、1998、p.767）

ことが大きい。学校の管理下の災害の基本統計[8]から保育中の事故事例をみると、障害の事例は2015年に18件あり、そのうちの12件は醜状障害[9]である。遊びの中で走って衝突・転倒するケースが多い。また、運動場面での事故も多くみられる。ここでは、環境設定と動線の視点から運動場面での安全のポイントを述べる。

（1）環境設定
使う場所の環境チェック。

① 園庭

ガラス、動物の糞、石、出したままの遊具など、園庭、砂場の安全を確認。

〈a 固定遊具〉
- 定期的なチェックとして、金具の安全、木などの腐食やささくれ、割れ目、鉄製の腐食やひび、など定期的にチェック項目を決めて点検する。
- 当日の点検として、雨後、露、霜などで遊具がぬれている状態であると、すべるので事前にふく。当日出すもの（たとえばブランコ）などの安全。

〈b 遊具〉
- ボールの空気、なわの取っ手、三輪車、バットの割れ、などを点検。

② ホール
- ワックスをかけた後、雨の日や湿度が高いときなどは床がすべりやすいと転倒するので注意する。
- まわりに物が置いてあると衝突したり、物が倒れてきたり、つまずいて転倒しやすいので、空間を十分空ける。
- 段差（舞台がある、とび箱が置いてある、階段）があると飛び降りた子と床で遊んでいる子との衝突が起こりやすいので、段差のある周囲はテープやコーンで注意を促す。

注8）日本スポーツ振興センター「学校の管理下の災害（平成28年版）」、2016
　9）醜状障害とは、瘢痕や組織陥没などが身体に残った状態で、瘢痕とは、外傷、やけどの痕などの傷痕のことをいう。組織陥没とは、欠損障害によって身体の組織にくぼみが残った状態をいう。

§4 安全を考える

③ 園舎内

〈a 部屋〉

- 空間をつくり、子どもの動線上に物に置かない。
- 転倒が予測されるので危険なものは置かない。
- コーナーを分ける。

〈b 廊下〉

- 物を出さない。出すときは空間を十分取る。
- 通常と異なる環境をつくるときは動線を考える。

〈c 階段〉

- 階段に落ちているものがないかみる。
- 階段の下に危険なものがないか（ガラス、水、布などすべるもの）みる。

〈d その他〉

- 子どもたちが、おかしい、いつもと違うと感じたときには保育者に伝える。
- ハッと、ドキッとしたことを職員会議で報告し、その日に感じた危険なところ、危険なことなどを情報として共有して、注意し、改善する。このような地道な積み重ねが事故を未然に防ぐことにつながる。
- 異年齢で一緒に活動するとき、遊びの内容により場所の区分けが必要になる。

（2）運動中の注意

- 運動中、興奮しすぎているときは危険が生じやすいので、気持ちを静める活動を入れる（クールダウンする）。
- 子どもの健康状態や疲労度を観察し、運動量や内容の調整をする。
- 疲れてくると注意散漫になり、事故が起きやすいので、休憩など入れたりして注意する。
- 運動に慣れてくると、大胆な行動が出がちになるので注意する。
- 日頃の活動が大胆、注意が散漫になりやすい子には言葉かけをする。
- 年齢が異なる子がいっしょに遊んでいるときは、衝突しやすい場所に保育者が立ち注意する。
- 巧技台などは、時々組み立てをチェックする。

（3）動線への配慮

　子どもの動く軌跡（動線）を考えると、特有の動きや危険と思われる行動がある。運動場面ではスピードが加わると急に止まることができないことや、遊具特有の動きに対応ができないことなどから、ケガ、事故につながりやすいので、環境設定や注意を促すことが必要になる。年齢により注意するポイントは異なり、また、活動により異なるので、実技編でそれぞれの注意を参考にしてほしい。ここでは、一般的なこと、共通していることを中心にあげる。園の遊具の配置、園庭の形状、広さと子どもの数などにより変化するので、常に園で話し合うことが必要である。

Part 1 - 3　運動指導のポイント

① 場所の移動

　運動が始まるとき、終わるときなど場所の移動があることは子どもの心に変化を与え、早くやってみたい気持ちが飛び出すことにつながりやすい。図表3-16のように部屋から園庭に、部屋から廊下に出るときの衝突は多い。保育者は衝突の起こりやすいところに立ち、グループごとに誘導したりして注意を促す。

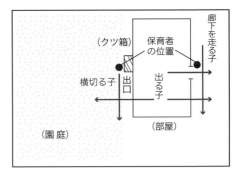

【図表3-16】 衝突が起こりやすい場所

② 固定遊具の周辺

　ブランコでの事故はブランコの周辺で遊んでいる子に起きることが多い。子どもにはブランコの可動範囲が予測しにくく、遊びに夢中になると、周囲に注意が向かないことも多い。とくにブランコの後ろは乗っている子や他の人にもみえにくいので注意が必要である。

　園でどのように対応するか（ルールをつくる、危険な場所を示す、子どもに注意を与えるなど）を話し合い、理解を共有する。他の遊具の危険箇所を図表3-17に示す。

③ リレーの設定

　リレーはスピードがついてくると、曲がるときにスピードのコントロールが難しくなる。急にスピードを落とすことはこの時期には難しい課題でもある。図表3-18Aに示したように円形状で走るときは、曲がるところが大きくふくらむので、あらかじめ空間を十分取り、周囲に子どもが入らないように注意する。同じように2列で行うときも、図表3-18Bにあるように中から外へ走る方向を決めるか、右から左へ同じ方向で走ったほうが安全である。片方が右から、片方が左からは図のように衝突が起こりやすい。

【図表3-17】 園庭遊具の周囲

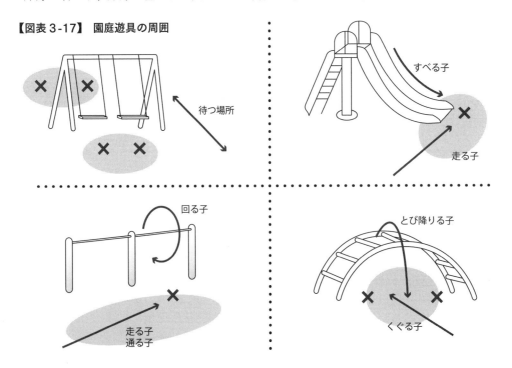

§4 安全を考える

【図表3-18】 リレーの設定

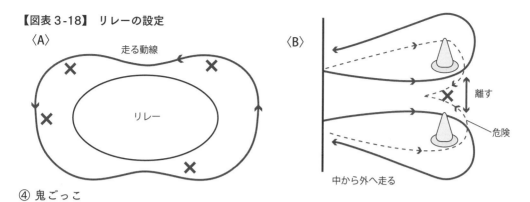

④ 鬼ごっこ

島鬼を例にとると、事故の危険性は空間の広さ、子どもの数、ルールなどにもより、動線は変化する。図表3-19をみると、マットの置き場所（A）や個数（B）により動線は変化する。また、鬼が増える（C）と動線は複雑になる。子どもの走る、止まる、かわす、などの技能をみながらどのように島を置くのか、鬼を増やすのかなどを決めていく。一般に空間が狭かったり、場所の設定が複雑になると動線も多様になるため衝突が起きやすい。

【図表3-19】 島（マット）鬼の動線

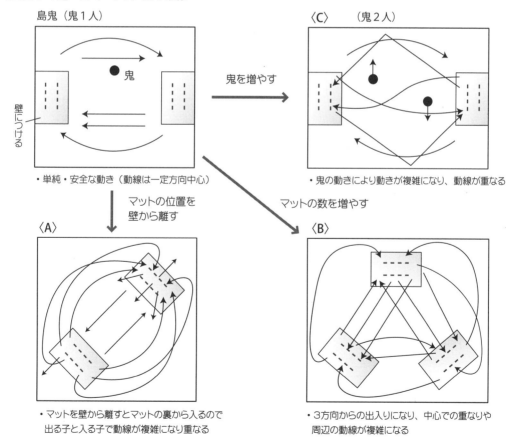

衝突の危険性は空間の広さ、子どもの数、ルールにより高まる。子どもの動き方（技能）や動線を考える

81

Part 1−3 運動指導のポイント

 §5　援助の仕方を考える

1．一斉指導するとき、運動量の多いものを最初に行う

個人差はあるが、子どもは動きたい欲求が大人より大きい。一斉に運動をするとき、最初に先生の話を聞く時間を短くして、まず全身を使う運動、たとえば園庭を自由に3周走ったり、全部の固定遊具にタッチしてくるとか、ジャンプを用いる運動を連続したり、息が弾む運動をして活動欲求を満たしてから、話をするほうが集中して聞くことができる（図表3−20）。

【図表3-20】　運動量の多いものを最初に
〈A〉自由に園庭を走る

〈B〉遊具にタッチしながら走る

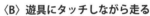

2．具体的な目標を示す

運動は具体的な目印などがあると全力を出しやすい。抽象的な「遠くに」とか「高く」という言葉は子どもにとって理解しにくいと思われる。「遠くに跳ぶ」ことを試みる場合でも、「あの線を跳び越してみよう」、「高く跳ぶ」ときは「あのテープにふれてみよう」というように具体的に示すほうが全力を出しやすい（図表3−21）。

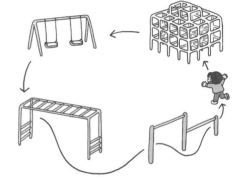

〈C〉リズミカルな曲でジャンプ！

3．待つ時間を短く

よくみられる光景であるが、1人の子が行うとき、他の子はみていて、運動する時間なのにほとんど動いていないということがよくある。とくに、マットや巧技台のように使う遊具の数が少ない場合に多いが、マットを例にあげると、マットは横にして、同時に3名の子が使う、マットを使用した後はラインやコーンを置き、走ったり、線の上を歩いて戻る。また、活動に心理的にも参加するためには友だちの活動がみえることが大切である。待つ場所にも友だちの様子がみえる場所の設定などの工夫が必要である（図表3−22）。

§5 援助の仕方を考える

【図表3-21】 具体的な目標

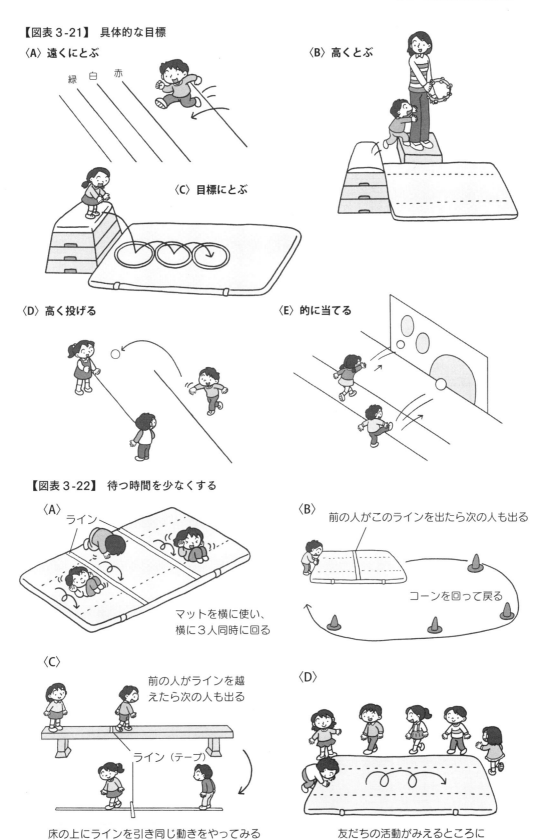

〈A〉遠くにとぶ
〈B〉高くとぶ
〈C〉目標にとぶ
〈D〉高く投げる
〈E〉的に当てる

【図表3-22】 待つ時間を少なくする

〈A〉 ライン　マットを横に使い、横に3人同時に回る
〈B〉 前の人がこのラインを出たら次の人も出る／コーンを回って戻る
〈C〉 前の人がラインを越えたら次の人も出る／ライン（テープ）／床の上にラインを引き同じ動きをやってみる
〈D〉 友だちの活動がみえるところに

Part 1−3 運動指導のポイント

4．子どもの特性にあった助言

大胆で落ち着きのない子と慎重で臆病な子では運動場面での行動に違いがある。図表3−23にあるように、上の図にある子は平均台から走るように行くので、途中何回も落下し、速いが着実に渡ることができない。下の子は平均台を落ちないが渡りきるのに時間が大変かかる。そのような子どもは図表3−23にあるような助言が必要になる。自信のもてない子には保育者がいっしょに動きながら、よいところを認める言葉を伝えることが自信につながる。運動が得意な子にはその子に合った新しい課題（たとえば、サッカーの得意な子には、蹴る位置を遠くして、何回入るか）を伝えると運動に対して意欲が持続できることが多い（図表3−24）。

【図表3-23】 特性に合った助言　　【図表3-24】 鉄棒でゴール

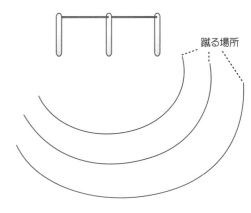

○蹴る場所を変える　　○ゴールの幅を変化させる
・遠くする　　　　　　・鉄棒のゴール
・角度を変える　　　　・太鼓橋のゴール
・キーパーがいる

5．運動における補助

運動を試みるときにどの子も最初は緊張するので、保育者が近くにいるだけで安心して取り組めることが多い。直接手を添えなくても先生の存在が心理的な補助をしているといえる。一方、とくに運動に慣れていない子は積極的に新しい運動にトライすることが少ないので、最初は支えたり、からだを保持したりして補助し、新しい運動への感覚を体験することが必要である。しかし、だんだん補助する度合いを少なくし、取り組もうとする意欲を評価するようにする。それぞれの運動に関する補助は実技編を参考にしてほしい。

§6 遊びの変化や発展を考える

1．個から友だち、集団へ

遊びには、その遊び特有の技能が必要である。すべり台を使うときは、階段を上る、すべるという技能が必要で、図表3-25にあるようにすべり台にかかわるとき、初めはどの子も1人で上り、すべりをくり返し行い、スムーズに安心してできるようになると2人で並んだり、連なったりして変化を楽しむ。そのような時期を経て、集団ですべり台を高鬼に利用する。図表のように友だちといっしょに行うことは、相手に動きを合わせたり、相手の動きを予測しながら自分の動きを決めたり、役割が異なると動きが変化するなど、同じ遊具や技能が同一であっても、かかわる人や人数の変化などにより動きに変化、発展が生まれる。

【図表3-25】 個から集団へ

1人ですべる　　2人で連なってすべる　　5～6人で鬼ごっこ

2．空間の変化

同じ遊びでも、園庭で行うときとホールで行うときでは、子どもの動きが異なるのはよく経験することである。鬼ごっこの例で考えてみる。公園や校庭など広い場所の鬼ごっこではなかなか捕まえることができずに、遊びが停滞するときがある。また、移動空間が広いので鬼と追いかけられる人のみ運動量が多く、その他の人が動かない状態が生まれる。

広いときは空間を決めたり、鬼を2人にしたりすることで運動量を増やし、動線を多様化するとよい。逆に狭いときは衝突などが考えられるが、狭いので、よける、ターンする、しゃがむなど、広いところでは出にくい動きが出やすくなる。人数により、走らない鬼ごっこもあり、歩く、ケンケンする、四つ足で移動するなど、多くの動きの変化が生まれる。園庭など、固定遊具や築山、木があるところでは逃げるところとしてそれらを利用すると、登る、駆け下りる、回る、ジグザグ、くぐる、ジャンプ、飛び乗る、など多様な動きが生まれやすい（図表3-26）。

【図表3-26】 空間を変化させる

〈A〉広い空間

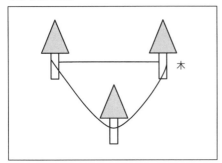

・人数を多くして、空間を決める
・鬼を増やす
・木と木にテープを巻き、その中で行う
（動き）歩く、走る、止まる、しゃがむ、捕まえる

〈B〉狭い空間

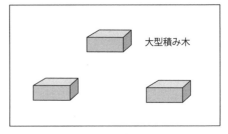

・歩いて（走らない）逃げる
・鬼も歩いて追いかける
（動き）のぼる、とび下りる、歩く、しゃがむ、よける、ターンする、傾ける

〈C〉築山のあるところで

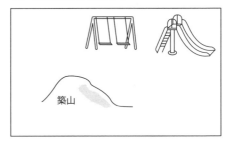

・園庭で行う
・遊具の間を逃げる
・築山へのぼる
（動き）のぼる、かけ上がる、下りる、歩く、走る、すり抜ける、ターンする

3．図形を変化

　図形を変化させることは、動きの調整を変化することに発展しやすい。走ることを考えると、直線を走る、円を走る、三角を走る、狭いところを走るではそれぞれからだをどのようにコントロール（空間、姿勢、力の調整が異なる）したら走りやすいかが異なる。とくにスピードをコントロールしながらの走りは幼児にとって難しい課題であり、円を最初に走るときは大きくふくらむか、スピードをかなり落として対応するが、だんだんスピードを変えずに走れるようになる。このように、子どもの発達をみながら、同じ動きでも図形を変えてみて実践することは、動きの多様化を促すことにつながる（図表3-27）。

【図表3-27】 図形の上を走る

4．遊具を連続して使う

　同じ遊具でも連続して使うことにより動きの連続性が生まれる。とくに4歳児後半から動きは単一動作から複合、連続動作が可能になるので、図表3-28に表したような用い方を

する。遊具と遊具の移動は走り、次の遊具を自分の好きな方法で通過する。よけながら走り、回りながら走る、すべり降りたら走る、など園庭にフープを置いたり、線を描いても楽しい（A）。

ホールの巧技台の組み立てでは、Bのように円形に設置、Cのように放射状に設置、Dは同じものを数枚置くことにより、動きが変化する。Aはサーキット的に連続するが、Cでははしごを登り、その後は、自分の好きな方向で2つの好きな動きを連続する設定になる。Dは同じ動きのくり返しが生まれやすくなる。

【図表3-28】 連続・複合的に運動を行う

〈A〉サーキットをする

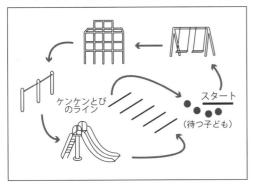

〈B〉ホールで巧技台を使う

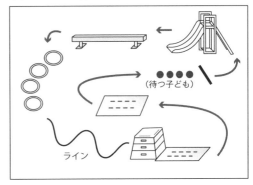

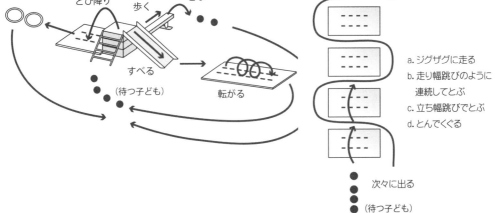

Chap. 4 運動にかかわる現代的課題

　この章では、現在、運動にかかわる課題を8項目選択して、運動という視点でのとらえ方や具体的な援助のあり方が必要と思われる内容を解説している。紙面の関係で項目が限られているが、運動に関連のある課題に関して、まず① 幼小の連携、② 家庭との連携、を取り上げた。また、保育者が日々かかわる子どもの中で、運動場面での援助が必要と思われる項目として、③ 個人差のある場合の指導、④ 外に出たがらない子、⑤ 運動経験の少ない子、⑥ 運動能力・技能の高い子への指導、および⑦ 幼児期運動指針を扱った。また、安全に関することとして、⑧ 運動時に多いケガの応急処置から、ケガへの対応を具体的に示した。

§1　幼小の連携

　5歳児が小学校へ入学し、新しい環境に慣れ、自分をのびのび発揮できるためには、スムーズな接続が必要になる。保育者は入園から卒園までの発育・発達に関しての理解には積極的であるが、その後、幼児教育での生活や遊びが小学校の中でどのように生かされていくかに関して理解する必要がある。子どもの発育・発達が連続であることを考えると幼小中高それぞれの接続期の連携を十分に配慮することは教育効果を考えれば当然である。平成20年の指導要領の改訂でとくに留意する点として、「幼稚園教育と小学校教育の円滑な接続のための連携」があげられたが、その趣旨はおおむね理解されていると考えられる[1]。小学生になることは子どもの誇りである一方、環境や生活パターンの違いから、あまりに差が大きすぎると子どもは挫折感をもち、小学校への興味や意欲を失うことも生じる。このようなことがないように、接続期をスムーズに移行するための①子ども同士の交流、②教師間の交流、③カリキュラムの連携が行われている。

注1）国立教育政策研究所「教育課程研究指定校研究成果」、2016

従来、幼小連携の中心は①であり、とくに行事のときの交流が多くみられたが、今後は園で行ってきた生活・遊びから小学校における生活・学びとつなげていく教育内容の連携が必要になると思われる。幼児教育での育ちが小学校の育ちとどのように連続していくのかを運動においても確認する必要があるだろう。小学5年生を対象に、「幼児期の運動経験が小学生の運動にどのような影響を与えているのか」を検討した調査を示す[2]。入学前に「いろいろな内容」の運動遊びを行っていたは約60〜70%、「いつも同じ内容」が約20%、「行っていなかった」が約7％であり、幼児期にいろいろな運動遊びを行った群が、小学5年時の体力総合点で優れ、運動時間が長かった。また、幼児期に運動が好きであった児童は引き続き小学校で同じ傾向があり、体力総合点が高く、運動時間が長かった。運動が「好き」「やや好き」は男女ともに9割近いが、「きらい」「ややきらい」も1割いる。「きらい」の理由として、「入学前から苦手」「小学校の授業でうまくできない」などがあげられている。小学校での生活や学習が円滑に行われるために、幼児期に、楽しく多様な遊びを経験することが連携上重要なことと思われる。

§2　家庭との連携

　幼児の運動能力の低下の背景の一つに家庭での遊びの不足があると考えられる。子どもの生活する環境が昔に比べて大きく変化したこととして、自然環境や戸外での遊びが減ったこと、核家族が多く、きょうだい数が減っていること、近所での子ども同士の遊びが成立しにくくなっていること、防犯上子ども同士で遊ばせることができにくいことなどがある。また、園から帰宅後は母子だけで遊んでいるという実態もあることから、降園後、からだを使う遊びを保護者とともに子どもが行えるようなことを考えていかなければならないだろう。

　運動に関して家庭と園との連携においては、2つのねらいがある。一つ目は降園後の生活の中で、身体を使った遊びを取り入れていけるよう、家庭に向けて家庭での過ごし方や遊びについての提案をしていくこと。二つ目は運動に関する活動の保育内容を家庭に積極的に伝えることによって、保護者が子どもの運動能力についての変化に気づきやすくすることがあげられる。園の保育内容を伝えるだけでなく、子どもの身体や健康に関するデータを取り上げると、保護者が身体や健康の問題を客観的に認識する機会ともなりうる。子どもの身体や運動能力についての保護者の気づきが高まれば、子どもの運動欲求を適切に受け止めて、遊びの機会をつくっていくことにつながることが期待できる。

　家庭との連携の具体的な進め方は次のようなことが可能である。園だよりやクラスだよりを通して、園でやっている遊びやこれから取り組みたい運動の活動を紹介する。また、身体や健康に関する話題について園の考え方などをまとめて「たより」で伝えていくことも保護

注2）文部科学省「平成26年度全国体力・運動能力、運動習慣等調査結果」、2014

者と考え方を共有する大きな助けとなるだろう。保護者会などで戸外での遊びの大切さを伝えて、近隣の公園・広場の地図などを渡したり、降園後の遊びや休日での親子の遊びを具体的に紹介する。クラスだよりや保護者会では園からの一方的な遊びの提案だけでなく、園児の家庭での遊びの様子をお互いに伝え合ったり、紹介したりする場として活用したほうが、わが家もやってみようという気が起きやすいということも予想される。

　幼稚園児は一日の生活の半々を園と家庭で過ごし、保育園児は一日の生活の大半を園で過ごすという違いはあるが、いずれにしても家庭での生活が基盤となって園生活があるということを忘れてはならない。家庭での過ごし方に関する園の考え方は積極的に家庭に伝えてよいであろう。また、家庭で身体を動かす遊びを積極的に取り入れる際には、親も楽しんで身体を動かすこと、そうすることによって親自身の健康を向上させたり、生活を豊かにすることにつながるという視点ももつとよい。保育者が戸外で楽しそうに遊んでいる姿をみると子どもも外に出ていくようになるのと同様に、親が運動を楽しむ姿は子どもが自然に運動に取り組む機会を増やすことにつながるであろう。

§3　個人差のある場合の指導

　「片足で、ケンケンをして跳ぶ」といった遊びは、4歳の子どもであればどれくらいの子どもができるものなのだろうか？　このような問いに対して、保育経験が長い保育者であれば、日頃の子どもが遊んでいる様子を思い出し、おおよその目安をつけることができるであろう。そして保育者からは、こういったからだを使ったいわゆる運動遊びが比較的スムーズにできる子どもとできない子どもの差（個人差）が広がってきているという話を聞くことも少なくない。

　津守ら[3]の調査によれば、上記のような遊びができる子どもの割合は、「3歳で40％、3歳半で50％、4歳で80％を越える。3歳半から4歳の間に、急激に大部分の子どもができるようになる項目である」ことが報告されている。このように子どもの育ちの状況を数値化したデータは、年齢をくくりとしたクラスの集団を全体としてとらえ、その保育内容を考えるときには参考になる。一方で、「80％を越える子どもができる」といったことを示すデータは、子どもの育ちを数値化した平均的な結果であるにもかかわらず、あたかもそれが保育の目標であるかのよう誤解され、それが保育者や保護者の焦りを生み、過剰な「させる」「与える」保育に傾く一つの要因となり得ることを危惧する指摘もなされている[4]。

　それでは、「ケンケンで跳ぶ」ことが4歳の段階でもまだうまくできないとされる約20％の子どもに保育者はどのように対応していけばよいのだろうか。ここで注目したいのは、「子どもの発達を過程としてとらえる」という考え方である。

注3）津守真・磯部景子『乳幼児精神発達診断法3才から7才まで』大日本図書、1965
　4）鯨岡峻「子どもの発達を過程として捉えることの意味」『発達 113』ミネルヴァ書房、2008、pp.18-25

子どもが何らかの運動遊びができるようになるためには、それまでに経験しておかなければならない運動の刺激がある。「ケンケン跳び」であれば、「両足跳びでリズミカルに連続して跳べること」や「片足で安定して立てること」が日頃の生活や遊びの中で十分に経験されていなければならないはずである。保育者はそれぞれの子どもが運動遊びの発達におけるどの過程に位置しているのかを判断しながら、個人差に対応していくことが求められている。4歳の子どもであっても、「ケンケン跳び」がうまくできないのであれば、それ以前の運動課題に遡り、経験が積み重ねられるような援助を工夫していくことが大切である。

　この時期の運動発達の個人差に影響を与える要因として、家庭環境要因の重要性が指摘されている。家庭における運動関連の物理的環境（遊具やスペース）以上に、親の接し方（子どもと一緒に外で遊ぶ時間を共有する。運動の結果ばかりを評価するのではなく過程を認める態度など）や兄弟や友人とのかかわりといった心理社会的環境を豊かにしていくことの重要性が強調されていることを理解し、必要に応じて保護者に伝えていくことも大切である。

§4　外に出たがらない子

　子どもの運動に対する取り組み方はいろいろあり、戸外での活動といえば進んで取り組む子もいるが、なかなか外に出たがらない子もいる。園での戸外での活動が少なかったり、意欲的に取り組んだ、楽しんだという活動が不足していると、戸外での活動に対して自分なりの見通しをもてずにいることが考えられる。また、家庭での遊びが室内のものが多く、外で遊ぶことの楽しさを十分に経験していないこともあろう。

　外に出たがらない子に対しては、無理に運動的な活動に誘うことをせずに、外気に触れることの心地よさから経験できるようにするほうがよいであろう。無理なく自然に外に出ることを考えると、室内でやっている活動をテラスのような中間的な場所でやってみることから、徐々に戸外へと場所を移してみることも一つの方法である。たとえば、運動的な活動はあまり好まないが静的な活動を好む子であれば、絵本を読むことをテラスでやったり、お弁当をテラスに場をつくって食べたりすることから始めてもよいだろう。まずは外気に触れて心地よさを味わう経験をしたり、戸外の活動で楽しい思い、意欲的に取り組む経験を積んでいけるとよい。次の段階として、室内でやっている活動を中間的な場でやることから始めて、自然な形で園庭での遊びに展開する流れを考える。たとえば、たこづくりや紙ひこうきづくりなどを製作活動としてテラスで行い、できあがったらそのまま園庭に出て遊ぶという展開で、外での遊びがいつの間にか始まったという流れにしてみるのもよい。また、シャボン玉のように多くの子どもに魅力のある教材を使って、テラスから園庭へと活動の場を広げていくような形も考えられる。

　別のアプローチとしては、自由遊びの時間に保育者といっしょに2、3人で園庭を探検して回るような遊びで、他の子どもの遊びの様子をみることを経験させながら、ていねいにそ

の子とかかわりをもつことを考えてみる。外に出たがらない子がいる場合は、保育者自身があまり戸外での活動を得意とせず、室内での活動が多くなっていることも考えられる。大好きな保育者が園庭に出ているとそれだけで戸外に出ていくこともある。保育者といっしょに、フープやなわを使って電車をつくり、電車ごっこをしながらいろいろな遊びをみて回るのもよいだろう。少しずつ慣れてきたらグループでの遊びに誘い、無理なく取り組めるような役割を与えたり、保育者といっしょに動いてみることができるような活動を始めてみる。

このように、外に出たがらない子に対しては、その子どもが好んでする活動を外でやれるようにしたり、他の子どもの遊びをみることから始めて、戸外で過ごすことそのものが心地よい、楽しいという経験を重ねることがよいだろう。また、保育者自身が戸外で過ごすことを意識的に行うと、子どもたちも保育者といっしょに遊びたいから外に出てくるということがある。子どもの外での活動を多くしたいと考えるならば、保育者自身も外に出て活動を楽しむことも大切である。

§5　運動経験の少ない子

文部科学省が実施している「児童・生徒の体力・運動能力調査」の結果では、30年ほど前から子どもの体力・運動能力に低下傾向が認められるようになり、回復の兆しはみえていない。また、幼児を対象とした運動能力テストにおいても、ほぼ同様の傾向が認められている[5]。

体力・運動能力低下の直接的な原因が子どもの運動経験の不足にあることは論を待たない。そして、子どもの運動経験の不足は、大人が自身の生活の利便性のみを追求して生活文化を変化させてきたことと無関係ではない。社会の都市化は子どもから自由に遊ぶことのできる場所（空き地など）を奪ってきた。車社会の到来により子どもは安心して外を歩くこともできない日々が続いている。前掲（p.74）したように、「不慮の事故」は子どもの死因の上位を占めており、幼児期は「交通事故」の占める割合が一番多い[6]。昨今の世界的な原油高によりガソリン価格の値上がりが続いている。「ガソリン価格が1リットル当たり200円を超えたら車を手放すことを考えたい」とする人が80％近くいるというアンケート調査の結果が報告されていたが、「子どもの安全のために車を乗ることを控えよう」といった類の話は聞こえてきたためしがない。子どもを対象としたテレビ番組、ビデオやテレビゲームの過熱ぶりは商業主義的側面を無視することができない。このような状況を危惧してか、日本小児科医会は「2歳児までのテレビ・ビデオの視聴は控える。授乳中、食事中のテレビ・ビデオの視聴を止める。メディアへの接触は、1日2時間までにする」ことを提言している[7]。

注5）杉原ら「1960年代から2000年代に至る幼児の運動能力発達の時代変化」『体育の科学』Vol.57(1)、2007、pp.69-73
　6）厚生労働省「人口動態統計」、2016
　7）「子どもとメディア」対策委員会、2004

§6 運動能力・技能の高い子

にもかかわらず、「子どもが風邪をひくと困るので外では遊ばせずに室内でビデオをみさせ
ておいてください」と依頼してくる保護者の話が保育の現場から聞こえてくることがある。

　このような状況を憂い、養老は「本当に大人は子どものことを心配してはいないのではな
いか」といった指摘をしている[8]。

　凶悪犯罪の低年齢化、うつ病の子どもの増加、学級崩壊、ネット犯罪、いじめの問題など
対人関係の課題を抱える青少年が増えてきていることが現代の日本社会が抱える重要な課題
となっている。心の病を未然に防ぐために、幼児期からの生活経験の積み重ねが見直されな
ければならない時期にきているのである。この時期の運動経験は、子どもの運動能力の発達
に影響を及ぼすだけではなく、子どもの知的発達、情緒や社会性の発達と密接に関係してい
る。人間性のベースを育むこの時期に運動遊び（運動経験）を通して人や自然とふれあいな
がら直接的な体験を積み重ねていくことの重要性を大人（保育者、保護者、地域住民）が真剣
に考え直していくことが求められている。運動経験の少ない子どもに対する運動指導の基本
的な考え方は「できることの質を高めていく」（p.67）に述べたので参考にしてもらいたい。

§6　運動能力・技能の高い子

　運動遊び場面では、運動能力・技能の低い子どもへの配慮や手立てはよく考えるだろう。
これに対して運動能力・技能の高い子は、比較的上手にできたり活発に動いていたりするた
め、その出来栄えや取り組みを認めてもその子どもの内面にまで配慮をしてかかわることが
少ないのではないだろうか。また、リーダーシップを発揮しているような場合には、そう
いった点を高く評価し、そのまま子どもに任せてしまったり、それ以外の側面には目を向け
ないこともあるのではないだろうか。運動能力・技能が高い子には、多くは目をかける必要
が少なくて済むようにも思われるが、子どもが行っている運動的な遊びの中でどのような経
験をしているのか、運動能力・技能が低かったり、消極的な子どもだけでなく、運動能力・
技能の高い子どもの心の発達にも目を向けていく必要がある。

　運動能力・技能が高いことで自己主張を強くしすぎてしまったり、できすぎてしまうがゆ
えに他児のことをおもんばかることをしないため、しだいに孤立してしまう子ども、他児よ
りも上手にできるのになぜか周囲に受け入れられずに自信を喪失してしまう子どもなど、周
囲との調和を図れずに仲間関係がうまくとれなくなってしまうこともある。その一方で、自
分がやりたい遊びから上手にできない子が離れようとするのを引き止め、遊びを継続させる
ために周囲との調整を図ったり工夫したりする子どもや、上手にできない子をなんとか手伝
おうと一生懸命手を貸そうとする子どももいる。さらには、傍からみたら上手にみえる子で
も自分ではそうは思っておらず、自信がもてずにいる子どももいるかもしれない。運動能

注8）養老孟司『超バカの壁』新潮新書、2006

Part 1 - 4　運動にかかわる現代的課題

力・技能の高い子に対して運動遊び場面では、一見するとねらいが達成されているようにとらえてしまいがちだが、一人ひとりの子どもをみてみると必ずしもそうでないこともある。

　一方、運動能力・技能が高いといっても、最近では幼児期からのスポーツ教室への参加により、ある特定の種目、偏った運動だけ得意であるという子もいる。そのような子は、その活動だけを行い他の活動には興味を示そうとしなかったり、得意なもの以外は苦手意識をもっていたりすることもあり、特定の活動や特定の遊びしか行っていないこともある。しかし、その活動での「できる」ことに目が向いてしまい、「上手な子」という固定観念をもっていることもあるかもしれない。したがって、どのような活動の中でどのように活動を展開しているか、遊びの内容や動きの発達にも目を向ける必要がある。

　個々の子どもの心身の発達や興味はさまざまである。運動遊び場面で上手に行っている子を「上手な子」「できる子」と安易に判断するのではなく、その時々の活動や取り組みに目を向け、運動の発達だけでなく心の発達にも目を向けながら心身ともに調和のとれた発達を図ることが必要である。

§7　幼児期運動指針とは

　これまでみてきたように、幼児を取り巻く社会的な変化の中で、主体的にからだを動かす遊びを中心とした身体活動を幼児の遊びや生活において確保していくことは大きな課題となっている。このような状況の中、文部科学省は「運動習慣の基盤づくりを通して幼児期に必要な多様な動きの獲得や体力・運動能力の基礎を培うとともに、様々な活動への意欲や社会性、創造性などを育むことを目指すもの」として「幼児期運動指針」を策定した[9]。これは3歳から6歳の小学校就学前の幼児を対象とした運動のあり方に関する指針で、「幼児は様々な遊びを中心に、毎日、合計60分以上、楽しく体を動かすことが大切」とし、運動の行い方として以下の3つのポイントをあげている。

①多様な動きが経験できるようにさまざまな遊びを取り入れること

　幼児期は、基本運動の獲得の時期であり多様な動きを身につけやすい時期である（Chap.1 §2「2.動きの発達と運動」参照）。幼児が遊びとして行う運動には多様な動きが含まれている。また偏った遊びだけを行っていたのでは運動遊びであっても限られた動きの経験にしかならない。さまざまな遊びを行うことで、より多様な動きの経験が期待できるのである（Chap.3 §2「運動の質を考える」参照）。

②楽しくからだを動かす時間を確保すること

　運動発達は運動の経験に依存する。したがって、ある程度の時間を確保することは、その

注9）文部科学省「幼児期運動指針」「幼児期運動指針ガイドブック」、2012
　http://www.mext.go.jp/a_menu/sports/undousisin/index.htm
　　パンフレットには遊びの例が掲載されている。上記URLからダウンロードが可能であるが、以下の出版物もある。
　文部科学省編『幼児期運動指針ガイドブック―毎日、楽しく体を動かすために』サンライフ企画、2013

時間の中で十分に遊びこみ、多様な動きの経験をし、結果として多様な動きを獲得することにつながる。「毎日、合計60分以上」という時間の目安は、世界保健機関（WHO）をはじめ多くの国々で推奨されている世界的な基準を参考にしている。ただしこれは、60分間の運動プログラムを作成し、それに参加させることを意味するものではなく、一日の「合計」の目安である。そしてこれには、いわゆる運動遊びに限らず、散歩やお手伝いなど生活場面における身体活動も含んだ合計の目安であることに留意したい（Chap.3§1「1.日常場面での動き、生活の中の動き」「2.日常生活の見直し」「3.生活の見直し」参照）。

③発達の特性に応じた遊びを提供すること

　幼児期運動指針は3歳から6歳を対象としたものであるが、この時期における心身の発達は非常に著しく、また同じ年（月）齢であっても個人差が大きい。幼児教育の基本にもあるように「一人一人の特性に応じ、発達の課題に即した指導を行うようにすること」は運動遊びにおいても同様に指導の基本である。

　このように幼児期運動指針は、幼児期の運動発達の特徴を踏まえ、そのためにふさわしい活動とその指導のあり方を示した指針である。幼児にとっての「遊びとしての運動」であってはじめて意欲を育て社会性の発達や認知的な発達の育ちが期待できる（Chap.1§2「3.心の発達と運動」「4.社会性（ルール）の発達と運動」「5.知的な発達と運動」参照）。幼児が楽しくかかわることのできる経験は、またやりたい、もっとやりたいという意欲につながり、その積み重ねが運動習慣の基盤にもなるのである。

　なお、幼児期運動指針は幼稚園や保育所等に配布され、保育現場では広く活用されている。ガイドブックの他パンフレットもあり、これらは文部科学省のウェブサイトで閲覧が可能である。

§8　運動時に多いケガの応急処置

1．基本的な姿勢

（1）求められる的確な対処

　大事に至らないために何より求められることは、迅速で落ち着いた対応と的確な応急処置である。そのことで負傷した子どもと周囲の子どもの不安や動揺も払拭される。

　図表4-2のような対応の流れをよくみえる場所に張り、救急法の習得を心がけること。「緊急連絡カー

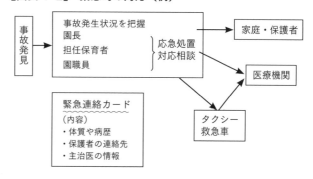

【図表4-2】 緊急時の対応（例）

Part 1−4　運動にかかわる現代的課題

ド」を準備しておくと便利である。

（2）医療機関受診の判断

　頭、顔、頚部、胸部、腹部を打撲した場合は要受診。医療機関で診せるかどうか、判断に迷ったときは「診せる」選択がベストである。ひとりで判断せず、周囲の職員と相談し、適正な判断を心がけなければならない。子どもの様子がいつもと違う、何か変だと気づいたときは保育者のみていないところでの事故発生の可能性もある。ていねいな聞き取りが大切である。

（3）保護者への連絡

　職員間で常に共通見解をもち、誠意ある対応で事実的確に伝えること。「事故発生状況、とった処置、子どもの容態」に関し、時間的経過を追った記録が助けとなる。

（4）日頃の園の対応

　園の対応として、①事故発生を未然に防ぐためにリスクを除くこと（リスクマネジメント）、②事故発生後、被害を最小限に抑えること（クライシスマネジメント）があげられる。日頃から、事故事例を参考にして各園の対応策を練り、体制を整えることによって職員間で園の共通認識や対応力を育てていくことが重要である。また、研修などに参加して安全な保育活動への研鑽をする。

2．応急処置

　子どもは頭部が重いので転倒しやい。ケガの部位としては顔面がもっとも多く、眼球打撲や歯牙脱臼を起こしやすい。頭や顔の外傷で、首の骨（頚椎）が損傷されている可能性がある場合は、救急隊が到着するまで移動させない。ただし、その場の安全確保には十分配慮し、ショックを防ぐための保温にも留意すること。呼吸が弱くなっている場合は、頭部や頚部に負担がかからないよう十分注意を払いながら気道を確保すること。

・心肺蘇生法の基本 ABC
　A（air way）：気道確保、B（breath）：人工呼吸、C（circulation）：心臓マッサージまたは AED　（心肺蘇生法省略）
　※幼児は胸郭の発達が未熟で、ボールなどが胸に当たると「心臓振盪」と呼ばれる心室細動を起こしやすいため、園に AED 設置が望まれる。小児用（1歳から8歳未満）の電極パッドを用いることが基本だが、成人用使用でも問題はない（AED の使用方法動画は日本赤十字社のウェブサイトでも閲覧が可能）。

§7 運動時に多いケガの応急処置

【図表4-3】 応急処置

内　容	処　置	早期受診を要する場合	経過観察してよい場合	その他
頸椎損傷が疑われる場合	頸部の安静。呼吸をしていない場合は極力注意して横に休ませ気道確保する	救急車を要請		保温が原則、時に冷却（皮膚温度、顔色で判断）
痙攣・ひきつけ	危険のない場所で口腔内のものを除く。顔を横に気道確保・衣服をゆるめる	頭部を打ったとき、意識が戻らないとき、熱がないとき	発熱中であれば冷やしながら様子をみる	発作前の状態、発作の変化、接続時間と回数を記録
窒　息	・1歳以上：ハイムリッヒ法 ・乳児：背中の肩甲骨の間をどんどんと叩く ★図表4-4	除去後にも息苦しそうなとき、気管損傷や残留の恐れのある尖ったものや硬いものが原因のとき	原因物が消化吸収されるもので、すぐに取れ、その後元気に遊ぶとき	果物（イチゴ・りんご）でも起こる。（顔色・呼吸・嚥下に注意）
眼の打撲	眼をこすらせないで清潔なタオルかガーゼを水でぬらし冷やす	眼外傷は大したことがないようにみえても受診		砂が入っている場合、生理食塩水か、その成分に近い目薬で洗浄する
①歯の骨折 ②歯の脱臼	・歯が口に残っていればそのまま、飛び出した場合は口の中で保存させる（保存が難しい場合は、水か牛乳の入った小ビンに入れる） ・歯肉から出血がある場合は清潔なガーゼなどで押さえる	歯科または口腔外科で受診		②の再殖のためには歯根膜を残すことが大切なので口の中や歯をきれいにしないほうがよい
口の中の挫創	うがいの要領で口の中をさっとゆすがせる	歯や異物が凶器となって深く傷つけている場合	飲食がスムーズで痛がらず元気	うがい薬は消毒効果あり
擦り傷・切り傷	砂などを水でていねいに洗い流す。噴射式の消毒剤も洗浄に便利。その後清潔なガーゼを当て包帯で創面を保護	顔面の挫創は瘢痕を残しやすいので要受診。出血がひどい場合はICE ★図表4-5	浅い創でも、当てたガーゼが付着するようなら受診がベスト	特殊なシートで密閉し膿のもつ免疫力を生かす治療法がある。子どもに「自己治癒力」を伝える機会となる
突き指・ねん挫・骨折	基本は「RICE」 ★図表4-5	・腫れがある ・変形している ・関節が動かない	腫れがなく痛がらず、動きも問題ない	ダンボールや雑誌など副木の代用になる
鼻　血	★図表4-6	20分以上止まらず出血量が多いとき	徐々に出血量が減少し、15分ほどで止まる	血液は飲み込まないほうがよいが強調して恐れさせない

【図表4-4】 窒息の処置

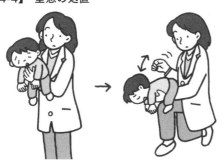

〈乳児〉大人の大腿部の上に頭を下にうつ伏せに抱え、背中の肩甲骨の間をどんどんとたたく。

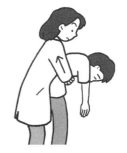

〈1歳以上〉ハイムリッヒ法：みぞおちのところに握りこぶしを当てて上方に突き上げ外へ除去する。

Part 1−4　運動にかかわる現代的課題

【図表4-5】　RICEの例（足首のねん挫）

- 外科的救急処置の基本「RICE」（ねん挫・骨折・突き指・出血などの対応）

　Rest（安静）：痛めた部位を安静に（副木などを用いることは安静と固定の意味）
　Icing（氷冷）：方法は上記参照。冷却時間は15分を目安とし、休みを入れながら行うが、感覚がなくなってきたら外し、感覚が戻ってきたら再度冷やすことの繰り返しがポイント
　Compress（圧迫）：圧迫包帯（あまりきつくしない）。Compressには湿布の意味もある
　Elevation（高挙）：負傷部位を心臓より高くし、Rest（安静）につなげる

【図表4-6】　出血の処置の例（鼻血）

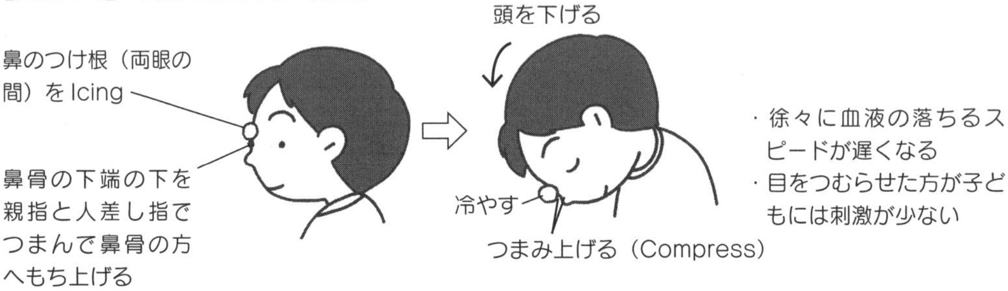

鼻のつけ根（両眼の間）をIcing

鼻骨の下端の下を親指と人差し指でつまんで鼻骨の方へもち上げる

頭を下げる

冷やす

つまみ上げる（Compress）

・徐々に血液の落ちるスピードが遅くなる
・目をつむらせた方が子どもには刺激が少ない

> Icing：冷やす
> Compress：つまんで押し上げる
> Elevation：頭部は心臓より高く（Elevation）する意味で寝かさず座らせる。出血を飲み込ませないよう、頭を前傾させ鼻から落とす。気持ち悪さ、消化の悪さを避ける意味での対応で、たとえ飲み込んでしまっても害にはならないので不安がらせないほうがよい。あとでうがいをし、水を飲むことで不快感は薄れていく

どのような出血時もまず圧迫（Compress）、できれば血管を収縮させる意味で冷却（Icing）し、患部を心臓より上に（Elevation）する。圧迫には直接患部を圧迫する方法と止血点を圧迫する方法がある。なお、どのような負傷においても安静を保つ（Rest）ことは鉄則なので、応急処置としてのABCとRICEを忘れないでほしい。緊急性の低い場合も経過観察を丁寧にし、必要であれば医療機関につなぐ

Part 2
実技編

Part 2 実技編

運動 フープ

特徴
- リングともよばれ、最近では強度があり弾力性に優れているものが多い。筒状のものと扁平型とがある。プラスチック製やゴムホース製のやわらかいものもある
- 軽くて色や大きさ(直径10〜85cmくらい)が豊富なフープは、利用の仕方によりいろいろな動きが経験できる遊具である
- 目印や目標物にしたりバトンにしたりと用途はさまざまである。大きさによって遊びや動きも異なってくるので、いろいろなサイズを用意しておくとよい
- 手具としての操作運動から全身運動まで幅広い動きを経験しやすい

床に置く：
ケンパ、走って、
色フープ、四つ足で

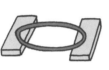

積み木にのせる：
くぐる、またぐ、とび越す

置く

とぶ

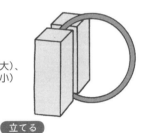

立てる：
くぐる(大)、
またぐ(小)

立てる

つるす：
ジャンプ(とびつく)、
ぶら下がる

くぐる

上から下へ

輪なげ

操作する

転がして
追いかける

- 置き方によっていろいろな動きが引き出される。
- 動きも多様で、工夫次第でいろいろな遊びが展開される。

動き 運動技能
使用方法によりさまざまであるが、「ぶら下がったり」、目標にして「とび上がったり」「とんだり」「かわしたり」「くぐり抜けたり」するなどの動きが経験できるほか、「持ったり」、手や腰などで「回したり」「転がしたり」「振ったり」「投げたり」「引っぱったり」するなどの動きが引き出される。

社会性
1人での遊びから保護者や保育者と1対1でのかかわり、友だちといっしょに遊び方を考えたり、使い方を工夫したりするなど、フープを介して友だちとのかかわりが期待できる。また、貸し借りや順番、協力して扱ったりする経験や、フープの予期せぬ動きから危険な扱い方をするとケガにつながることを知る機会になるなど、きまりやルールを理解する経験もしやすい。遊びの中で、色や形、数などへの意識が高まる。

フープ

先生と遊ぼう

遊びのねらい

▲ 運動のねらい
- 小さいものは手にもって「握ったり」「放したり」「振ったり」「転がしたり」、頭の上に「のせたり」「投げたり」するなどの操作運動を経験する。
- 大きめのものは保育者といっしょに用い、歩行やその他全身運動の経験やめまいの感覚を味わう。

▲ 情緒・社会・知的 ねらい
- 保育者と1対1でかかわることにより安心感を得る。
- フープの思いもよらぬ動きが興味をかきたて、くり返し試そうとする。

保育者の援助
- いっしょに行う際は、保育者がスピードを調整して行う。
- 無理なスピードや無理な力を加えることのないように注意して行う。

環境設定
- 保育者といっしょに行う。
- 子どもの興味から自然に動きが引き出されるような環境を配慮する。

安全への配慮
- 気持ちが先行し夢中になるなど、周囲に注意が向かないことも多い。転んだりぶつかったりなどの危険に対しては十分に配慮する。
- 口にくわえたりすることもあるので、清潔には注意する。

フープ

2歳児 走ったりとんだり

おもな活動

ゆらす

引っぱる
物を入れて引きずる

1人で電車

応用（発展）

運動量を増やすには
・追いかける

多様な動きを経験するには
・またいだり、くぐったり、とんだり

集団で行うときには
・2人で電車
・1人の電車で競争

遊びのねらい

▲ 運動のねらい
・走る目標にしたり、急に止まったりすることで、自分の力を試そうとしながら、全身を使いつつ多様な動きの習得が期待できる。
・手での操作や全身を使っての調整力が身につく。

▲ 情緒・社会・知的 ねらい
・保育者と楽しさを共有しながら自分の欲求を伝える。
・他の子どもに興味を示す時期でもあり、フープを介していっしょに遊ぶ。

保育者の援助

・いっしょに行う際は、保育者がスピードや力を調整して行う。
・動きが不安定なので、速さを強調しないようにする。
・ときには保育者が新しい扱い方を示し、興味を引き出す。

環境設定

・十分なスペースを確保する。

安全への配慮

・ゆらしたり、ジャンプしたりする際は、しっかりつかまっていることを確認する。また、そのとき子どもの力でつかまらせ、無理な動きを強要しない。
・転がすときは人のいないところへ向けるようにする。

フープ

3歳児 みんなで遊ぼう

遊びのねらい

▲ 運動のねらい
- 「とんだり」「回したり」することで、リズム感が養われる。
- バランスをとる遊びの中で、平衡性が養われる。
- イメージし、模倣することで動きがダイナミックになる。

▲ 情緒・社会・知的 ねらい
- フープが仲立ちとなり、友だちといっしょに遊びを進める楽しさに気づく。
- 友だちとかかわり、自分の考えを伝えたり、ときには他の子どもにゆずるなどを経験する。

保育者の援助

- 物の取り合いや順番など、けんかや争いが起こることも見通して、遊びの場や遊具を整える。
- 自分のやり方を十分に楽しめるような時間と道具を保証する。
- 他児のやり方にも気づかせていく。

環境設定

- 移動量を多くすることで、より大きな動きを経験し活動量を多くする。

安全への配慮

- ジャンプするところでは、足元に危険がないかを確認する。
- 無理な扱い方、危険な扱い方に注意する。

フープ

4歳児 いっしょにやってみよう

おもな活動

フープのり

応用（発展）

運動量を増やすには
・色鬼
・転がしっこで遠くに転がす

黄　白
赤　青　青

転がしっこ

多様な動きを経験するには
・バウンドさせて追いかける

タッチする

ぎったんばったん

集団で行うときには
・またいだりくぐったり
・みんなで転がしっこ

ケンパ

遊びのねらい

▲ 運動のねらい
・色鬼など保育者や他者の指示で動く場合は、言葉に反応して判断し、素早く動く経験になり、瞬発力が向上する。
・扱いが巧みになり、1人での遊びや友だちとのかかわりの中で多様な動きを経験する。

▲ 情緒・社会・知的　ねらい
・友だちとかかわる中で、自己の存在感や他者への積極的な関心、共感や思いやりなどをもつようになる。
・友だちと協力し、活動を十分に楽しむ。

保育者の援助

・単に「とびましょう」とだけいうより、色や数など具体的な言葉かけのほうが子どもの興味を引きやすく、目標がわかりやすい。
・順番や交代などのルールを確認し、守るよう促す。

環境設定

・複数の色や違った大きさのものを工夫して用いると、多様な動きを引き出せる。

安全への配慮

・フープは古くなると割れやすいので、ときどき点検する。
・夢中になると周囲のものが目に入らなくなり、衝突することもあるため、空間を十分にとり注意する。

フープ

5歳児 協力してやってみよう

おもな活動　　　　　　　　応用（発展）

片足でとぶ　　輪回し

運動量を増やすには
- アメンボ（四つ足で輪の中を歩く）

多様な動きを経験するには
- いろいろなところにのせて歩く
- なべなべそこぬけ

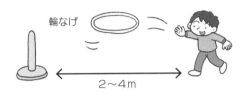
輪なげ　2〜4m

回してとぶ　ぎったんばったん

集団で行うときには
- 走り抜け（3人1組で転がっている輪をくぐる）
- リレー（ジャンプしたりくぐったり）

投げ上げてキャッチ

キャッチ

くぐる　転がす

遊びのねらい

▲ **運動のねらい**
- 「とんだり」「走ったり」するなど全身運動となり、素早く動く経験により敏捷性が身につく。
- スピード感も楽しむようになる。
- 体操のような動きをすることで、柔軟性が養われる。

▲ **情緒・社会・知的　ねらい**
- ゲームを通して、達成感や充実感を味わう。
- 目標に向かって努力し、協力して積極的にいろいろな運動遊びに興味をもつ。

保育者の援助
- 自分の動きややり方を考えさせながら行う。
- 上手な人をみて、なぜ上手かを考えるように促す。
- 個人差もあるので、好きな遊びの時間などにさまざまな方法を選択して行えるような配慮が必要である。

環境設定
- 相手に負けまいとする競争の欲求を満たすことも時には必要である。競争の要素を取り入れて、スピードを感じさせる内容も加える。

安全への配慮
- 大きいフープでは、大きさの感覚や距離の感覚が十分に把握できず、周囲の人に接触してしまうこともあるため注意する。

Part 2 実技編

運動 ボール

特徴
- どの年齢でも好まれる遊具である。保育者の工夫により、子どもの多様な動きを引き出すことができる
- 下に示したように、市販のボールだけでなくさまざまな種類（形、硬さ、大きさ、重さ、感触等）があるので、発達段階の異なる子どもが、自分が扱いやすいボールや興味・関心の高いボールを選択できるように多様な種類が用意されていることが望ましい。また、出し入れを自分で自由にできる環境を整えておくことで、子どもの主体的なボール遊びを誘発しやすくなる

よく弾む
中型ボール

少し硬めの
ドッジボール

当たっても痛くない
スポンジボール

スーパーボール

軽量で扱いやすい
ソフトバレーボール
（少し弾む）

軽量で扱いやすい
ビーチボール
（ほとんど弾まない）

風船

ラグビーボール
（どこに転がるかわからない楽しさがある）

新聞紙でつくった
マイボール
（最後にビニール袋で包み、そのまわりにテープを貼る）

大きくてわくわく
する大玉

 動き 運動技能　ボールを投げる、蹴る等の遊びを通して「当てる」「よける」「受ける」「打つ」「転がす」など、多様な動きを経験することができる。さらに、4〜5歳児くらいになると、「走りながら蹴る」「逃げながら捕る」等、運動を組み合わせてコントロールする能力を育むことができる。

 社会性　ボールを使ったゲームでは、ルールを守ることを通して、自分をコントロールする力の発達を促すことにつながる（サッカーで手が出そうになるが、あわてて引っ込めるなど自分を制御する能力）。また、友だちとのやりとり（ドッジボールであれば誰が外野を守るか、始めは誰がボールを投げるかなど）を通して、自分を主張したり、友だちの意見を尊重するといった「人とかかわる力」を育むことにつながる。
点数や勝ち負けを計算したり、ゼッケンを番号順にそろえるなどの活動を通して、数に対する興味や関心を深めることができる。

ボール

ボールに慣れる・親しむ

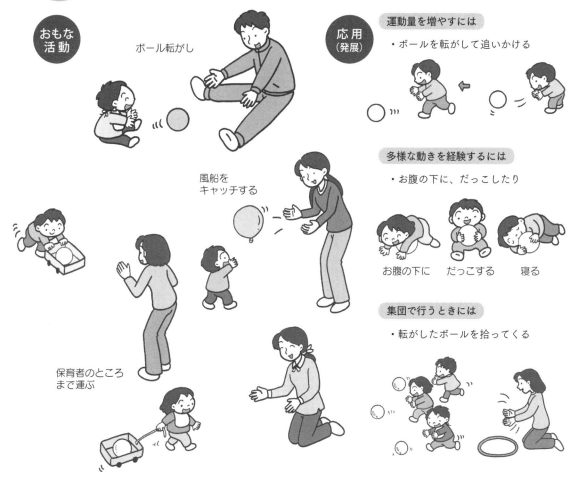

遊びのねらい

▲ 運動のねらい
- ボールに慣れる中で、目と手の協応動作が習熟する。
- ボールを追いかけることで、全身の調整力を養う。
- 動いているものに合わせて自分の運動を調整する。

▲ 情緒・社会・知的 ねらい
- ボール遊びの楽しさを感じる。
- ボールのやりとりを介して保育者とのコミュニケーションを深める。

保育者の援助

- 子どもと1対1でボールのやりとりをするときには、「〇〇ちゃんいくよー」など、子どもに声をかけながら行う。
- 子どもがボールをうまく捕ることができたり、上手に保育者に渡すことができたら、いっしょに喜び、ほめることを心がける。

環境設定

- 1歳児ではとくに手触りのよいボール、スポンジボールや小さいビーチボールなど、やわらかくて軽いものを用意する。
- ボールを口にもっていくこともある年齢のため、清潔なボールを用意することを心がける（使用前に一度ふくなど）。

安全への配慮

- 立位姿勢はまだ不安定で転倒しやすいので、遊びの中で転倒する場合を予測し、遊んでいるまわりの環境に留意する。
- 子どもがつまずきやすいものが動線上にないか、床は子どもがすべりやすい素材になっていないか等をチェックする。
- スーパーボールやビー玉などは誤飲に留意する。

ボールの多様な動きを楽しむ

2歳児

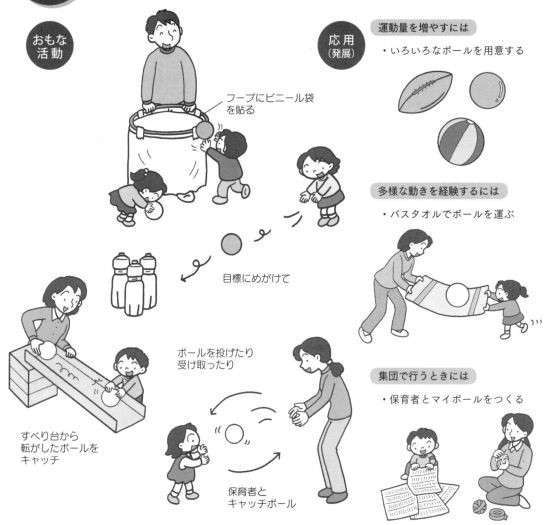

遊びのねらい

▲ 運動のねらい
- ボールを投げる動作から、手と目の協応動作が養われる。
- ボールの特性（転がる、弾む等）を経験する。
- ボールの動きに合わせて運動を調整する。

▲ 情緒・社会・知的 ねらい
- ボールの動き（転がる、弾むなど）の楽しさを感じる。
- ボールのやりとりを介してコミュニケーションを深める。

保育者の援助
- 子どもがうまくキャッチすることができるように、保育者が投げる距離やスピード、軌道、勢いなどを変化させ、子どもがキャッチしやすいようにする。

環境設定
- ボールを共有して遊ぶことはまだ難しい。子ども1人につきボールは1個準備することが望ましい。
- 子どもが扱いやすく興味を示すボールを数種類そろえて、重さ、大きさの違うボールを経験できるようにする。

安全への配慮
- 転がっているボールにつまずいて転倒することがあるので、保育者は子どもが遊んでいる足元に不用意にボールが転がっていないかを確認する。

ボール

3歳児 ボールを操作する感覚を楽しむ

おもな活動

頭の上にのせて

パッと手を放してみる

転がしたボールを蹴る

自由に蹴る

応用（発展）

運動量を増やすには
- 壁に向かって蹴る
- はね返ったボールを拾う

多様な動きを経験するには
- 足のまわりやお腹のまわりを回したり、ボールをおんぶやだっこする

集団で行うときには
- 座ってボールの転がし合い

遊びのねらい

▲ 運動のねらい
- ボールを蹴る動作は、目と足の協応動作の調整力を養う。
- ボールの動きに合わせて自分の動きを調整する。

▲ 情緒・社会・知的　ねらい
- 友だちと同じ遊びを行うことで、共に楽しむ経験をする。
- 状況を読み取る能力を育む。

保育者の援助

- 子どもがボールを蹴りやすいところへ転がすようにする。利き足（蹴りやすい足）があるので、どちらの足で子どもがボールを蹴っているのかをまずは観察する。右足でボールを蹴っている子どもは、右足側にボールを転がす。

環境設定

- ボールは1人につき1個を用意すると遊びが活発に展開できる。
- 子どもが自分で出し入れができる保管の仕方を工夫する。
- ガラスのある場所の近くでの遊びには留意する。

安全への配慮

- 安全への配慮はボールが多様な方向へ転がっていくことを想定して行う。ボールを追いかけている子どもはボールに意識が集中しているため、まわりの遊具や物に注意がいきわたらないので注意する。

ボール

4歳児 組み合わせて操作する

おもな活動

- いろいろな形でキャッチする
- 上に投げてキャッチ
- 弾ませてキャッチ
- ついたボールを蹴る
- いろいろな形で蹴ってみる
- ゴールに向けて蹴る

応用（発展）

運動量を増やすには
- ボール当て鬼ごっこ

※やわらかいボールを使う
逃げるかキャッチすればセーフ

多様な動きを経験するには
- 頭の上から下からボールわたし

集団で行うときには
- ボールから逃げるドッジボール

遊びのねらい

▲ 運動のねらい
- 多様な組み合わせでボールを操作する力を養う。
- ボールをついてキャッチするなどの連続動作を習熟させる。

▲ 情緒・社会・知的 ねらい
- ゲームの中で友だちを応援し、集団で遊ぶ楽しさを経験する。ルールを理解する。
- ボールの取り合い等を通して自分の意見を主張したり、相手の気持ちを察したりする経験を重ねる。

保育者の援助

- ボールでどのような遊びをすることができるのか、子どもに考える機会を提供する。子どもの意見を取り入れていくことで、ボール遊びへの関心を高める。

環境設定

- ボールはできる限り多様なもの（大きさ、硬さ、重さ、感触等）をそろえておくことで、子どもが自分のイメージに合ったもので遊ぶことができるようにする。
- サッカーのゴールも子どもが2、3人で運べる軽量なものが望ましい（自分たちで設置できる）。

安全への配慮

- ドッジボールやボール鬼では、空間が狭く、子どもの動きが激しくなると転倒につながるケースがある。ゲームを始める前にクツのひもはきちんと結んでいるか、かかとを踏んだまま履いていないか等、足元の状況も確認する。

ボール

5歳児 ゲームを楽しむ

おもな活動

当て逃げゲーム

投げて遊ぶ　※やわらかいボールを使う

ドッジボール

蹴って遊ぶ

ドリブルリレー

応用（発展）

運動量を増やすには
・慣れてきたら2つのボールでドッジボール

多様な動きを経験するには
・自分で投げて、からだのいろいろな部分にボールを当てる

集団で行うときには
・壁を背にしたドッジボール

狭い空間で

遊びのねらい

▲ **運動のねらい**
・走りながら蹴るなどの運動の組み合わせに習熟する。
・友だちの動きをみて、自分の動きを調整する。

▲ **情緒・社会・知的　ねらい**
・ドッジボールのチーム分けや勝ち残りの人数をかぞえるなどの経験を通し、数の概念への認識を深める。
・チーム内で役割分担や協力する力を養う。

保育者の援助

・友だちのゲームをみたり、自分が実際に参加したりしながら、少しずつゲームへの理解が深まっていく。ゲームに参加していない子どもといっしょに観戦しながら、ゲームのポイント（ドッジボールでは外野にパスすることも作戦としては必要など）を伝える工夫も試みたい。

環境設定

・チームに分かれてゲームを行うときは、ゼッケンや帽子を利用し、子どもが自分でどのチームに所属しているのかを明確に意識できるようにする。
・サッカー遊びでは、サイドライン等が引いてあるとゲームがすぐに中断してしまう。基本的にラインは不要。

安全への配慮

・ゲーム中など、「激しく動くときにはどのようなときに転びやすいか（たとえば急に方向を変えるとき、ぬかるんでいる場所を走るときなど）」について子どもに事前に伝えておくことで、子どもが自分で転倒を予防する能力を培うことにつながる。

Part 2 実技編

運動 **なわ**

- 短なわと長なわがある
- 素材はビニール、麻なわ、荒なわなどがある
- 握りがついているなわは、安全面において問題になるときがある（地面に置いたとき、回したとき、他の子にぶつかる等）。なわを単に「とぶ」ための遊具としてではなく、自由な発想のもとに遊びを展開していくことを考えるとき、握りの部分は不要となることが多い

丸めてボールのようにして使う

短なわをつなげて（電車）

地面に置き、線に見立てて（バランスをとって歩く）

長なわとすべり台を組み合わせて（よじのぼる）

鉄棒や木に結んで（ぶら下がる）

短なわを地面に置いて（ジャンプ）

短なわをしっぽにして（鬼ごっこ）

動き 運動技能 上記に示したように「結んでつなげる」、「輪にする」、「地面に置く」などして工夫をすることで、子どもの動きの幅を広げることができる。なわを多様に生かすことにより、多様な動き（多様な遊び）が誘発される。

社会性 社会の都市化、核家族化、少子化等の影響により、伝承遊びが伝わりにくい世の中となっていることが懸念されているが、長なわでは、「ゆうびんやさん」、「おおなみこなみ」などの歌をともなった遊びを経験することができる。
なわとびは「できる」、「できない」が子どもにとってもはっきりと認識しやすい遊びである。経験を積むことでとべるようになると「がんばってやったらできた」といった自信を育みやすい。また、数をかぞえることにより、自己目標をつくりやすい。

なわ

1歳児 なわに慣れる・親しむ

おもな活動

なわの上を歩く

投げっこ

引っぱりっこ

応用（発展）

運動量を増やすには
・保育者のしっぽを追いかける

多様な動きを経験するには
・なわをくぐる
・保育者となわをまたぐ

集団で行うときには
・平均台や巧技台を使って

遊びのねらい

▲ 運動のねらい
・なわにつかまりながら歩いたり、なわをまたいで歩く遊びを通して、歩行機能を向上させる。

▲ 情緒・社会・知的 ねらい
・なわでの遊びを介して保育者とのコミュニケーションを深める。
・なわをまたいで歩くことなどを通して、集中力を維持する経験を積む。

保育者の援助
・保育者が子どもに見本をみせるとき（線をまたいで歩く、はいはいして歩くなど）は、動物のまねをしながら歩くことで子どもも興味が高まり、楽しみながら歩くことができる。

環境設定
・なわを床に置き目印として使用する場合、転倒を防ぐためにテープやラインで代用してもよい。目印に使用する場合は、もつ部分にある硬い素材は外しておくとよい。

安全への配慮
・なわをもって歩いているときに、足にからまり転倒することのないように十分留意する。
・首やお腹に巻きつけて事故の原因とならないように留意する。

なわ

先生といっしょにジャンプ！

おもな活動　いろいろな形の線の上をバランスをとって歩く

応用（発展）

運動量を増やすには
・保育者のまねをしてカエルになったり、ウサギになったりして、なわの池から出たり入ったり

出会ったところでタッチ

多様な動きを経験するには
・ヘビになったり、ラッコになったりしてくぐりっこ

保育者といっしょに左右にとぶ

くぐりっこ

集団で行うときには
・フープをつけて電車ごっこ

遊びのねらい

▲ 運動のねらい
・保育者といっしょに連続してとぶ動作を経験する。
・さまざまなとび方を経験する。

▲ 情緒・社会・知的 ねらい
・遊び仲間とのふれあいを通して、自己の存在を確認する。
・友だちの遊びをまねしたりしながら、遊びの世界を広げていく。

保育者の援助

・保育者は、自らとぶことを楽しむ姿をみせたり、子どもといっしょにとぶことを楽しむようにする。
・いわゆる「なわとび」の技能が習熟してくるのは、4歳前後である。それまでは、なわを使ってさまざまな遊びを楽しみ、子どもがなわに親しめるような援助が求められる。

環境設定

・なわはいくつかの色をそろえておくとよい。そうすることで「青色のなわはトンネルのなわ」、「黄色のなわはまたいで歩くなわ」など、子どもに活動の区分けを示しやすい。

安全への配慮

・電車ごっこでは子どもの間隔を十分に確保して走る。
・転倒しても大きなケガにつながりにくい場所を選んで行うようにする。

114

なわ

なわをとんでみる

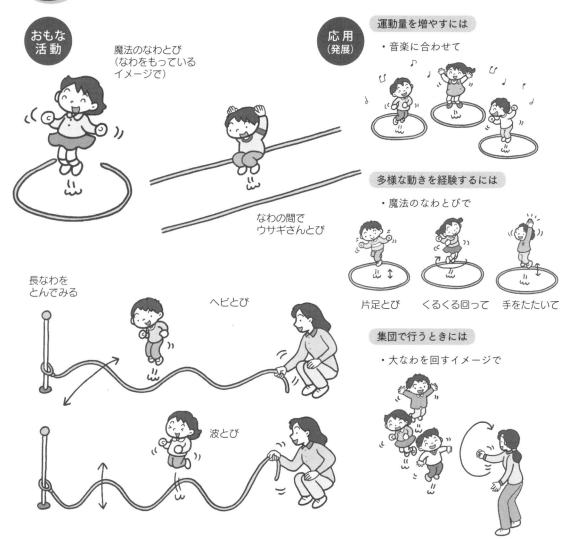

遊びのねらい

▲ 運動のねらい
- 1人でなわをとぶ動きに挑戦する。
- 片足とびなど、いろいろな形でとぶ動作を楽しむ。

▲ 情緒・社会・知的　ねらい
- 順番を守ったり、友だちにゆずったり、ゆずってもらったりする経験を通して、協調性を育んでいく。

保育者の援助

- ヘビとびや波とびで遊ぶ場合、子どもの様子に合わせてなわの振れ幅を調整する。始めは少しだけ動かし、とび越す楽しさを体験させたい。子どもが慣れてきたら、しだいに振れ幅を大きくするとよい。

環境設定

- 乾燥している場合、園庭にはあらかじめ水をまいておき、砂埃が舞うのを防ぐようにする。
- 子どもは目印のなわをすぐにいじりたがるので、そのまま置くのではなく、ガムテープなどで固定するとよい（屋内の場合）。

安全への配慮

- 長なわで遊んでいる際、子どもがなわにひっかかったときは、速やかに保育者がもっているなわを放すようにする。なわを手から放すことで、子どもの転倒を回避できる場合も少なくない。

なわ

4歳児 連続とびに挑戦

おもな活動

長なわに親しむ

長なわをくぐる
（忍法くぐり抜けの術）

（連続してとぶポイント）
① 手首を上手に回す
② なわを回してからとぶ
③ リズミカルに連続ジャンプ

回してから　　ジャンプ

応用（発展）

運動量を増やすには
・園庭をかけ足とびで回る

多様な動きを経験するには
・なわが上を通ったらしゃがむ、下を通ったらジャンプ。速さを変える

集団で行うときには
・なわでケンケンパ。チームで競う。

遊びのねらい

▲ 運動のねらい
・なわの動きに合わせて、自分の動き（とぶ）を調整する。
・長なわを安定してとぶ。
・なわを回す動きを経験する。

▲ 情緒・社会・知的 ねらい
・なわをとぶタイミングを自分で図ることで、時間の認知的発達を促す。

保育者の援助

・長なわをとぶときに、一定の場所でとぶことができず、それが連続とびを続けることの障害になっている子どもが少なからずいる。そのような子どもには、地面にサークルを描いてやり、「この中でとぶようにしてごらん」といった援助をするとよい。

環境設定

・長なわは、片方を鉄棒の支柱や木の根本に結び付けることによって、保育者が1人で回すことができるようになる。
・順番にとぶような場合は、順番を待っている子どもがだんだんなわに近づいてくる傾向がある。線を引いて、順番を待つ場所の目安をわかりやすく提示するとよい。

安全への配慮

・短なわをもち歩く際にはきちんと結んでもち運びができるよう、短なわの結び方を子どもに伝える。

116

なわ

なをを使っていろいろな遊びに挑戦

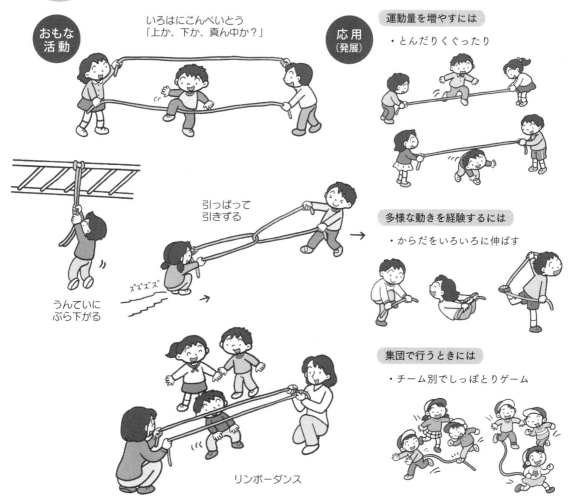

遊びのねらい

▲ 運動のねらい
- リズムに合わせてなわを回す。
- 短なわを連続してリズミカルにとぶ。

▲ 情緒・社会・知的 ねらい
- 友だちといっしょに「ゲームのやり方を考える」、「役割分担を相談する」などの活動を通して、「人とかかわる力」が育成される。
- 「練習を重ねることでできるようになる」という経験をする。

保育者の援助

- 短なわ前まわしとびは、リズミカルに連続してとぶことができるようになるまでに時間がかかる。子どもが途中であきらめてしまうことがないように、保育者がいっしょにとんだり、1回でもとべたことをほめ、認めてあげるようにする。

環境設定

- 風の強い日は、なわが風にあおられうまく回すことができない場合がある。そのような日には室内で行うか、他の遊びに替えるようにする。
- すべり台、鉄棒、巧技台、平均台、ボール、フープといった他の遊具との組み合わせを考えることで遊びの幅が広がる。

安全への配慮

- 短なわで遊ぶ場合は、友だちとの間隔を十分にあけて行うように助言する。
- 短なわをもち歩く際、辺り構わず振り回すことはとても危険であることを子どもにきちんと伝えておく。

Part 2　実技編

運動　固定遊具

特徴
- 園庭にあるので外に出ることにつながりやすい
- 遊具間の移動は運動量を増加しやすい
- 使い方により、個々の能力差や年齢差に対応しやすい
- いろいろな遊具があると多様な動きを経験しやすい
- 複数の遊具や総合遊具は連続的な動きを誘発しやすい
- 待つ、順番、並ぶといった社会性の発達を促す経験をしやすい

普通のブランコ

鉄棒なわブランコ

ロープブランコ

すべり台

S字状すべり台

ジャングルジム

太鼓橋

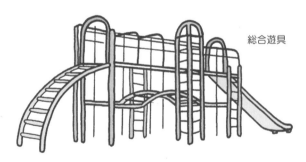
総合遊具

動き・運動技能　固定遊具にかかわることにより、からだの安定、移動動作、物を操作する多様な動きが身につく。中心となる動きとして、ブランコと全身の動き（上体の振りと足の屈伸）の協応、高さのある遊具は移動上下動作が主となり、加えてすべり台はスピードを調整する技能、ジャングルジムは回転動作のくぐる、もぐるなどの技能がある。

社会性　すべり台、ブランコなど、子どもに人気のある遊具は順番を待つことが多いので、どのようにしたらよいか、ルールを考える機会になる。
どの遊具も危険な扱い方をするとケガにつながることを理解し、安全への気づきの場となる。1つの遊具に多数の子どもがかかわるので、コミュニケーションの場になりやすい。
砂場など、使用する遊具の貸し借りや、共同に使用する場の分割や役割の分担などが経験しやすい。

118

固定遊具

いろいろな遊具と仲良く

おもな活動

向き合って

応用（発展）

前を向いて

保育者といっしょに

途中からすべらせる

運動量を増やすには
- 遊具まで先生と手をつないで歩く
- いろいろな遊具にふれる

多様な動きを経験するには
- いろいろな遊具で遊ぶ
- すべり台をくり返す

集団で行うときには
- 室内すべり台を1人ですべる

遊びのねらい

▲ 運動のねらい
- 外に出ることにより、移動運動の量を増やす。
- すべり台はスピード感とその調整、ブランコはリズム感やめまい感覚を経験する。

▲ 情緒・社会・知的 ねらい
- 保育者と1対1で身体接触することで、安心してできる。
- 順番を待つことで他の子どもとのかかわりをもてる。

保育者の援助
- ブランコ、すべり台などを怖がる子どもには、保育者がいっしょに行う。
- すべり台のスピードは保育者が調整する。
- 保育者1人に子どもが複数のときは、子どもとの間隔が広がらないようにする。

環境設定
- 最初は子どもの好きな遊具を十分楽しむ。
- 初めての遊具にかかわるときは、保育者といっしょにふれたりする。
- 年齢の高い子がいっしょのときは、スピードや動きが異なるので、遊ぶ遊具を決めたり、空間を決めたりする。

安全への配慮
- 高さのある遊具の周囲で下が固い場合は、マットを敷く。
- 子どもの足元や周囲に危険なものがないかをチェックする。
- 基本的には子どもと保育者の1対1対応で行うことが望ましい。

固定遊具

いろいろなところで歩こう

遊びのねらい

▲ 運動のねらい
- 歩行が完成するときなので、いろいろな歩き方を試みる。
- このときに園庭の固定遊具を生かして、さまざまな姿勢で歩くなどを経験して、遊具に慣れていく。

▲ 情緒・社会・知的 ねらい
- 園庭は年齢の異なる子どもとのかかわりが生まれやすい。
- 空間が広がることで、探索行動も広がる。

保育者の援助
- 上の年齢といっしょのときは、動きのスピードや技能が異なるので、動線を考えて、衝突や転倒が予測される場所は避ける。
- 保育者が必ず近くにいて、必要なときは補助する。
- 怖がる子には、保育者がからだにふれて安心してできるようにする。

環境設定
- 歩行が完成し、走りへ移行していく時期なので、広い空間でのびのび移動できる場所を考える。
- 歩行、走りを固定遊具を移動しながら経験する。
- 高いところ、低いところ、狭いところ、段のあるところなど、変化のある場所を園庭の中に探し、歩行する。

安全への配慮
- 自分で安全確認ができないので、周囲の安全（人や物）の確認は保育者が必ずする。
- 高い遊具を使うときは、周囲の安全や落下時のケガを予測して環境を整える。
- 年齢の高い子の遊びといっしょのときは注意する。

固定遊具

3歳児 いろいろな遊具を利用して

おもな活動

Ⓐ ボールですべり台

キックしてから　　投げてから　Ⓑ

Ⓒ 上を回る　上までのぼる

応用（発展）

運動量を増やすには
- Ⓐ 転がったボールを追いかける
- Ⓑ シュートしたボールをとりに行く

多様な動きを経験するには
- Ⓐ すべり台をいろいろな降り方ですべる
- Ⓒ ジャングルジムの上・下・間をわたる

集団で行うときには
- 順番を守ってすべる

遊びのねらい

▲ 運動のねらい
- 固定遊具での遊びをくり返す時期である。くり返すことによって、一つひとつの技能を確実にしていく。くり返すことを大切にする。

▲ 情緒・社会・知的 ねらい
- 固定遊具は多人数がかかわることが多いので、いざこざが生じやすいが、待つことや順番などを上の子から学ぶことが大切である。

保育者の援助
- 経験がないと思われる子は保育者が遊びに誘って、補助したり、助言をする。
- ボールを使うときはボールの転がる方向を予測して、他の遊びの動線と重ならないかを考える。
- 怖がる子は保育者がいっしょにやって励ます。

環境設定
- 同じ遊具や慣れた遊具しか使用しない子もいるので、遊具と遊具をラインやなわでつなぎ、いろいろな遊具を経験する環境をつくる。
- ジャングルジムにテープなどの目印をつけ、のぼる目標にする。

安全への配慮
- ブランコの周囲は人が入らないように注意する。
- 高さのある遊具は転落やケガする可能性があるので、周囲の安全を確保する。
- 遊びに夢中になると安全を確認しなくなるので、周囲の安全に注意する。

固定遊具

ダイナミックに使う

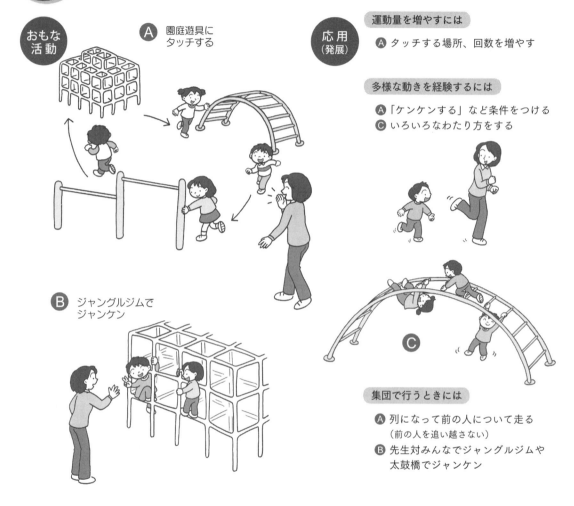

おもな活動
Ⓐ 園庭遊具にタッチする
Ⓑ ジャングルジムでジャンケン

応用（発展）

運動量を増やすには
Ⓐ タッチする場所、回数を増やす

多様な動きを経験するには
Ⓐ 「ケンケンする」など条件をつける
Ⓒ いろいろなわたり方をする

集団で行うときには
Ⓐ 列になって前の人について走る（前の人を追い越さない）
Ⓑ 先生対みんなでジャングルジムや太鼓橋でジャンケン

遊びのねらい

▲ **運動のねらい**
・4歳児になると遊具に慣れ、自由に使いこなす子が多くなるので、個々の遊具を1人で扱うより、多人数で総合的に扱う工夫をして、動きの連続性を経験する場とする。

▲ **情緒・社会・知的　ねらい**
・多人数で扱うときは、スムーズに楽しく行うためにルールが必要になる。年長児のやり方をみたり、考えたりしながらルールを共通理解していく。

保育者の援助

・高さのある遊具を怖がる子には、保育者がいっしょに行動することをくり返し、恐怖心をなくしていく。
・好きな遊具が固定化されると他の遊具にふれない子もいるので、ときどき他の遊具に誘ったり、サーキットなどで経験するように工夫する。

環境設定

・4歳児のみで使用できる時間には、思いきり園庭を走り回る活動を入れ、全身運動の場とする。
・動きの強弱（走る＋技能を確実にこなす）を組み合わせ、園庭遊具の技能と走力を身につける。

安全への配慮

・固定遊具の扱いに慣れる時期なので、大胆で危険な行動が生じやすい時期である。使い方やルールなどをときどき確認することが必要である。
・個人差が大きいので、日頃の活動をよく観察して、その差を理解して対応する。

固定遊具

ゲームで遊ぼう

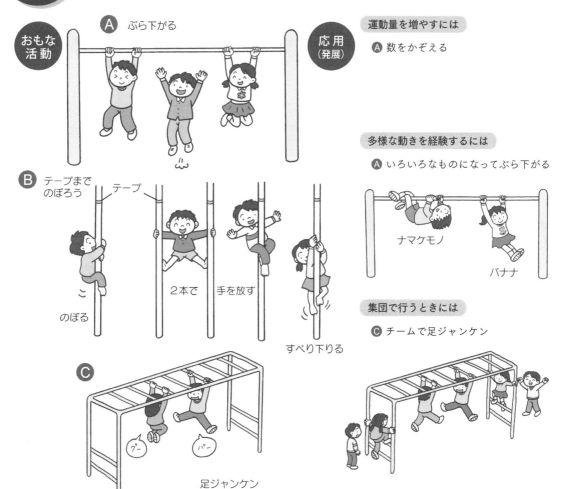

遊びのねらい

▲ 運動のねらい
- 競うことを楽しむ時期なので、自己の能力を試すことに固定遊具を使う。自分で目標を決め、目標に向かってくり返しの練習をする。

▲ 情緒・社会・知的 ねらい
- 競うことの中で、上手にできる子を認めたり、うまくいかない子を補助したり、助け合うことをする。

保育者の援助

- くり返し練習してもうまくいかない子がいるが、できる、できないの判断だけでなく、○○が上手になった、ここが昨日と違うなど、子どもが気づかないところを認める。
- 運動嫌いが生じる時期なので、幅広く運動を経験することにより、得意な運動をみつける。

環境設定

- 5歳児は動きがダイナミックになってくるので、ゲームのときなど低年齢の子といっしょのときは、遊具や空間を決めてするほうが思いきり活動できる。
- 安全に順番を待つ場所（次の人の位置）を子どもたちと決めておき、ルールとする。

安全への配慮

- 慣れてくるとふざけたり、乱暴な行動が出るので、その場で注意をする。
- ジャングルジム、鉄棒は雨や露などでぬれるとすべるので、始める前にふく。
- のぼり棒、うんていの下には土を用いるか、マットを敷く。

Part 2 実技編

運動　巧技台

特徴
- とび箱（わく、ふた）、はしご、すべり台、平均台（ビーム）などの含まれる総合組み合わせ遊具で、多様な組み合わせが可能である。工夫次第で活用の幅が広がる
- 0歳からでも遊べ、どの年齢の子どもたちの間でも好まれ、設定しだいで個々の興味や能力に応じた遊びを楽しむことができる
- いろいろな運動要素を含む遊具の組み合わせは、子どもたちの遊びを縦方向(高さ)にも広がりをもたせ、他の遊びと違った魅力を引き出し、創造性を養う
- 他の遊具との組み合わせで連続的な動きを引き出す

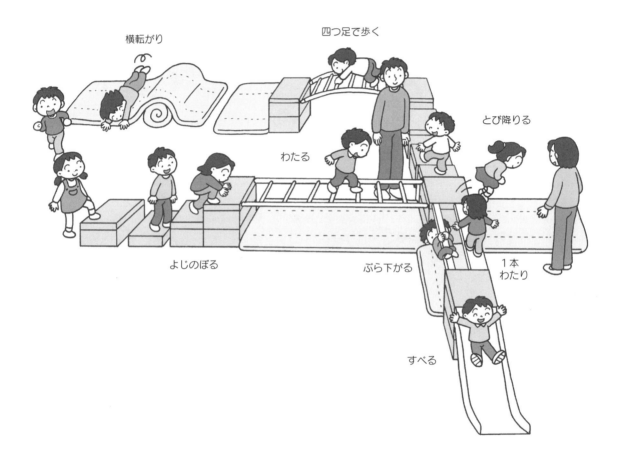

動き・運動技能
組み合わせのバリエーションの豊富さから、たくさんの動きや遊びを可能にし、筋力、敏捷性、瞬発力、平衡性、巧緻性などの発達を養うことができる遊具である。高さのあるとび箱はとび降りたり、よじのぼったり、ダイナミックな運動を展開でき、スピード感やスリル感を味わうことができる。平均台はバランス遊びだけでなく、「ぶら下がったり」「くぐったり」「すべったり」「とび越したり」などの動きが経験できる。

社会性
好奇心をかりたて、遊びのイメージをふくらませ、自分たちで自由に組み立てて遊んだり、遊びを発展させることができる。順番を待ったり、補助して友だちを助けたり、遊具の準備や後片づけなど、みんなで協力して行ったりするなどの楽しさがある。友だちの動きに刺激を受けてまねてみたり、自分なりに新しいやり方を考えて挑戦したりしながら、達成感や満足感を味わい、判断力、決断力、集中力などが養われる。遊びのイメージに合わせて組み立てることができる。遊びの中で危険なことを知るなど、安全面に十分注意して遊ぶようになる。

巧技台

巧技台に慣れよう

遊びのねらい

▲ 運動のねらい
- 「這ったり」「くぐったり」して手足や背中など全身を使った動きが楽しめる。
- さまざまな変化のある箇所を歩いたり這ったりすることで、バランスやからだのコントロールの仕方を身につける。

▲ 情緒・社会・知的 ねらい
- 保育者と1対1でかかわることにより安心感を得る。

保育者の援助
- 高さや設置に配慮し、無理な動きを強要しないよう安全面に留意する。
- 一つひとつの動きがまだ不安定でもあるため、子どもの動きには常に注意をはらう。

環境設定
- 起伏のある場で、自分のからだをコントロールするようにする。
- 環境に変化をもたせることで興味をもたせる。

安全への配慮
- 急に立ち上がって、平均台やはしごで頭を打ったりしないように声をかけたり、頭の上に手を置いてあげるようにする。

巧技台

先生といっしょに

おもな活動 — くぐる

応用（発展）

運動量を増やすには
- 上向き、下向きで
- とび降り

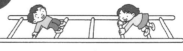

わたる・とぶ

電車ごっこ

多様な動きを経験するには
- ふち歩き、腹ばい

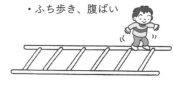

ぶら下がる

集団で行うときには
- 巧技台を組み合わせて

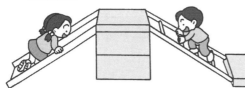
よじのぼる

遊びのねらい

▲ **運動のねらい**
- 「這ったり」「のぼったり」することで全身の協応性を身につける。
- 高さや斜度に慣れる。

▲ **情緒・社会・知的　ねらい**
- 保育者と楽しさを共有しながら自分の欲求を伝える。
- イメージをもちながら模倣する。

保育者の援助
- 怖がる子、できない子どもには保育者が抱いてとんだり、手をつないで行うなど補助しながら行う。
- 動きが不安定なので、速さを強調しないようにする。

環境設定
- とび降りを好んで行うようになるが、最初は低いところから始め、保育者が補助に付いて行う。
- 高さのある周囲にはマットを敷いておくなど、着地面やその周辺に注意する。
- 子どもの能力に合わせ、単純な組み合わせから徐々に構成を変化させる。

安全への配慮
- 急に立ち上がって、平均台やはしごで頭を打ったりしないように声をかける。
- 慣れてくると動きが乱暴になってきたりするので注意する。

巧技台

3歳児 いろいろなやり方で何回も

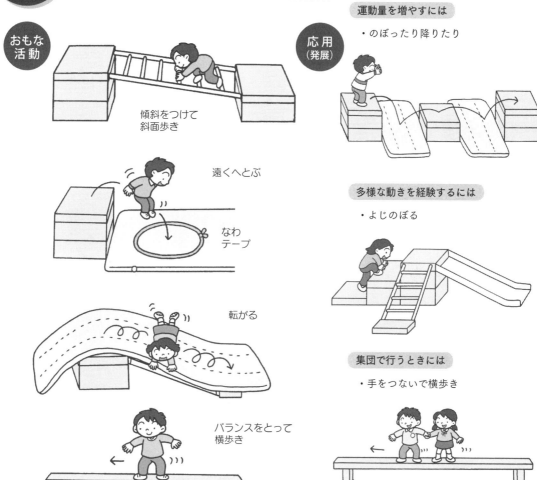

遊びのねらい

▲ 運動のねらい
- 全身を使った動きを楽しむ中で、握力や腹筋などを使い、正しい姿勢をつくる。
- 斜面や高さのある場所でバランス能力を高める。

▲ 情緒・社会・知的　ねらい
- いろいろなやり方を試し工夫して行う。
- 友だちと協力して運んだり、きまりを守ったりしながらいっしょに行うことの楽しさを味わう。

保育者の援助
- 順番がわかり始めるので、待っている場所や順番の指導もしていく。
- 待っているときなどに他児のやり方を知らせる。
- 子どもの特徴に合わせた言葉かけをし、満足感が味わえるようにする。
- 遊びの工夫や挑戦がみられるのでゆとりをもって見守る。

環境設定
- 簡単な組み合わせから始め、慣れてきたら徐々に高くする。
- 斜度のある設定で変化をもたせてもおもしろい。
- 循環できる設定にすることでくり返し取り組む。

安全への配慮
- 用具の差し込みがしっかりしているか点検する。
- とくに動きが活発な子どもには、高さを制限するなど、無理な動きをしないよう見守る。

4歳児 みんなで遊ぼう

巧技台

おもな活動

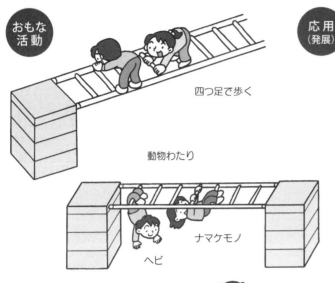

四つ足で歩く

動物わたり

ヘビ　ナマケモノ

上向き 下向き　　両足で

応用（発展）

運動量を増やすには
・高さや斜度に変化をつける

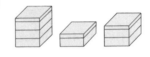

多様な動きを経験するには
・いろいろな降り方で

手をたたいて

集団で行うときには
・サーキット形式で

遊びのねらい

▲ **運動のねらい**
- 「とび越したり」「とび降りたり」「バランスをとったり」、瞬発力や敏捷性、筋力、平衡性などを養うことができる。
- タイミングを図ったり、スピードやスリルを味わう。

▲ **情緒・社会・知的 ねらい**
- 友だちとかかわる中で、粘り強さや新たな挑戦などの意欲を養う。
- 友だちとかかわる中で、自己の存在感や他者への積極的な関心、共感や思いやりなどをもつようになる。

保育者の援助
- 多様な動きが可能になるので、難しい動きを取り入れていくとよい。
- 絵をみせたりや実際に保育者がやってみせると子どもが模倣しやすい。
- 子どもが自分で考え判断したり、挑戦したりする意欲を育てたい。

環境設定
- 準備や片づけに子どもたちが積極的に参加できるようにし、協力することや安全に対する意識を育てる。
- 床面で行うポーズを平均台上で行ってもおもしろい。
- 循環できる構成にするとくり返し行うことができ、他の子どもの動きもみやすい。

安全への配慮
- 高さのある設定で転落や落下が予想される場合は、必ずマットを敷いておく。
- 台上でふざけたりすることのないよう注意を与える。

巧技台

ゲームで遊ぼう

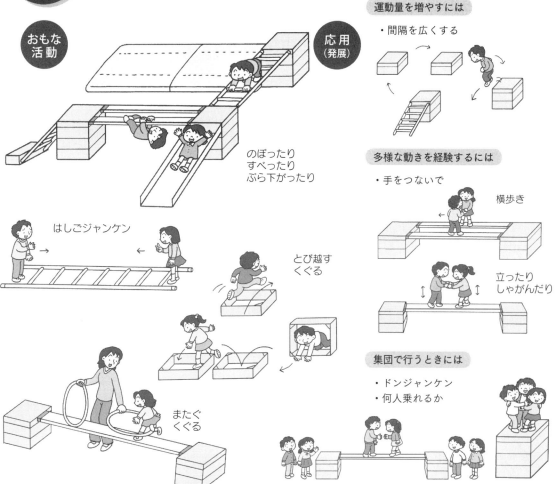

遊びのねらい

▲ 運動のねらい
- 個々の興味や能力に応じた遊びを楽しむ中で、多様な動きを洗練させていく。

▲ 情緒・社会・知的 ねらい
- 用具を大切に扱ったり、みんなで協力する経験や、場を工夫してつくり上げる経験ができる。
- 自分たちで自由に組み立ててイメージを実現させたり、遊びを発展させていく。
- 危険に対する能力を養う機会になる。

保育者の援助
- 個人差もあるので、画一的なやり方を強調しすぎないようにする。
- 出し入れは片づけの中でも動きの要素が含まれていることを意識して、子ども同士が協力して行うようにする。
- 子どもの遊びと乖離した特定の活動を与えることのないように留意する。

環境設定
- いろいろな動きができるようになり、ダイナミックになってくると勢いをつけてとび降りるようになるので、高さには十分配慮する。
- 循環性があり、どこからでも参加できるなど自由に出入りできる設定にすることで、くり返して取り組むことができるようにする。

安全への配慮
- 床面がすべらないように注意する。
- 子どもが工夫してつくった設定に危険な箇所があれば、子どもに伝え、気づかせていく。

Part 2　実技編

運動　マット

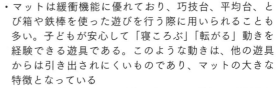

特徴

- マットは緩衝機能に優れており、巧技台、平均台、とび箱や鉄棒を使った遊びを行う際に用いられることも多い。子どもが安心して「寝ころぶ」「転がる」動きを経験できる遊具である。このような動きは、他の遊具からは引き出されにくいものであり、マットの大きな特徴となっている
- とくに年齢の小さい子どもにとっては「座る」「這う」「バランスをとる」「歩く」などの動きを安心して自由に展開しやすい遊具ということができる
- マットの動き、形、色などいろいろな遊びに応用できる
- 取っ手の出ているマットは取っ手の部分を中に折り曲げて使う

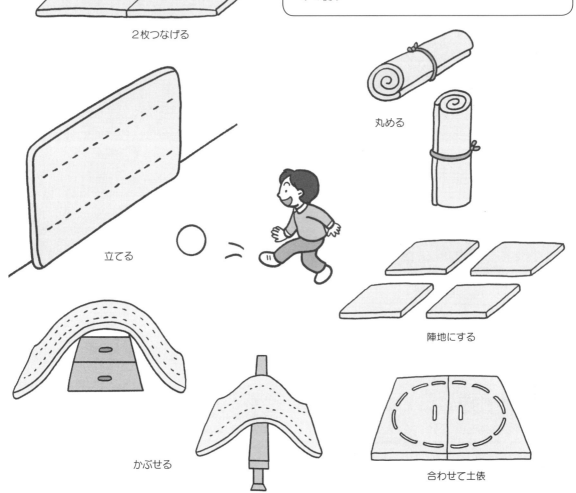

2枚つなげる　丸める　立てる　陣地にする　かぶせる　合わせて土俵

動き 運動技能
「形を変化させる」「配置を換える」「他の遊具との組み合わせを考える」等により、子どもの多様な動きを引き出してくることができる。具体的には「寝る」「回る」「転がる」「くぐる」「這う」「とぶ」「つかむ」「支える」「押す」「引く」「運ぶ」などの動きが遊びを通して経験できる。

社会性
1～2歳児にとっては保育者とともに「はいはい」や「転がる」動きを楽しみながら、3歳児以上になると「すもうごっこ」や「イモ掘り」などの遊びを通して、保育者や友だちとの直接的なふれあいを十分に経験することができる。この時期の「ふれあい」は安定した人間関係を構築していくための重要な要素であり、子どもの社会性を育むためのベースとなる。また、4～5歳児では、マットを使ったゲームを行いながら、「自分の意見を主張する」「友だちの意見を尊重する」といった経験を通し、「人とかかわる力」を育んでいく。

マットに慣れる・親しむ

おもな活動

マットの上を自由に転がる

応用（発展）

運動量を増やすには
・丸めたマットの山越えごっこ

保育者が転がす

多様な動きを経験するには
・飛行機やコアラをしてみる

段差をのぼり降りしてみる

集団で行うときには
・みんなでゴロゴロ

高い位置に座り、重心を移動させて保育者のほうへ抱きつく

遊びのねらい

▲ 運動のねらい
・自由な形で転がる。
・段差をのぼり降りすることを経験する。

▲ 情緒・社会・知的 ねらい
・保育者にマットの上で転がしてもらったり、いっしょにはいはいを楽しんだりしながら、保育者が動きをコントロールしてスキンシップを深める。

保育者の援助

・「転がる」「這う」「立ち上がる」「歩く」等、多様な動きの発達を刺激するためのマットの使い方を工夫する。
・保育者が動きを指示するのではなく、子どもが動きたくなるような工夫（言葉かけ等）を心がける。

環境設定

・マットは汚れやほこりをきちんと取り除いてから使用する。
・子どもが気持ちよくマットの上で転がることができるよう、屋内でも暖かく陽当たりのよい場所に設定するとよい（とくに冬季）。

安全への配慮

・1歳児では、マットの段差で転倒することもあるので、マットへののぼり降りには注意をはらう。
・子どもが自由に動いている中でも、とくに首の関節に過度な負荷がかかることが予想される体勢には留意する。場合によっては、体勢を改めるような援助を行う。

マット

いろいろな動きに挑戦

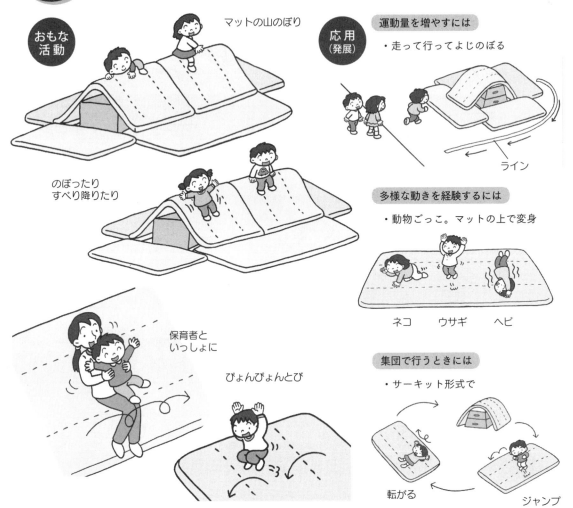

遊びのねらい

▲ 運動のねらい
- 「よじのぼる」「すべり降りる」といった動きに挑戦し、全身をダイナミックに動かすことを楽しむ。

▲ 情緒・社会・知的 ねらい
- 保育者や友だちが楽しそうに遊んでいる様子に刺激され、自分も新しい動きに挑戦するようになる。このようにまわりの影響を受けながら、自分の世界を少しずつ広げていく。

保育者の援助

- 保育者が楽しそうに取り組むことで、子どもの関心が高まるようにする。
- 動物のものまねをして遊ぶ際などは、動きの正確さよりは子どもの自由な発想や動きを大切にする。

環境設定

- マットの保管場所は、湿気の少ない場所を選び、隙間をあけて風通しのよい状態にしておくとよい。
- マットの上をとびはねて遊ぶ際には、マットがすべりすぎると危険である。マットと床の素材に左右されるので事前に確認しておくようにする。

安全への配慮

- 巧技台にマットをかぶせてのぼり降りの遊びを楽しむ際、子どもが側面から落ちないように留意する。
- 活発な子どもは、マットの山から急にとび降りたりする場合もある。危ないと思ったときにはすぐに手を出せる位置で見守る。

いろいろな転がり方に挑戦

おもな活動

ゆらゆらたまご

応用（発展）

運動量を増やすには
・組み合わせる

多様な動きを経験するには
・動きを組み合わせる

集団で行うときには
・自由に転がる

ふち歩き

からだを伸ばしたり縮めたり

遊びのねらい

▲ **運動のねらい**
・いろいろな形で回転する。
・勢いをつけて回転してみる。
・バランスをとって歩く遊びを通して、調整力を育む。

▲ **情緒・社会・知的 ねらい**
・順番を守ったり、ゆずり合ったりする経験を通して、協調性を育んでいく。

保育者の援助

・新しい運動に臆病になってしまうような子どもには、保育者がいっしょに寄り添ったり、簡単な動きから導入するように心がける。

環境設定

・マットは、天気のよい日には日干しをするなど、定期的に日光にあてることを心がける。
・マットを縦横に連ねることで、子どもが自由に遊べるスペースを広く確保することができる。

安全への配慮

・子どもといっしょに回転運動などを行う場合は、自分の髪飾りやヘアピン、ネックレス、イヤリング、指輪などで子どもがケガをしないように留意する。
・マットを運ぶために側面から出ている部分は、使用する際には必ず中に折り込んでおく。

マット

マットの使い方を変化させてみよう

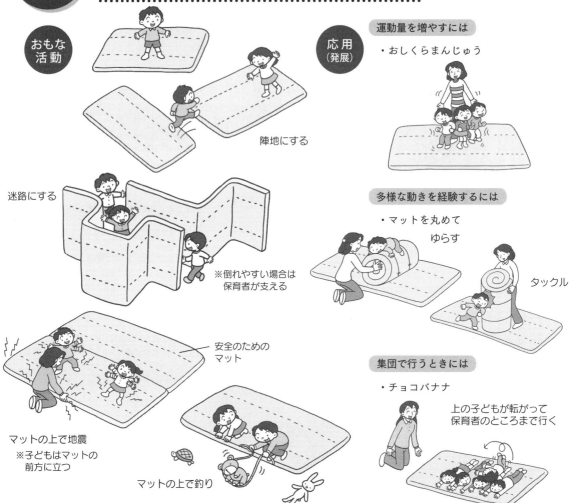

遊びのねらい

▲ 運動のねらい
- マットを使って、転がるだけではなく、いろいろな動き（バランスをとる、友だちと押し合う等）を経験する。

▲ 情緒・社会・知的 ねらい
- 友だちとかかわりをもって遊ぶことを通して、人の意見を聞いたり、自分の考えを主張するなど経験を深める。

保育者の援助

- マットがその上を転がるためだけの遊具として定着しないよう、マットの使い方をいろいろと工夫してみる。
- マットの出し入れは自分たちで行うことができるようになることを想定して助言や助力を行う。

環境設定

- マットは重いものや長すぎるものは避け、子どもが協力をしてもち運べる程度のものを用意する。
- マットの上でバランスをとるような遊びを行う際、子どもの立ち位置を考えて行うことで、転倒時のケガを予防することができる。

安全への配慮

- 慣れてくると動作が雑になりケガが起こりやすくなる。子どもが悪ふざけをしている場合などは適宜注意を促す。
- おしくらまんじゅうは、子どもの人数があまり多すぎると転倒時の重なりなどでケガにつながりやすい。10人以下を一つの目安として考える。

マット

5歳児 ダイナミックな遊びに挑戦

おもな活動

おイモ掘り
おイモは抜けないようにがんばる

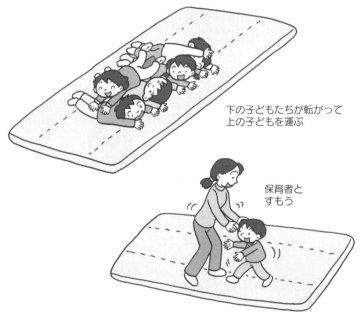

下の子どもたちが転がって上の子どもを運ぶ

保育者とすもう

応用（発展）

運動量を増やすには
・マットをお互いの陣地に引っぱる

多様な動きを経験するには
・ケンケンで押し合いっこ

集団で行うときには
・サーキット形式で

とび越え

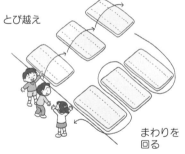

まわりを回る

遊びのねらい

▲ **運動のねらい**
・マットを引っぱったり、押したりしながら、全身運動を行い、からだを思いきり使って遊ぶ経験を深める。

▲ **情緒・社会・知的 ねらい**
・友だちとゲームの作戦を立てたり、役割分担を相談することを通して、「人とかかわる力」が育成される。

保育者の援助
・ゲームでは、どのようにすれば相手に勝てるかなどをチームで考える機会を与えるようにする。
・ゲームの勝ち負けを強調しすぎることなく、ゲームの中での工夫や発見をほめるように心がける。

環境設定
・何種類か色の異なるマットが用意できれば、組み分けなどに利用することができる。
・ケンケン相撲やマット引き競争などダイナミックな遊びを行う際には、事前にまわりに危険なものがないかを十分に確認しておく。

安全への配慮
・マットの引っぱり合いなどをして遊ぶ際には、事前に子どもの爪が伸びていないかどうかを確認する。
・鬼ごっこで使用するとき、子どもがのってすべらないかを確認する。

Part 2　実技編

運動　新聞紙

特徴
- 運動遊具としてつくられたものではないので、子どもの思いや工夫が生かされやすい
- 日頃みたり触れたりしているので子どもがイメージする遊びに生かしやすい
- 新聞紙は軽いので、子どもにも扱いやすい
- 形を変えやすいので製作（たこやボール、剣など）しながら、遊ぶことにつながりやすい
- 破れやすいので破ることや逆に破らないことを運動場面に生かすことができる
- 軽くて遠くにとばないので室内での運動に適している
- 園外保育や遠足、保護者会などのとき、新聞紙を利用して運動を楽しむことができる

 動き 運動技能　新聞紙の特性を生かすことにより、走る、歩く、とぶなどの全身運動が経験できる。
　新聞紙を破る、ちぎる、折る、丸めるという手の操作技能を向上させることができる。新聞紙を丸めてボールとして扱うことにより、軽いボールのコントロールなど調整する技能を高める。多様に扱うことによりさまざまな動きの経験ができる。使い方により、多様な運動能力を伸ばす。

 社会性　新聞紙は自由な発想が生まれやすいので、自分の工夫を友だちに伝えたり友だちの使い方の模倣をしたりする場面が多く生まれやすい。
新聞紙でプールの水や雪をつくるときなど、みんなで協力して新聞紙をちぎったり、切ったりする活動がある。使った新聞紙の片づけなど、協力してそうじしたり片づけたりする活動が生まれやすい。新聞紙が破れやすいので、物に対するていねいな扱いを促しやすい。

新聞紙

1歳児 新聞紙と遊ぶ

おもな活動

両脇を抱え、新聞紙の左右をぴょんぴょん

Ⓐ ぐるっと回って新聞紙に着地！

新聞紙の棒をとんだりまたいだり

Ⓑ かがんだり這ったりしてくぐる

応用（発展）

運動量を増やすには
・棒を越えていく。慣れてきたら子ども自らが動くようにしていく
・くり返し行う

多様な動きを経験するには
・新聞紙をいろいろな形で置いたり、つるしたりする

集団で行うときには
・4枚を張り合わせ、くぐり抜けたり、中に入ったり、上にジャンプしたり

遊びのねらい

▲ 運動のねらい
・保育者の助力でダイナミックな全身運動を経験する。
・目標（新聞）物とからだとの動きを調整する力を養う。
・物とかかわることでからだを動かす楽しさを味わう。

▲ 情緒・社会・知的 ねらい
・保育者にからだを支えてもらったり1対1対応で物とかかわることで物の性質や特性を知る機会になる。

保育者の援助
・初めてのときは簡単で安心できる設定をする。Ⓐでは慣れてきたらダイナミックに運動を大きくする。
・Ⓑでは難易度をあげて少しずつ高くまたは低くする。
・個々のレベルや特性に合わせて怖がる子には動きを少なく、慣れている子にはダイナミックに行う。

環境設定
・新聞紙を十分に用意して、Ⓐでは新聞紙を折って小さくして行ってもよい。
・降りるとき音が出るように着地のところに新聞紙を丸めておいてもよい。
・集団で行うときの大きな新聞紙は大きな布でもよい。
・ビニール袋に新聞紙をちぎって入れて軽いボールをつくっておいてもよい。

安全への配慮
・1対1のⒶ、Ⓑのとき他の子が先生のところへ来ることがあるので周囲をよくみて行う。
・体重のある子を抱えるときは、ひざを曲げてしっかり抱える。
・できない子には無理してやらせない。
・空間の十分ある室内で行う。

新聞紙

2歳児 破って遊ぶ

おもな活動

破いてのぞく

かさおばけ

服

広げて、丸めて引っぱり合い

きれいねー

細かくちぎって

新聞紙のプール！

応用（発展）

運動量を増やすには
- 保育者の服を破る
- 保育者のしっぽを捕まえる

多様な動きを経験するには
- いろいろな新聞紙をくぐる

集団で行うときには
- ちぎった新聞紙を袋に入れる

遊びのねらい

▲ 運動のねらい
- 新聞紙のイメージからいろいろな動きを経験する。
- 一つひとつの動作を確実にくり返して、多様な歩く走る動作を獲得する。
- 破る、ちぎるなどの操作的な動きを経験する。

▲ 情緒・社会・知的 ねらい
- 2歳になるとからだの部分（頭・目・口……）などを認知するので、からだを示しながら運動する。

保育者の援助
- スピードをコントロールして走る経験をする。
- 保育者自身が遊びを楽しみ、楽しさを子どもに伝える。
- 友だちとのかかわりが生まれるときなので、保育者は仲介役をする。
- 身近な他者をモデルにするときなので、保育者はいっしょに動いて示す。
- 破る、ちぎるは子どもが大好きなので、保育者がきっかけづくりをする。

環境設定
- いろいろな発展や変化が考えられるので、なるべく多く準備する。
- ビニール袋を準備して、使用したものを入れる。
- 追いかけごっこなどが入るときは、広い空間を選ぶ。
- 破いたり、ちぎったりする紙にはあらかじめ印（たとえば○印）を付け、家庭の新聞紙と区別する。

安全への配慮
- 新聞紙で他のものがみえにくくなるので、周囲を片づけてから活動する。
- 新聞紙のインクが手に付くことになるので、遊んだ後は石鹸で手を洗う。
- 新聞紙が大きすぎると動きが不自由になるので、大きさを考慮する。
- 鬼ごっこは保育者に集まってくるので、スピードや走る方向をコントロールする。
- 新聞紙プールは子どもが重なったり衝突しやすいので、プールの大きさと中に入る子どもの数に配慮する。

新聞紙

3歳児 全身運動をする

おもな活動

いろいろなボールをつくる

つるしてキック＆パンチ

モノレール

わたす

しっぽにして

2枚使って歩く

応用（発展）

運動量を増やすには
・スピードをつけて走る

多様な動きを経験するには
・いろいろなところにのせて

集団で行うときには
・しっぽを追いかける

遊びのねらい

▲ 運動のねらい
- 歩く、走る、とぶの全身運動が発達するので、広い空間で十分に行う。
- とぶ動作が習熟する時期なので（p.141の④を参照）十分経験する。

▲ 情緒・社会・知的 ねらい
- 簡単なルール（しっぽを取る人と取られる人がいる）を理解する。
- 順番にやることなどを理解する。

保育者の援助
- 子どものイメージや発想を見聞きして活動する。
- いざこざが起きやすい時期であり、自分で解決が難しいので仲介役をする。
- だんだん乱暴な行動が生じやすいので、ときどきコントロールする。
- 集団での遊びは保育者が鬼になり、スピードやゲームをコントロールする。

環境設定
- ボールづくりのとき、工夫がしやすいように、輪ゴム、ビニール袋、セロハンテープ、ガムテープなどを準備しておく。
- ボールをつるすとき、ボールの高さを変えていろいろな動きを経験できるようにする。
- 先生のしっぽは複数つけ、みんなが取れるようにする。
- 狭い空間も用意して、1人で遊べる場を用意する。

安全への配慮
- はさみを使ったときは、置き場所や使い方を伝えておく。
- 動きの切りかえ（急に止まったり走ったり）がスムーズにできない子がいるので、鬼ごっこのゲームのときなど保育者がコントロールする。
- 言葉よりまだ手が出てしまう子がいる時期なので、はさみや物をもっているときは注意する。
- 運動量を自分でコントロールするのが難しいので、鬼ごっこなどは休みを入れて行う。

新聞紙

全身を使う動作をする

おもな活動
投げる
2人でもって走る

応用（発展）
遠くへ投げる
B
ボールを運ぶ

運動量を増やすには
- Ⓐ ボールが外れたら、また拾って投げる
- Ⓑ 空間を広くして長く走る

多様な動きを経験するには
- Ⓐ 投げ方（上・下・横）や方向（上・下・壁）を変える
  ボールの大きさを変える
- Ⓑ もつ新聞紙の大きさを変える

集団で行うときには
- Ⓐ チームで対抗して競う
- Ⓑ 動く範囲を決めて落とすまで続ける
  新聞紙をバトンにしてリレーをする

遊びのねらい

▲ 運動のねらい
- Ⓐの投げる動作は物を操作する力を向上させる。
- Ⓑは安定した走りになってくるので、操作しながら走ることで走力が向上する。
- 多様な方法を経験することが動きの獲得につながる。

▲ 情緒・社会・知的　ねらい
- 遊びを楽しくするために自分をコントロール（自己制御）することがわかるので、簡単なルールを用いる。
- 友だちとかかわって遊ぶことが楽しくなるので、グループで協力したりすることを積極的に入れる。

保育者の援助
- 投げる能力は個人差が大きいので、上手にできない子や経験が少ない子には保育者が個々に対応する。
- 投げやすいボールをつくる（重さ、大きさの工夫）。
- 友だちとかかわった遊びに興味をもつので、保育者は積極的に仲介したりふれあう場をつくる。
- 自分のボールを決めて使う。

環境設定
- 個々の興味や能力が異なるので、自分がやりたいことができる設定をつくる。
- Ⓐの高さ、長さは多様に準備して、個々が挑戦できる設定をする。
- すべて保育者が設定するのではなく、子どもたちも準備、片づけに参加する。
- Ⓑの走るときは十分に空間をとり、思いきり走れる環境にする。
- 片づけのためのビニール袋を用意する。

安全への配慮
- 遊びに夢中になると周囲への注意が散漫になるのでときどき注意をする。
- 新聞紙をあまり多く出すと、活動に集中が欠けるときがあるので注意する。
- 活動性が高い時期だが、疲れなど自己でコントロールできないので、保育者がコントロールする。
- ダイナミックな活動（走る、投げる）には空間を広くとり、次に投げる人、待つ人の目印（フープなど）を置く。

新聞紙

5歳児 連続動作をする

おもな活動

Ⓐ いろいろなジャンプ

幅をとぶ／前へ移動

置きかえジャンプ

Ⓑ つくったものを使う

（つくり方は p.192 参照）

応用（発展）

運動量を増やすには
- ジャンプ、ジグザグ走
- サーキット形式で

多様な動きを経験するには
- とんで、くぐって、とんで

集団で行うときには
- 島鬼
- 2人でリレー

遊びのねらい

▲ **運動のねらい**
- 動きの連続性がなめらかになるように、いろいろな連続動作を経験する。
- 活動性が高い時期なので、速く走ると同時に運動量も多くする。
- 動きの種類が増すので、いろいろな組み合わせで動きの連続性の力を向上する。

▲ **情緒・社会・知的 ねらい**
- 自分たちのイメージやアイディアにより動きを工夫する力を養う。
- 競争する楽しみを味わい、チームで協力したり役割を考えたりすることを経験する。

保育者の援助
- 子どもがアイディアやイメージを出しやすいような雰囲気や言葉かけを考える。
- スピードを競うことだけでなく、一つひとつの動きをていねいに行う大切さをゲームで伝える。
- 個人差があるので、うまくいかない子には助言・助力を積極的にする。
- Ⓑの製作では子ども同士で教え合う場をつくる。
- 直接指示したり手を出したりしないで、子ども同士が協力して遊びを楽しむことができるように見守る。

環境設定
- 個々の能力や興味に差があるので、能力に応じた環境設定をする。
- 運動の楽しみ方が子どもにより異なるので、多様な活動ができる設定を考える。
- 運動に恐怖心をもつ子がいるので、誰でも可能な内容の場を設ける。
- 新聞紙で製作するものを使ってからだを使うことを考える。

安全への配慮
- 5歳児は動きや活動がダイナミックになるので、十分な空間をとる。
- 周囲に小さな子や危険な子はいないかを注意する。
- 動く方向の前後を十分に開ける。
- 順番に行うときは、次の子の待つ場所を指定する。
- Ⓐ、Ⓑとも運動の方向（走る方向、投げる方向）を決めて、一定方向の動線を考える。

Part 2　実技編

運動　**身近なもの**

- 運動遊具にないおもしろさや新鮮さを、自由に工夫することができる
- それぞれのもつ特徴、重い、軽い、大きい、小さい、音がする、形を変えられるなどを生かした運動ができる
- 日頃、目にしたり、ふれているので、子どもがイメージ遊びなどに使用しやすい
- 運動遊具や固定遊具と組み合わせることができる
- 家庭にあるものを使用することにより、家庭での運動とつなげることができる
- 製作し、それを使って運動する組み合わせにより、つくることから遊ぶことが経験できる
- 園外保育、遠足でも、すぐ遊びを展開できる
- 砂、水、石を加えたりすることにより、重さや形を変えることができる

 動き 運動技能　多様な身近なものを利用することは、多様な動きを経験し、この時期に身につけることが必要といわれる基本的動きを経験することにつながる。重いものや大きいものを使うときには筋力、軽いものや小さいものを使うときには調整力が必要となる。複数使うことにより連続した動きを誘発しやすい。身近なものを使うことで、物を操作する技能が身につきやすく、動きを調整する能力が期待できる。

 社会性　大きなもの、重いものを使うときには、複数でかかわることが多いので、協力や順番などへの理解や対応が必要になる。また、年齢が低いと保育者と1対1でスキンシップをともなう対応が多いので、コミュニケーションが深まることが多い。一定の使い方が中心ではなく、個々の子どものイメージや工夫により使い方が異なるので、子ども同士の模倣が生じやすく、遊びを共有することができる。物の安全な使い方や大切にすることを伝えることが可能である。準備や片づけに協力することにより、スムーズに活動が展開することを学ぶ。

身近なもの

1歳児 先生といっしょ

おもな活動

エアーキャップ

応用（発展）

運動量を増やすには

- Ⓐ 空間を広げて転がったり走ったり十分にできるようにする
- ⒷⒸ 保育者が動いたり座ったり大きくからだを使うことで、子どもが連動して大きく動く

多様な動きを経験するには

- Ⓐ ジャンプ、転がるなどしてみる
- ⒷⒸ 保育者が姿勢や動きに変化をつけることで、子どもの動きが変化する

集団で行うときには

- 保育者が複数の子どもを抱いたり、抱えたりして動く

遊びのねらい

▲ 運動のねらい
- 保育者と行うことによって、1人ではできない動きを経験し、楽しさを味わうときである。
- 歩行が習熟するときなので、いろいろな条件の歩行の経験が必要である。

▲ 情緒・社会・知的　ねらい
- 保育者といっしょの運動は安心してでき、また、楽しさを共有することで、子どもの情緒の安定につながる。

保育者の援助

- 子どもの特性により、怖がる子がいるので、子どもの様子をみながら、加減しながら行う。
- 保育者が楽しむ姿をみて、安心してかかわるので、保育者の対応が大切である。無理強いしないで、興味を示したとき、対応する。

環境設定

- 落ち着いて機嫌のよいときに行う。
- エアーキャップなどは、日頃、目に入りやすいところに置き、触れたりしておくとよい。
- 子ども同士が出会ったり、向かい合わせで座ったり、友だちを意識できる環境を入れる。

安全への配慮

- 急激な姿勢の変化や動きに対応できないときがあるので、力や動きの加減を保育者がする。
- エアーキャップは細かくちぎれて口に入れたりしないように注意する。
- 保育者といっしょの活動は、マットや畳、じゅうたんの上で行う。

身近なもの

2歳児 ものを扱う遊び

おもな活動

かさ袋
袋にひもを付けて引っぱる

応用（発展）

運動量を増やすには
Ⓐ 空間を広げて歩く距離を長くする
　くり返しできるようにする
　使用するものを多く準備する

大布でゆりかご

Ⓑ そり

多様な動きを経験するには
ⒶⒷ 空間に高低差、幅の変化、線の変化などをつける
　空間に高さのあるもの、くぐり抜けるもの、フープなどを置く

集団で行うときには
・2人でいっしょにできるもの（ビニール袋の大きいもの）を準備する
・先生とキャタピラーを回す

空き缶
砂や砂利を入れる
厚紙でフタする
テープで補強

ダンボールでキャタピラー

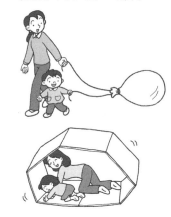

遊びのねらい

▲ 運動のねらい
・歩行が完成してくると、操作する（物を扱う）ことが可能になる。ここではいろいろなものを利用して遊ぶことで操作技能の第一歩となる。

▲ 情緒・社会・知的　ねらい
・1人では扱いにくいものでも、2人でやるとうまくいくことなどの経験から、他の子への意識が生まれる。

保育者の援助
・上手にできないと、泣いたり、かんしゃくを起こす子もいるので、まずは物にふれたり、自由に扱うことから入る。
・大きな布を扱うときは、子どもの様子をみて力の加減をして、恐怖心が起きないようにする。
・個人差の大きいときなので、個々に合わせた遊びにする。

環境設定
・多様な対応ができるように、遊具などを準備する。
・ダンボールでの活動は空間を広くし、衝突や壁へのぶつかりがないようにコーンなどで空間を決める。
・保育者も参加しながら、助力、補助を行う。

安全への配慮
・遊具の奪い合いにならないように数を十分準備する。
・使用するもの（空き缶の切り口、ダンボールの止め口、布）の安全を確認して使用する。
・一人ひとりが別の行動をしがちなので、みんなの様子が把握しやすい場所で行う。

身近なもの

大布などで遊ぶ

おもな活動：大波小波
応用（発展）

運動量を増やすには
- 布の大きさをだんだん大きくしていき、ひざを屈伸して大きくゆらす
- 坂すべりは最初は斜面のゆるやかなところから、慣れたら急なところへくり返す

風船

おふとん

多様な動きを経験するには
- 大布やビニールシートを海に見立てて海の中にあるものになって泳ぐ

ダンボールで坂すべり

ペットボトルで走って絵を描く

集団で行うときには
- 大布の波はみんなでつくり、一定の方向に回ったりする
- 坂すべりはぶつからないようにして行う
- みんなで1つの絵を描く

遊びのねらい

▲ 運動のねらい
- 歩く、走るが安定してきて、とぶ動作も出てくる。
- 物とかかわる力も高まるので、操作技能を入れながら動くことにより、手、足、目の協応動作が習熟していく。

▲ 情緒・社会・知的　ねらい
- 好奇心が強く、自己主張が強くなるときなので、いざこざがないか保育者が適切に調整することで自立を促す。

保育者の援助
- 大布では、保育者が声をかけながら行うことで、子どもの興味、楽しさが増す。
- ダンボールの坂すべりは、怖がる子は保育者が抱いてゆっくり降りる。

環境設定
- どの遊びも子ども同士の距離が近すぎないように設定する。
- 保育者のところに子どもが集中するので、ときどき、場所を変えて対応する。
- 多様な遊具を準備することで動きを引き出す。

安全への配慮
- 大布、ダンボールは、周囲に危険なものはないか確認して行う。
- 個人差があるので、月齢の低い子、怖がる子の近くに保育者がいるようにする。
- ペットボトルやダンボールの切り口やつぎ目の安全を確認してから活動する。

身近なもの

4歳児 身近なものを工夫して

おもな活動

雨どいでどんぐり転がし

タイヤをジャンプ！中、外

タイヤ転がし　　上を歩く

ペットボトルの利用

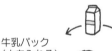
コーンでジグザグ走り

牛乳パック（土を入れる）

三輪車で回る

応用（発展）

運動量を増やすには
- くり返し行う
- 大小のペットボトルやタイヤを用意する
- 空間を広げる

多様な動きを経験するには
- 保育者がヒントを与えて動きが広がるようにする
- 保育者もいっしょに楽しむ
- 置く場所や位置を変える

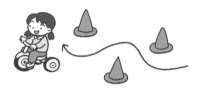

集団で行うときには
- 使用するものを多く準備する
- 重いもの（タイヤ、ペットボトル）は、協力して準備したり動かしたりする
- コーンを使うときは、動く方向を決めて行う

遊びのねらい

▲ **運動のねらい**
- 子どもの創造性を刺激するものは、動きを活発にし、多様な動きを引き出す。ここでは自由に工夫して使うことで、動きの幅を広げる。

▲ **情緒・社会・知的　ねらい**
- 運動を考え、工夫して実践することは与えられたことをすることと異なり知的好奇心を高める。

保育者の援助
- 子どもの思いや工夫がすぐに運動として表現されないときは、励ましたり、助力、助言して達成感がもてるようにする。
- どんぐり転がしでは、いろいろなものを転がして試してみる。
- 保育者のヒントや助言で遊びが広がることが多い。

環境設定
- 空間を十分に確保して、工夫が実現できるように環境設定する。
- 使用が予測されるものはなるべく身近に置く。
- 園庭で行うときは、他の遊びと動線が重ならない場所を設定する。

安全への配慮
- 使うものの安全を必ず確認してから用いる。
- どんぐり転がしでは、走る子と待っている子がぶつからないように、左右に離す。
- パイロンやコーンの間隔を最初は広くして慣れる。
- タイヤは一つひとつていねいにとぶことを伝える。

身近なもの

5歳児 いろいろなものを使用する

おもな活動　　園庭に絵を描く　　応用(発展)

運動量を増やすには

- 連続してできるように設定の数を多くする
- 空間を広くして移動が十分できるようにする

大また歩き　　横歩き　　小また歩き

多様な動きを経験するには

- タイヤの置き方、間隔を変える
- 缶ポックリの高さ、ひもの長さを多様にして、いろいろなところを歩く
- 紙テープの長さ、高さに変化をつける

紙テープにジャンプ！　　片足でとぶ　　両足でとぶ

集団で行うときには

- グループで1つの絵を描いたり、協力して行う
- タイヤ、紙テープなどグループで行い助け合う
- 上手な子が教え役になりながら行う

遊びのねらい

▲ 運動のねらい
- ダイナミックな動きを好み、友だちと協力したり競ったりすることを楽しむときなので、運動量の多い運動と技能を必要とする運動を幅広く経験する。

▲ 情緒・社会・知的　ねらい
- 友だちとの協力やルールのある競いを楽しく感じるときなので、グループで競ったり、協力する中で、社会的なルールを身につける。

保育者の援助

- 保育者はあまり遊びの中に入らず、調整が必要なときに、ルール、協力などの確認をする。
- グループの結束が強くなると、仲間に入れない子が出るので、そのときは対応する。
- 勝負にこだわりすぎるとトラブルが生じるので、どのように解決するのがいいのか、子どもといっしょに考える。

環境設定

- 動く範囲が大きくなり、空間を必要とするので、十分遊びができるように空間を確保する。
- 使用できるものが多いと、クラス全体の活動に広がりやすいので、多めに準備する。
- 狭い園では5歳児が思いきり動ける場所や時間を確保する。

安全への配慮

- 年下の子がいっしょのときは注意を促す。
- 競走やゲームでは、興奮して集中力を欠く行動が生じることがあるので、一度心を落ち着かせてから行う。
- 仲間意識が高まると、保育者のみえないところで大胆な行動をすることがあるので、子どもの居場所は確認する。

Part 2　実技編

運動　鬼遊び（鬼ごっこ）

> **特徴**
> - 平安時代以前からの日本の伝統的な遊びの一つで、逃げる－追うの追いかけ鬼型や、隠れる－探すの隠れ鬼型、陣取りなどの場所とり鬼型、伝承的な歌や問答をしながら行うかけあい鬼型などさまざまな種類がある
> - 追う者(鬼)と逃げる者の関係がはっきりしているので、役割を認識しやすい他、子どもの特性や発達、人数に応じて内容を工夫することでどの年齢でも楽しむことができる
> - 運動量の多い遊びであるが、自分のペースで動いたり止まったりするなどしながら行え、乳幼児期の身体的な発達、運動面の発達の特徴からもふさわしい遊びの一つである

追いかけ鬼型

逃げる－追う

場所とり鬼型

地面に線を描く

かけあい鬼型

はないちもんめ

隠れ鬼型
隠れる－探す

動き運動技能　鬼ごっこという要素が加わることで、「逃げたり」「追ったり」などの走る動きが自然に引き出される。同時に単調な「走る」動きだけではなく、「かわしたり」「止まったり」「方向を変えたり」、自分の動作を切り替える動きは全身の動きを促進し連続運動の習得につながる。また、相手や状況に合わせた動きをすることは、予測する能力や状況判断を促す。種類によっては強い力を発揮するもの（おしくらまんじゅうなど）、長く持続するもの（しっぽとりなど）などさまざまあり、持久力や瞬発力、敏捷性や協応性などが養われる。

社会性　きまりや役割を認識し、協力することや、チームワーク、また多くの友だちといっしょに遊ぶ楽しさなど社会性や協調性の育成に効果がある。子どもたちがルールを工夫していくことで友だち同士のコミュニケーションを図り、思考力や想像力を育む機会になる。スリル感やうまくいったときの達成感などを味わいながら情緒や欲求を満たしたり発散させることができ、情緒の安定を図ることができる。4歳頃にかけて仮定法（「捕まったら鬼になる」など）が理解されてくると多様な鬼遊びができるようになるとともに、予測ができるようになる3歳過ぎくらいからは先回りすることが可能になるなど、鬼とのやりとりの中で行われる巧みな駆け引きは、身体的な能力だけでなく知的な能力の発達にも大きく関連している。

鬼遊び

1歳児 先生といっしょに

おもな活動

保育者のところへ行く

保育者を探す

よ〜いドン
目標まで行く

応用（発展）

運動量を増やすには
・保育者を追いかける

多様な動きを経験するには
・音に合わせて

速く
ゆっくり
歩いたり
走ったり

集団で行うときには
・かくれんぼ

遊びのねらい

▲ **運動のねらい**
- 歩行の完成を目指し、いろいろな歩き方を楽しみながら行う。
- 歩行に続き走る動きもみられ始める。逃げたり追ったりしながら、スピードの調整や姿勢の変化などを養う。

▲ **情緒・社会・知的 ねらい**
- 保育者と1対1でかかわることにより安心感を得る。
- 全力で行ったり、友だちと楽しみながら行うことで情緒の安定を図る。

保育者の援助
- 保育者との鬼遊びは直接ふれあうことのできる機会なので、身体接触をしながら行う。
- 子どもの様子をみながらスピードを調整し、興味をもたせ思いきり動くように促す。

環境設定
- 動きが大雑把で不安定でもあるので広い場所で行う。
- 音や言葉かけで興味をもたせる。

安全への配慮
- 下肢が不安定で転びやすいため、周囲の環境に留意する。

鬼遊び

2歳児 お友だちといっしょに

おもな活動

追いかけっこ

円の外からタッチ

応用（発展）

運動量を増やすには
・フープで捕まえる

多様な動きを経験するには
・出会ってタッチしたら戻る

集団で行うときには
・保育者といっしょに2人で鬼
・いすとりゲーム

遊びのねらい

▲ 運動のねらい
- 「走る」動きができるようになり、より広い場所に移動し、スピードも出てくる。
- 合図に合わせて動くなどにより敏捷性が養われる。
- 多様な姿勢の変化を経験する。

▲ 情緒・社会・知的　ねらい
- 「追う」「逃げる」など単純なルールを理解し守ることができる。

保育者の援助

- 保育者が「捕まえた」ことを他児にもわかるように大きい声とジェスチャーで伝える。
- 保育者がリードしながら、子どもの全身運動を促す。
- きまりやルールの理解は個人差が大きい。何度もくり返す中で気長に伝えていく。

環境設定

- 移動範囲も広がってくるため、範囲をある程度制限して行う。
- 高さや距離など子どもの発達に応じたものにする。

安全への配慮

- 走る方向や範囲を決めて他児との接触を防ぐようにする。

鬼遊び

3歳児 捕まえよう！ 逃げよう！

遊びのねらい

▲ 運動のねらい
- 合図に反応して動いたり、素早く動いたり、いろいろな動きをくり返して行う中で、敏捷性を養う。
- 全力を出して走るなど、最大限の力を発揮する。

▲ 情緒・社会・知的 ねらい
- 簡単なルールがわかり始め、友だちとのふれあいを楽しむ。

保育者の援助
- 保育者が鬼になって遊びをリードし、ルールの理解を促す。
- 理解ができない子は、積極的に声かけや手をつないでいっしょに行動するようにする。
- 個人差が大きいため、逃げることや捕まったことなどに気づかない子には気づかせてあげるよう声かけをする。

環境設定
- 遊ぶ範囲や人数、遊具の位置などを考慮し制限する。
- 鬼がわかりやすいように目印になるものを着用して行う。
- 動く場所を平面だけでなく、変化をもたせることで、多様な動きを引き出す。

安全への配慮
- 捕まえる際など、乱暴な行為はしないように注意する。

鬼遊び

みんなで遊ぼう

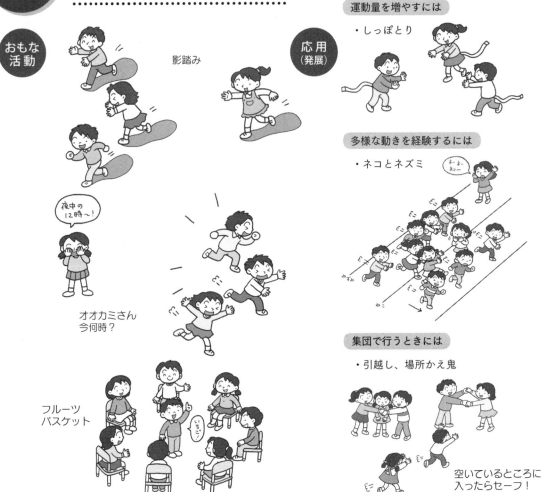

遊びのねらい

▲ 運動のねらい
- 「走る」「止まる」「方向を変える」など、瞬時に動きを切り替えることは、敏捷性や瞬発力、巧緻性を高める。
- 全身を使って最大の力を出すことにより、筋持久力が養われる。

▲ 情緒・社会・知的 ねらい
- 遊びの中で仲間意識や協力することを楽しむ。
- 挑戦したり、やり遂げるなどの意欲を養う。

保育者の援助

- 逃げる方向やタイミングを具体的に指示してあげるとよい。
- 鬼との駆け引きを楽しむ様子を実践してやってみることで、そのおもしろさに気づかせる。
- なかなか思い通りにいかない子に対しては、その子のがんばりや取り組みを認める声かけを積極的に行う。

環境設定

- 人数や発達に合った空間にする。
- 安全地帯などをつくり、動きのバリエーションを増やしてみるのもよい。
- 戸外遊びを進んで行う機会にもなるため、保育者も進んで参加していくとよい。

安全への配慮

- 他児を突きとばしたり、乱暴な行為はしないように注意する。
- 急な方向転換でぶつかったり、夢中になると周囲への配慮がなくなるので、周囲の状況にも目を向けるよう気づかせていく。

鬼遊び

5歳児 協力して遊ぼう

おもな活動
- 手つなぎ鬼
- パイナップルじゃんけん
- 図形鬼 いろいろな図形で
- ボール回し鬼 ボールをもっている人をタッチ

応用（発展）

運動量を増やすには
・子とろ鬼
・ネコとネズミ

多様な動きを経験するには
・氷鬼
・バナナ鬼

集団で行うときには
・ドロケイ　・はないちもんめ
・缶けり　・あぶくたった
・開戦ドン　・かごめかごめ

遊びのねらい

▲ 運動のねらい
・集団で行う鬼ごっこはスピードコントロールや敏捷性を養う。
・いろいろなルールの鬼遊びを楽しむ中で、多様な動きを洗練させていく。

▲ 情緒・社会・知的 ねらい
・ルールを理解することや、遊びの中で役割を認識したり協力したりする態度が養われる。
・作戦をたてるなど、自分たちで創意工夫をして遊びをつくる力がつく。

保育者の援助

・協力することや、動き方などを気づかせたり、考えさせるようにする。
・危険な場面では、子どもに考えさせるように促し、指導していく。
・夢中になるとルールを逸脱する子が出ることもあるので、そのつど確認しながら行う。

環境設定

・自分のチームがわかるように目印になるものを着用する。
・高さや空間など場に変化を加えることで、多様な動きや運動量に変化をもたせる。

安全への配慮

・遊びの内容によっては、遊びに参加していない子どもが動線に入ってこない場を選ぶ。
・人数や遊びの内容によって場の取り方に留意する。

Part 2　実技編

運動　表現
絵本を通して

特徴
- 自分がなりたいもの、やってみたいことを自分のからだを通して直接的に表現することができる
- 一人ひとりの動きや思いを自由に表現できる
- 集団でお互いの動きを意識しながら楽しむ
- 模倣の動きに自分のイメージが加わり表現となる
- 運動と音、言葉、造形の総合的な活動としやすい
- 音の使い方を工夫することにより、動きや表現したいことに変化をもたせやすい
- 小道具や衣装を工夫することにより、イメージが共有化され、また動きや表現したいことに変化をもたせやすい

絵本から動きをイメージする

ネズミ

ゾウ

ウサギ

ワニ

王さま

お姫さま

赤ちゃん

おじいさん

動き・運動技能　表現が多様になるに応じて、空間（大きい動きと小さい動き）、時間（速い動きとゆっくりな動き）、力（強い動きと弱い動き）、流れ（なめらかな動きとぎくしゃくした動き）の動きの要素が幅をもってみられるようになる。自分が表現したいものをどのように表現するかにより、獲得される運動技能は異なる。

社会性　保育者または友だちと、イメージやごっこ遊びを共有することにより、他者とコミュニケーションする経験ができる。
　自分が表現したいことを自分なりに表現できたときは、充足感を得やすく、安定感のある行動が生じやすい。表現する場をつくったり、ごっこ遊びの場を設定したりするときは、友だちと大型遊具などを配置したり協力する経験となる。小道具や衣装を使う場合は、友だちとゆずり合ったり貸し借りしたりなどの経験となる。保育者や友だちの表現をみる機会を得ることにより、表現を受け止め、理解することがその人に対する理解につながる。

表現

1歳児 絵本の世界を感じて

おもな活動

はらぺこあおむし

いろいろなあおむし

よつばい　　両手を合わせて前に進む

もこもこもこ　ふんわふんわ　パチン　ぎらぎら

座って読み聞かせ

応用（発展）

運動量を増やすには
・保育者はくり返して言葉を発する
・動きをくり返す

多様な動きを経験するには
・子どものストレートな表現を受け止めると、いろいろな動きが出てくる可能性がある

集団で行うときには
・音楽に合わせてみんなで楽しむ

・作絵：エリック・カール　訳：もりひさし　『はらぺこあおむし』偕成社、1976
・作：谷川俊太郎　絵：元永定正　『もこもこもこ』文研出版、1995

遊びのねらい

▲ 運動のねらい
・歌に合わせてからだを動かすことでリズム感を養う。表現により、全身の調整力を養う。

▲ 情緒・社会・知的　ねらい
・自分なりに感じ取った絵本の世界をからだを使って表す。絵と音（言葉または歌）からの刺激を、自分のからだを通して表現できたことが、快の感情を引き出す。

保育者の援助

・『はらぺこあおむし』は、子どもは「ぺこぺこ」のようなくり返しを好むので読むときに強調するとよい。
・『もこもこもこ』は、保育者自身が動いてみたくなるような読み方を試みると、子どもの動きを引き出しやすい。
・子どもの表現をストレートに受け止めたり、認める。

環境設定

・日常の絵本のスペースで、読み聞かせの雰囲気で進める。
・可能なら、1対1の場をつくったほうが安心してできる。
・複数の子どものときは、ぶつからないようスペースをとる。
・初回で動きが出てくるとは限らないので、別の日にも同じような環境でくり返しでやってみる。

安全への配慮

・複数の子どもが同時にやるときは、子ども同士動いてぶつかったりしないよう十分な空間をとり、トラブルが生じないようにする。
・立ち上がったり、ジャンプしたりする動きが出てくるときは、転倒しないよう注意する。

表現

2歳児 絵本の言葉をきっかけとして

おもな活動

Ⓐ おおきなかぶ

Ⓑ ぐりとぐら　音楽に合わせて

応用（発展）

運動量を増やすには
- Ⓐ 声のかけ方で引っぱる動きが大きくなるように
- Ⓑ "ぐりとぐら"のところで2人で走って回る

多様な動きを経験するには
- Ⓐ なかなか抜けない感じやスポーンと抜けた感じを出す
- Ⓑ 言葉の拍子をからだの部位でとってみる

集団で行うときには
- 4、5人の子どもでお互いを感じながらする

・作：A・トルストイ　絵：佐藤忠良　訳：内田莉莎子　『おおきなかぶ』福音館書店、1966
・作：中川李枝子　絵：山脇百合子　『ぐりとぐら』福音館書店、1967

遊びのねらい

▲ 運動のねらい
- 引っぱるなどダイナミックな動きの経験になる。
- 『ぐりとぐら』の追いかけっこは全身運動となる。

▲ 情緒・社会・知的　ねらい
- くり返し出てくる言葉の響きを味わいながら、動きを友だちと楽しむ。
- イメージから、走る、引っぱる等の全身運動を引き出す。

保育者の援助
- くり返して読み、子どもが内容を理解した頃に行う。
- 「うんとこしょ　どっこいしょ」や「〜おりょうりすること　たべること」など、子どもの好きなフレーズを強調して声に変化をつけ、いっしょに動く。
- 追いかけて走ったり引っぱったり、ふれあいを楽しむ。

環境設定
- 引っぱる動きや追いかける動きを自由にできるスペースを確保する。
- 「うんとこしょ　どっこいしょ」は、保育者や友だちを子ども同士、力を合わせて引いたり、遊具等を引いて遊ぶことができるように設定する。

安全への配慮
- 子どもの足元や周囲に危険なものがないかチェックする。
- 集団で行うときは、月齢や発達段階に応じて2〜5人で遊ぶのが望ましい。

表 現

力いっぱい動いてみる

 おもな活動

3匹のこぶたごっこ

いっしょにお家をつくる

応用（発展）

運動量を増やすには
- 壊されたら、もっと頑丈な家にするにはどうしたらよいか、みんなで話し合う。再びつくるともっとねばれる

多様な動きを経験するには
- 戸外など環境に変化をつける

レンガの家

木の家

集団で行うときには
- 小道具や衣装をつけるとなりきりやすい

遊びのねらい

▲ **運動のねらい**
- 家が壊れないようにからだを小さく保持したりする。
- こぶたの家を壊すダイナミックな動きは、空間や力を調整する力を養う。
- オオカミや怪獣になり、身体を大きく張り保持する動きを経験する。

▲ **情緒・社会・知的 ねらい**
- 話の内容を理解して、友だちとなりきって楽しむ。
- 家を壊す動き、守る動きをする場合は、お互いに危険がないか、保育者が間に入りながら、考えながら動く経験となる。

保育者の援助
- 話の内容を十分理解できるよう、読み聞かせを行う。
- こぶたやオオカミ、怪獣になりきれるよう、お面や簡単な衣装などをつくる。
- こぶたの家を子どもたちとつくりながら、役になりきれるよう雰囲気づくりをする。

環境設定
- こぶたの家は段ボールや大型積み木（木・ウレタン）など、子どもが自分の力で扱いやすいものにする。
- イメージに沿って小道具をつくりながら行えるようにする。
- 保育者は子どものやりたい役を聞きながら進める。

安全への配慮
- 周囲に危険なものがないかチェックする。
- 夢中になるので、子どもの動きに危険がないか注意深くみる。

表現

三匹のやぎのがらがらどん

おもな活動

応用（発展）

運動量を増やすには
- 慣れてきたら大型遊具の高さ、広がりに変化をつける

多様な動きを経験するには
- トロルのお葬式、がらがらどんの果敢さについてみんなで話し、イメージを出し合う

集団で行うときには
- 役割を決め、衣装をつけてなりきって表現し、トロルとがらがらどんのかけ合いを楽しむ

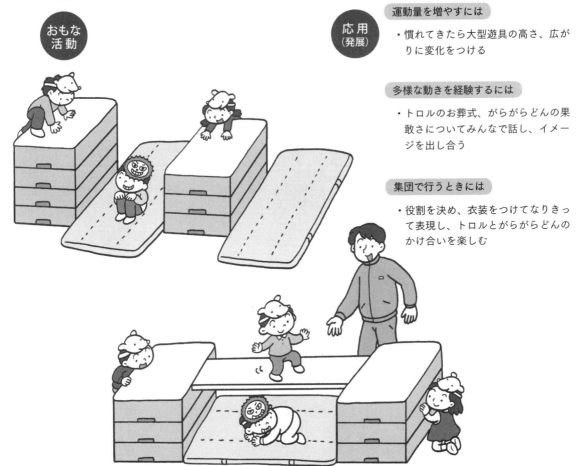

遊びのねらい

▲ 運動のねらい
- 巧技台や大型遊具を使うので、よじのぼったり、高いところを移動したり操作性、平衡性が養われる。
- 3匹のそれぞれのがらがらどんの特徴をとらえ、トロルの恐ろしさをダイナミックにからだの動きで表現し、いろいろな動きを経験する。

▲ 情緒・社会・知的　ねらい
- みんなで物語の内容をからだで表現するので一体感が生まれ、充実感が味わえる。

保育者の援助
- 読み聞かせを十分に行う。
- がらがらどんやトロルの特徴についてみんなで話す。
- 物語をみんなで動いてみるにはどのような場をつくったらよいかを話し合う。
- 巧技台や大型遊具の配置を子どもといっしょに行う。

環境設定
- 子どもたちのイメージに沿って、巧技台や大型遊具を保育者と子どもでいっしょに配置する。設置に関しては必ず保育者がいっしょに行う。
- お面や衣装をつくる。
- どのような音楽がよいかを子どもたちと考える。
- お互いに演じたり観たりできるようにする。

安全への配慮
- 巧技台や大型遊具の運搬や設置の際には、落下させたり、手を挟んだりしないよう、十分注意する。
- 配置した遊具の高さのある場所には、下にマットを敷く。
- 子どもにも配置の際に安全への気づきを促す。

表 現

5歳児 スイミー

おもな活動

① みんなで魚になることが理解しやすいように、魚の形をラインテープなどで示す。
② 移動する先にも魚の形を示す。

・群れになる
・群れで動く
・群れのまま大きい魚をやっつける

応用（発展）

運動量を増やすには
・人数が少ないほうが、大きく動きやすい

多様な動きを経験するには
・場面展開を自分たちで考えて動いてみる

集団で行うときには
・群れがくずれないように動いてみる

・作：レオ・レオニ

遊びのねらい

▲ 運動のねらい
・一人ひとりが動きを調整しながら、集団でかたまりになって動きをコントロールする。

▲ 情緒・社会・知的　ねらい
・みんなで1つの動きをつくるので、一体感が生まれる。
・小さい魚がみんなで協力して、大きい魚を追い出す様子から、小さい自分たちもみんなで力を合わせて何かができるという期待を大きくもてる。

保育者の援助

・絵本の読み聞かせをする。
・小さい魚が群れになって動く様子をいろいろ工夫しながら、保育者もいっしょになって動いてみる。
・子どもが共通のイメージをもちやすいよう、魚の動きを擬態語を用いて表現したり、音楽を用いる。

環境設定

・赤い魚と黒い魚（スイミー）がわかるよう、ビニパックで衣装をつくると雰囲気づくりがしやすい。
・みんなで大きい魚の絵を描いたり、衣装をつくったりする場をつくりながら進めると、イメージを共有しやすい。
・音楽も何曲か候補をあげて、子どもといっしょに選んでみる。

安全への配慮

・集団でかたまりとなって動くので、足元や周囲に危険なものがないか、動いている途中も危険な動きになっていないかを注意する。

Part 2 実技編

運動　模倣

- 基本の動きの獲得につながるので、動きに多様性をもたせることを意識して行う
- 全身またはからだの部分を使って模倣することにより、他の人と同じ動きをすることを楽しんだり、反対に異なる動きを楽しむことができる
- 1対1のかかわりを深めやすい
- 1対多数での遊びに発展させることができる
- コミュニケーションづくりをしやすい
- 動物や乗り物など子どもの興味のあるものを再現することができる
- 模倣をくり返したり、深めたりすることで表現につながっていく

歩く　走る　歩く　走る

リズムに合わせて動きを模倣する

歩く　転がる　歩く　転がる

動きのリーダー

向かい合って模倣する

模倣する人

3　2　1　ジャンプ　3　2　1

① 手拍子、足拍子、大きくなったり、小さくなったりして流れをつくる

② 模倣する人は①を再現する

③ リーダーと模倣する人を交代してくり返す

④ リーダーが大きくなったら小さくなり、手拍子をしたら足拍子と、反対の動きもやってみる

子ども同士で

 動き 運動技能　保育者や友だちの動きの模倣では即時反応ができるようになる。動物や乗り物を模倣することでは、目的にかなうよう全身またはからだの部分をコントロールする運動技能が獲得される。ポーズを模倣する動きはからだの安定性にかかわる技能が身につく。歩く、走る、とぶなどの動きをともなう模倣では、移動動作にかかわる技能が身につく。

 社会性　保育者または友だちの動きを模倣することは、他者と同じ動きをすることであり、他者との一体感をもちやすい。そのため、年齢が低い段階では保育者と自分とのつながりを確認することができるし、年齢が上がってくると、友だち同士で同じ動きをする経験で、友だちとつながりを確認するようになる。また、同じ動きができたと思える場合でも、違う動きになったと思う場合でも、子どもにとってそれだけでおもしろみが生まれることがあり、共に笑い合ったり、どのようにおもしろいかといった会話が出てくる様子がみられ、親密感が生じやすい。

模倣

1歳児 まねっこしてみよう

おもな活動

音楽に合わせてなりきって動く

ぴょんぴょんカエル

のしのしクマ

応用（発展）

運動量を増やすには
・戸外で速いもの、大きいものになる

多様な動きを経験するには
・影をみて動きを模倣

集団で行うときには
・本物をみて

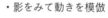

遊びのねらい

▲ 運動のねらい
・視覚でとらえた多様な動きを自分のからだで実現してみる。
・全身を使って多様にコントロールする力をつける。

▲ 情緒・社会・知的 ねらい
・保育者のまねをしたり、身近にあるもの、親しみのある生き物をまねすることで、気持ちを開放させられる。
・まねをするためによくみて、対象を観察する力をつける。

保育者の援助
・子どもの気づきに共感する。子どもから出てくる動きを受け止めたり、保育者が「まねっこしてみようか」と声をかけて、動き出しやすい雰囲気をつくる。

環境設定
・室内の遊びでもよいが、散歩に出たときなど広い公園では、そこで出会った動植物や、雲の動き、飛行機の動き、車の動きなどのまねっこができる。

安全への配慮
・足元や周囲に危ないものがないかをみる。
・子ども同士ぶつからないように注意する。

模倣

2歳児 曲に合わせて

おもな活動

ぴょんぴょんウサギ

にょろにょろヘビ

応用（発展）

運動量を増やすには
- 大きく動く
- 左右を変えて動く

多様な動きを経験するには
- 定型的な動きにとらわれない

のっしのっしゾウさん

集団で行うときには
- みんなで楽しく
- 歌いながら動いてみる

遊びのねらい

▲ 運動のねらい
- 曲に合わせてリズミカルに自分の動かしたいようにからだを動かすことを経験する。
- 登場する動物になりきって動いてみる。

▲ 情緒・社会・知的　ねらい
- 小さいグループまたはクラス集団で、友だちを意識する。
- 曲にのせてからだを動かし、快の感情を引き出す。
- 写真や絵本、実際の動物の様子を観察する。

保育者の援助
- 曲に合わせて保育者自身が楽しんで自分なりの表現をしてみる。
- 定型的な動きにこだわらないで、子ども一人ひとりの動物の表現を認める。
- 曲の流れで次に登場する動物を早めに知らせる。

環境設定
- 保育者の動きをみたり、自分の思いで動いたり、どちらでもよいので子どものなりたい動物の動きが自由にできるように空間を確保する。
- 実際に動物が動く姿を観察する機会をもてるとよい。

安全への配慮
- 保育者のほうをみながら動いていると、保育者の周囲に子どもが集まってきやすいので、動きの中で、拡散するような工夫をする。

模 倣

いろいろなリズムに合わせて

おもな活動

たたいてみよう

応用（発展）

運動量を増やすには
- 太鼓のリズムに合わせて、手拍子、足拍子、全身でリズム
- 自分で回る、とぶ、走るなどを入れて太鼓のまわりを回る

多様な動きを経験するには
- いろいろなところ（床、壁、自分のからだ）をたたいてみる
- いろいろなたたき方（強くたたく、そっとたたく）をしてみる

集団で行うときには
- かけ声をかけたり、友だちの動きに合わせてみる

遊びのねらい

▲ 運動のねらい
- 聴覚をフルに生かして、和太鼓をたたくダイナミックな動きに触発され、リズムに同調してダイナミックな全身運動を経験する。
- 手をたたくという単純な動作で、リズムと同調する。

▲ 情緒・社会・知的 ねらい
- 単純なリズムの遊びは一体感をつくりやすく、楽しさが増す。

保育者の援助
- 最初は単純なリズムから、思い思いの動きを試したり、楽しめるようにする。
- 自分のからだから発するリズムの心地よさを経験できるようにする。
- 走る、とぶを入れたり、動と静をはっきり区別して動いてみる。

環境設定
- 子どもが思い思いに動けるように、十分な空間を確保する。
- 和太鼓はたたきたい子が順番にたたけるようにする。
- ダイナミックな動きが続いてきたら、友だちの動きをみたり休息しながら活動に参加できるようにする。

安全への配慮
- 和太鼓のばちは、危険な使い方をしないように注意する。
- 子ども同士がぶつからないように、広がるよう配慮する。
- 楽しい活動なので長い時間楽しめるが、動きがハードなので、休息をとりながら進めるよう配慮する。

模倣

4歳児 身近なものを生かして

おもな活動

なわでつくった形を自分のからだでつくってみる

応用（発展）

運動量を増やすには
- 広いスペースで転がしたり、バウンドさせる

ちぎった新聞紙から似ているものを探してなってみる

トリ

バナナ

多様な動きを経験するには
- 2人でいっしょに

ボールになる

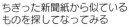

はねる　落ちる

布になる

集団で行うときには
- 布の動きを模倣したり、風になってくぐったり

遊びのねらい

▲ **運動のねらい**
- 遊具の特性を生かし、偶然できた形を模倣することにより、視覚から入った情報を自分のからだを操作して形づくることを経験する。
- 動作を模倣することで、スピードコントロールが身につく。

▲ **情緒・社会・知的　ねらい**
- 友だちの動きなどもみる機会となる。

保育者の援助
- 保育者もいっしょに動いて楽しみ、「どんなふうになったかな？」など動き出しやすい雰囲気をつくる。
- 日常的に使用している遊具や素材を用いて、普段の使い方にとらわれずに、動きを引き出す提示の仕方を工夫する。
- 子どものイメージを尊重し、子どもの動きに共感する。

環境設定
- 多様な種類のボール、なわ、新聞紙、タオル、大きい布など、それ自体で動きがあるもの、形を変えやすいものを準備する。
- ボールが転がったり、新聞紙を追いかけたりするので、広い空間を確保する。

安全への配慮
- ボールを扱うときは、周囲に配慮する。

模倣

5歳児 洗濯遊び

おもな活動

保育者の発声を聞いて、渦巻いたり、お互いにからまりあったり、洗濯物になる

友だちといっしょに

洗濯物を運ぶ

洗濯物を干す

洗濯物をたたむ

応用（発展）

運動量を増やすには
- 擬音語をテンポよく発し、走る動きを増やす

多様な動きを経験するには
- 途中で止まったり、入れ忘れの洗濯物が入ってきたり、ハプニングをつくる

集団で行うときには
- からまり合ったり、ほどけたりを楽しむ

遊びのねらい

▲ 運動のねらい
- 自分の動きたい感じを速さ、大きさ、エネルギーを調整してコントロールする力が期待される。

▲ 情緒・社会・知的 ねらい
- 生活に身近にあるものや事象を模倣して動きにすることで、身近なものや事象に対する気づきを深める。
- 友だちとからまりあって、親密感が増す。

保育者の援助

- 導入のときは、「みんなのお家の洗濯機はどんな音がするの？」など、イメージの幅を広げる。
- 洗濯物が回る感じを「がたんごとん、がたんごとん」「ブーン、ブーン、ブン……」など擬音語を取り入れ、動きの速さ、大きさ、強さなどが変化するように工夫する。

環境設定

- 大きな円を描いてみんなで動いたり、転がったりすることができる広い空間を確保する。
- 洗濯機に電気が通っている感じ、洗濯物が回る感じ、水が流れる感じなどを自由に話しながらイメージをふくらませられる雰囲気をつくる。

安全への配慮

- 自由に動き回れる空間を確保し、ぐるぐる回ったりして転倒の危険がないか、足元や周囲に危険なものがないかを確認する。
- スピードが増してくると、友だちと衝突する危険があるので、様子をみて動きの中で調整できるようにする。

Part 2 実技編

運動 水遊び

特徴
- いろいろな遊びを通して水に慣れる
- 水にふれて、水の感触や性質を知ることができる
- 暑い季節の気分転換になる
- 水の性質を理解し、水とのかかわりでの安全な行動を身につける
- 水を怖がる子どもへの配慮が必要となる
- 体調のすぐれない子どもへの配慮が必要となる
- 水遊びの前後の着替えや準備を通して生活習慣の形成に結びつける
- いろいろな水遊びの経験は泳ぐことにつながる

水かけっこ

輪くぐり

ボディーペインティング

宝集め

動き・運動技能　水の中で立ったり、しゃがんだりの上下運動に始まり、水中での移動、水中でからだを水平にしたり、立ったりをくり返し、からだを水平にした状態での移動運動が身につく。水の性質を感じて、水の抵抗や浮力を意識しながら、物を利用した活動での物を操作する動き、移動動作などからだをコントロールし安定性の動きを獲得する。

社会性　水は暑い季節にはとても感触のよいものなので、満足感や充足感、開放感を得やすく、安定的な生活につながる可能性がある。年齢が低い段階では、水遊びでの活動の充足が保育者や友だちとのつながりに安定感を生じさせるものとなりうる。年齢が高くなると、からだのさまざまな機能が発達してくるので、友だち同士、他の遊びでは経験できない遊びをできたという満足感や自信、楽しかったという思いを共有することから仲間意識をもつことが期待される。水遊びは安全確保のための約束事も多くあるので、なぜそれが必要なのかを考える機会になる。

水遊び

1歳児 水の感触を楽しむ

おもな活動

 カップ：水をすくう

 アヒル：浮かべる

ペットボトル：沈めて泡をポコポコ出す

タライに泥を入れ、いろいろなもの沈めて遊ぶ
泥をすくって遊ぶ

 車

 ブロック

 石

 砂場道具

応用（発展）

運動量を増やすには
・1人でやってみる

多様な動きを経験するには
・高いところから「お水ジャー」をすると立ち上がったり、しゃがんだりの動きがでてくる

集団で行うときには
・大きいプールにみんなで入る

だれがジャーいっぱいできるかな？

遊びのねらい

▲ 運動のねらい
- 水をすくう、たたく、流すなど、水の性質を感じながら操作する運動を経験する。
- 全身でバランスをとる。

▲ 情緒・社会・知的 ねらい
- 暑い季節の水遊びはよい気分転換となり、園での生活が安定的になることが期待できる。

保育者の援助
- 水の感触の気持ちよさを伝える。
- 子どもが水とのかかわりにおもしろさを感じているときは、共感して子どもの思いを受け止める。
- 水を怖がる子には、無理をさせずに、水遊びを楽しんでいる子どもの様子をみせることなどから始めてみる。

環境設定
- 外気温で水がぬるめになるように早めに水を張っておく。
- 強い日差しや高温に気をつける。
- 子どものからだの大きさや動きに合わせた水深にする。
- 保育者と直接的にふれあいながら遊べるようにする。
- カップや容器などを準備したり、スーパーボールを浮かべて水の性質を生かして遊べるようにする。

安全への配慮
- 家庭での過ごし方、体調などを考慮して、一人ひとりの様子をみながら水遊びを始める。
- 子ども同士の接触からの転倒には十分注意する。
- 水遊びの途中でも子どもの体調が変わることがあるので、様子をよくみる。終了後も注意深くみる。

2歳児 水遊びを楽しむ

おもな活動

洗面器に水をくんで水の感触を楽しむ

小さいプールで牛乳パックのシャワー

大きいプールで水を浅くして　カバさん乗り

カメさん乗り　　ラッコさん乗り

応用（発展）

運動量を増やすには
- これまでの経験よりも少し水を深くして保育者と手をつなぐ。もち上げながら引っぱる

多様な動きを経験するには
- 拾ったものをバケツに入れる

集団で行うときには
- ジュース屋さん

遊びのねらい

▲ 運動のねらい
- 立ったりしゃがんだりをさかんにくり返し、水の中でバランスをとりながらの全身運動を多く経験する。
- 水を高いところから落としたり操作する動きを経験する。
- 水にからだが浮く感じを経験する。

▲ 情緒・社会・知的　ねらい
- 水遊びの充足感により安定的な気持ちで過ごす。

保育者の援助

- 子どもが今楽しみたいことをとらえて、援助する。立ったりしゃがんだり、からだを浮かべたりしたいのか、容器などを使って、水の性質をいろいろ試したいのかによって、手を貸したり物を準備したりする。

環境設定

- まだ水遊びに慣れないと不安を抱く子どもがいる年齢なので、保育者と直接的にふれあいながら進める。
- 子どものからだの大きさや動きに合った水深にする。
- 外気温で水がぬるめになるように早めに水を張っておく。
- 水を怖がる子には、多様な水とのかかわりの場をつくる。

安全への配慮

- 一人ひとりの体調を把握し無理のないように進める。
- 子ども同士の接触、すべっての転倒には十分注意する。
- 活発に遊べるようになるが、暑すぎる季節は長時間にならないようにする。
- 水遊びが終わった後の生活にも余裕をもつよう配慮する。

水遊び

3歳児 プールの中でいろいろなことを試してみよう

おもな活動

ホースのシャワー

いろいろなものを浮かべてみる

応用（発展）

運動量を増やすには
- 水を運ぶ
- ペットボトルで水まき

多様な動きを経験するには
- からだを水平に伸ばしてみる

ワニ歩き

集団で行うときには
- 水入れ競争

遊びのねらい

▲ 運動のねらい
- 水を自由に扱えるようになるので、水を操作する動きになめらかさが出てくる。
- 水の抵抗を利用しての全身運動が可能になる。

▲ 情緒・社会・知的 ねらい
- 水遊びに積極的に取り組めるようになるので、遊びの充足感が得られやすい。

保育者の援助

- 比較的水を自由に扱えるようになることから、水遊びに対しては積極的な態度がみられるので、子どもの興味・関心を高めるようなかかわりをする。
- これまでの水遊びの経験の多少により、積極性に違いがあるので、子どもに応じたかかわりを心がける。

環境設定

- 水にからだを浮かべて移動できるよう、大きなプールで十分に動けるようにする。
- 年齢や経験に合わせてバケツやビニール袋、フープやボールなど多様な遊具を取り入れる。
- 自分の好きな水遊びに取り組めるようにする。

安全への配慮

- 立ったりしゃがんだりの動作も頻繁にみられるようになるので、水深が浅すぎると転倒の危険がある。ひざ上まで水があったほうがよい。
- 周辺で走って転倒することもあるので、まわりで走らないなど保育者との約束ごととして子どもに理解させる。

水遊び

プールの中で変身してみよう

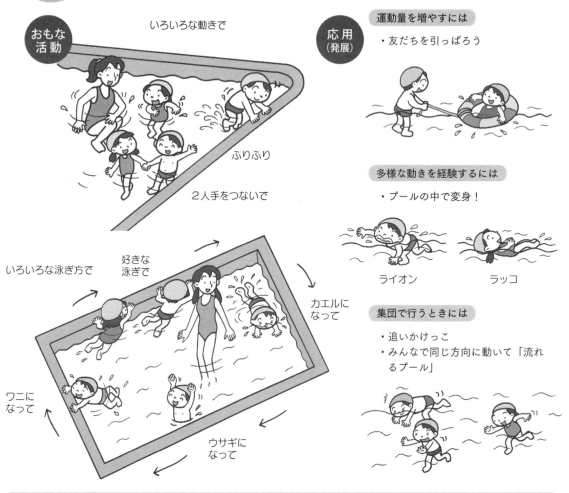

遊びのねらい

▲ 運動のねらい
- 室内でやっていた遊びを水の抵抗の中で行うことにより、全身的な運動の負荷が増す。
- 何かにつかまりながら水にからだを浮かべる感覚を得る。

▲ 情緒・社会・知的　ねらい
- 友だちといっしょに変身ごっこをしたり、引っぱったり、追いかけたりする中で気持ちが満たされ、開放感がある。

保育者の援助
- 保育者もいっしょになって変身ごっこを楽しんだり、子どもの手を引いたり、子どもを浮輪にのせて引っぱったりする。
- ゲームなどをいっしょに楽しむ。
- 水遊びに対する個人差が出てくるので、消極的な子どもには、個別に不安を減らすようなかかわりを工夫する。

環境設定
- 友だち同士の水遊びが楽しくなる年齢なので、楽しい雰囲気を大切にする。
- 個人差に対応できるよう、バランスよく全体での遊びと自分がやりたい遊びを取り入れる。

安全への配慮
- プールの周辺での転倒には十分注意する。
- 体調がよくない場合でも遊びたい気持ちが先行することがあるので、途中の体調の変化には十分注意する。
- 水遊び後の着替えも自分でする年齢であるが、ぬれたままだとからだを冷やすので十分注意する。
- 保育者は必ずそばにいる。

水遊び

5歳児 こんなこともできるかな？

おもな活動

水中ジャンケン

負けたら低くなる

応用（発展）

運動量を増やすには
・友だち運び

多様な動きを経験するには

おみこし

宝探し

集団で行うときには
・水中綱引き
・いろいろな相手と水中ジャンケンをしてみよう

だるま

お魚

遊びのねらい

▲ 運動のねらい
・身体の諸機能が発達するので、水中での動きも多様で高度なものが養われる。

▲ 情緒・社会・知的 ねらい
・水遊びを通してのこんなことができた、あんなことができたという経験は自信につながる。一人ひとりの遊びや動きを認められることで充足感が得られる。

保育者の援助

・一人ひとりのできることは違っているが、泳ぎにつながった、もぐれたということだけを評価するのではなく、一人ひとりの取り組みを認めてあげるようにする。
・個人差を考慮して、泳げるようになりたいという願いのある子どもに対しては、具体的に適切に援助することも必要である。

環境設定

・クラス全体でのゲームなどを取り入れ、室内や戸外での遊びとは異なる環境での遊び方を楽しめるようにする。
・からだを低くすることに抵抗がないような遊具を準備する。

安全への配慮

・子ども同士の動きも活発になることが予想されるので、危険な動きになっていないか注意深く見守る。
・プール周辺で転倒したりしないよう、安全な行動を子ども自身が理解して活動できるようにする。
・水遊びの途中、終了後の体調の変化に気を配る。

Part 2 実技編

その他

散　歩

特徴
- 園外に出るのでさまざまな環境を体験できる
- 外気に触れて気分転換をしやすい
- 歩くことを基本とするので、年齢や体力に応じて距離を考えることにより、運動量を調節しやすい
- 経路や公園の環境を生かすことにより、坂道、階段など園内では経験できない動きが経験できる
- 途中出会う人や動物、植物とのかかわりをもてる
- 園内とは違って、安全な行動が要求されることから、保育者との約束を守る機会をもちやすい
- 危険に対処する安全な行動を身につける

住宅地を散歩

斜面をダイナミックにすべり降りる

階段でパイナップルジャンケン

動き運動技能　道での移動では「歩く」を中心に、公園などでは「歩く・走る」を中心とした移動運動を主として獲得する。多様な環境の中での散歩を経験することにより、環境に適応した移動運動のバリエーションの獲得が期待される。階段や坂道を経験することにより運動量を多く確保できる。幅のあるところを移動すると安定性にかかわる動きが身につく。またいだりとび越したり、くぐったりなどができる場所では全身をコントロールしてまとめる動きが身につく。交通安全や前後の友だちの動きに合わせて、適切に止まったり、動き始めたりする動きの経験ができる。

社会性　外気にふれる心地よさから開放感が得られ、友だち同士のおしゃべりが弾んだり、保育者の言葉かけに対しても明るいやりとりが予想される。園外の環境で出会う人々とあいさつをしたり、園外の人たちの様子をみたり、知ったりすることができる。また、園内ではみられない生き物と出会うこともあり、感じたことをお互いに話したりすることを通して、同じ経験をしているという意識をもちやすい。移動の際は、手をつないで並んで歩くので、友だち同士、安全に移動できるよう思いやりの心をもつことが期待できる。また、交通には十分注意する必要が出てくるので、保育者との間で約束をしながら活動を行うことは、交通規範を守る行動を身につけるよい機会となる。散歩の途中に公園で遊ぶ際にも、危険な場所や危険な遊び方に気づいて行動できるようになることが期待される。

散 歩

 歩くことを楽しむ

おもな活動　道のりを楽しむ　応用(発展)

運動量を増やすには
・階段や斜面のあるところを歩く

多様な動きを経験するには
・いろいろなところを歩く

溝の中　草の上

公園で

集団で行うときには
・野原で遊ぶ

遊びのねらい

▲ 運動のねらい
・安定的な歩行を獲得する。
・歩きながら、しゃがんだり、立ったりなどの姿勢変化が加わり、組み合わせ動作がみられるようになる。

▲ 情緒・社会・知的　ねらい
・多様な外の環境とかかわりながら探索活動を十分にすることにより、多くの情報をたくわえる。

保育者の援助
・子どもの歩くペースに合わせ、ゆったりと過ごす。
・子どもが発見して楽しんでいることに共感する。
・保育者がすれ違う人とあいさつをして、人とのかかわりの場を子どもが経験できるようにする。

環境設定
・歩くコースはあらかじめ下見をして、環境や交通安全を把握する。衛生面(ペットの排泄物など)にも気をつける。
・天候を把握する。
・子どもの歩く力に合わせて、距離をのばしたり、変化のあるところを歩いたりする。
・なるべく保育者の人数を多くする。

安全への配慮
・子どもが歩きやすい服装やクツかどうかを確認する。
・まだ歩行が安定しない時期は転倒の危険があるので、子どもの様子には十分注意する。
・頭部の保護のためと人数把握がしやすいよう帽子をかぶるようにする。

散　歩

いろいろな歩きを試す

おもな活動

路地にある坂道やでこぼこ道を1人ずつ歩く

横断歩道や歩道橋をみんなでわたる

公園で

応用（発展）

運動量を増やすには
・ボールやフープを追いかける

多様な動きを経験するには
・よーいドン！ ストップ！

集団で行うときには
・追いかけっこ

遊びのねらい

▲ 運動のねらい
・変化のあるところを移動することにより、安定した移動動作、平衡性を身につける。
・歩くことから未熟な走りが出てくる。

▲ 情緒・社会・知的　ねらい
・友だちや保育者と園外の環境を経験するので親密感が生じ、生活に安定感がみられるようになる。

保育者の援助

・階段や坂道などでは慎重になるので、励ましたり、ほめたりして子どもの気持ちに添った言葉をかける。
・公園などでは、広い場所を生かして追いかけっこや保育者のまねっこ歩きなど、動くことの楽しさを子どもに伝える。

環境設定

・子どもの歩く力に合わせて、階段や坂道など変化のある環境を取り入れる。
・季節の草花や虫とのかかわりを楽しめるようにする。
・ドングリや石拾いができるようにビニール袋を用意する。

安全への配慮

・興味のある方向へ急に走り出す時期なので、子どもの行動には十分注意し、子どもにわかりやすい表現で危険を伝える。
・子どもの体調を把握し、距離を考える。
・交通安全や天候を把握する。

散　歩

5歳児 自然のものを集めよう

おもな活動

春 お花集め

夏 虫捕り

秋 落ち葉・ドングリ拾い

冬 雪遊び

応用（発展）

運動量を増やすには
・ウォークラリー

多様な動きを経験するには
・集めたドングリを園庭で転がす

集団で行うときには
・散歩の計画を自分たちで立てる
（ルート、行った先での遊び方など）

遊びのねらい

▲ **運動のねらい**
・高いところのもの、低いところのもの、多様な環境から自然のものを集めるので、操作、安定、移動の動きを連続的、複合的にスムーズに行えるようになる。

▲ **情緒・社会・知的　ねらい**
・季節のものに気づいたり、友だちが集めたものに関心をもつ。

保育者の援助

・園の外に出る前に、季節のものは何があるかを子どもに問いかけて、子ども自身が予測をしながら、季節のものに気づき、集められるようにする。
・散歩から戻ってきたら、集めてきたものを活用して遊びを発展させる。

環境設定

・季節のものを集めるのに適した行き先を検討する。
・物だけでなく気候から季節を感じられるようにする。
・集めたものを入れるビニール袋を用意する。
・もって帰れないものは、園に戻ってから絵にしたり、つくったりして、自分で形を再現してみる。

安全への配慮

・公園などで夢中で何かを探し始めると集団から離れることがあるので、活動の範囲を子どもにわかりやすく示す。
・自然環境の中で、危険な行動とそうでない行動に子ども自身が気づけるよう、見守ったり、注意を促す。

Part 2 実技編

その他
砂　場

特徴
- 砂は水や葉などと同様に素朴な素材遊具の一つである
- シャベルやバケツ、型抜きなどの砂遊び道具を使い、立体的に場を構成したり、素手や裸足で砂の感触にふれ、確かめ、味わいながら、操作運動から全身を使っての多様な動きを経験できる
- 水といっしょに使うことで、砂の特性を十分に発揮することができる。また、砂や水の特性を知る原体験ができる
- 一度形づくっても何度もやり直して行えるので、くり返し根気よくかかわったり、行う中で子どものイメージをつくり上げ、工夫したり実現させたりすることができる
- 道具を使った砂遊びのほか、他の遊具を組み合せても楽しめる

動き運動技能
手で砂を「掘ったり」「集めたり」「丸めたり」、水を「注いだり」、「道具を使う」などの操作運動は目と手の協応が要求される。これらは日常生活でのさまざまな動きに共通しているものが多く、日常場面での動きを確立する上でも十分に経験させたい。また、水をバケツで「運んだり」、大きなスコップで穴を「掘ったり」する全身を使っての動きでは、全身のバランスや筋力、協応性が養われる。室内や整った床面で行う遊びを砂場で行うことで、普段とは違った感覚やからだの使い方を経験することもできる。

社会性
砂にふれ、自分の思いを満たすことで情緒が安定する。裸足や素手で味わう砂の固さやくずれやすさ、温かさや冷たさなどさまざまな感覚を十分に味わわせ、諸機能を刺激する。限られた場の中で、周囲の友だちと場を分けたり、協力したり、道具を貸し借りしたりする経験がしやすい。ときにはグループでイメージを共有し、役割を分担しながら1つのものをつくり上げるなど、集団での活動も経験できる。

砂　場

砂に慣れよう、感触を楽しもう

おもな活動

はだしでバランスをとって歩く

ぴょんぴょんとぶ

山づくり　　砂の上に座って素手で砂いじり

バケツとスコップで砂の出し入れ

応用（発展）

運動量を増やすには
- 砂を運ぶ
- 保育者がつくった山をくずす

多様な動きを経験するには
- 縁をバランスをとって歩く
- 引っぱる

集団で行うときには
- みんなでいっしょにつくる

遊びのねらい

▲ 運動のねらい
- クッション性のある砂場で思いきり動いたり、動きにくさを感じたりしながら、バランスをとって姿勢を保持しようとする。
- 手や指先、腕を使っての操作運動が経験できる。

▲ 情緒・社会・知的　ねらい
- 友だちといることを好み、興味をもつ。
- 子どものやり方で十分満足感を味わう。
- 砂の冷たさ温かさ、感触を味わう。

保育者の援助

- 子どもは十分に自分のからだをコントロールできないため、子どもの行為を見守りながら補助する。
- 砂を口に入れたりすることのないように注意する。

環境設定

- 保育者といっしょに行う。
- 大きな穴など極端な砂場は子どもが予測できないばかりか、からだを反応させることが難しいため、比較的平坦にならしておく。

安全への配慮

- 砂の中にガラスの破片など、危険なものがないか点検しておく。
- 降園後はシートをかけておく。

砂場

3歳児 いろいろな道具を使ってみよう

おもな活動

手やシャベル、スコップで山をつくる、くずす

手やシャベル、スコップで穴を掘る

カップで型抜き

縁からとび降り

応用（発展）

運動量を増やすには
・掘った砂を別の場所に運ぶ

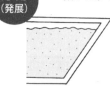

多様な動きを経験するには
・子どもが考えて使えるように道具を設置する

集団で行うときには
・個々の作業をつなげていく

遊びのねらい

▲ 運動のねらい
・イメージをもとに形づくることを通して手や腕の巧緻性が高まる。
・水や砂を運ぶ活動を通して全身の平衡性や筋力が高まる。

▲ 情緒・社会・知的　ねらい
・いっしょに行うことで仲間意識が生まれ、他の子どもに関心を示す。
・他の子どもに興味を示す時期でもあり、道具を共有したりまねたりしていっしょに遊ぶ。
・きまりや約束事の大切さに気づく。

保育者の援助
・保育者がモデルとなり道具の使い方を示すことで使い方を知る。
・無理なスピードや力を加えることのないように注意して行う。
・砂をまき散らすなどを機に、きまりを守ることの意味と大切さを知らせる。

環境設定
・砂の固さによっては遊びや動きも変わってくるため、ねらいに沿って事前に掘り起こすなどしておく。
・シャベルやバケツなどの砂場道具はさまざまな種類、十分な数を用意しておく。バケツは水を運ぶ際に水の重さを考慮して小さめのものを用意する。

安全への配慮
・道具の片づけは最後まで行い、残ったものが埋められていることのないように注意する。
・道具を振り回したり投げたりしないよう注意する。

砂 場

5歳児 全身を使って遊ぼう

おもな活動

遊具を組み合わせる

グループで山や川、トンネルづくりの協同作業

幅とび、三段とび

応用（発展）

運動量を増やすには
・遠い水道から水を運ぶ

多様な動きを経験するには
・立ってしゃがんで押しずもう、バランスずもう

集団で行うときには
・列をつくって歩く

遊びのねらい

▲ 運動のねらい
・穴を掘ったり盛り固めたりしながら、全身を使った動きの中で筋力や平衡性を養う。
・普段の遊びを足元の不安定な砂場で行うことで、瞬発力や平衡性、調整力が身につく。

▲ 情緒・社会・知的　ねらい
・友だちと協力したり、役割を分担したりして遊ぶ。
・砂や水などの物の性質に気づく。
・イメージを共有しながら1つのものをつくる過程を通して協調性や自己抑制することの必要性に気づく。

保育者の援助

・用具などの取り合いからけんかや争いが起こることも見通して、遊び場のスペースや用具を整える。
・他児のやり方に気づかせたり、工夫して行えるような言葉かけをする。
・片づけを協力して行えるよう言葉かけをする。

環境設定

・冬場は日当たりがよく暖かく、夏場は涼しくなるように工夫する。
・砂遊びの場としてだけではなく、全身運動が引き出される場としての使用も時には考える。

安全への配慮

・衛生管理は日常的に行う。
・遊んだ後は穴を埋めるなどし、砂場を整えておくようにする。

Part 2　実技編

その他　お手伝い

特徴
- お手伝いは子どもの生活の経験を豊かにすると同時に、いろいろな動きの経験の場になる。年齢が小さいときは軽い小さなものを扱い、いつもお世話してくれる人のお手伝いをすることで、自信をもち、お手伝いする喜びを味わうことが大切である。年齢が上がるに従って、友だちと協力したり、役割分担をして、より合理的に行う工夫などが生まれる
- 生活の場はみんなで協力して整えることを習慣とすることが大切で、年齢に応じた技能で可能なことは、時間がかかっても積極的に参加できるようにしたい

植物を植える
小石を集める
3歳児といっしょに
お茶を運ぶ

動き 運動技能　生活の技能には微細な動きとダイナミックな全身運動が混在しているので、多様な運動の経験の場となる。年齢が高くなると、力を使うことや運動技能を用いる内容もあり、ダイナミックな動きと微細な動き、組み合わせなど運動場面とは異なる体験の場となる。多様な当番活動が多様な動きを経験することにつながる。大きなものを扱うときは筋力を使い、細かな動きや複雑な動きには調整力が必要となる。

社会性　「ありがとう」と笑顔でいうと、どの年齢の子どもも満足した表情をする。人の役に立つということは子どもに充足感と自信をもたらす。このような経験が子どもの積極的行動を生むことにつながる。子どもはお手伝いや当番が大好きであるが、あまりにも義務化されたり、完璧を求められると自発的な行動がみられなくなる。また、年齢が高くなるとマンネリ化したり、他にやりたいことがあったりしたときは十分できなかったりすることもあるが、当番の大切さを伝えて、友だち同士感謝する。家庭でも経験しないことや難しいことをときどき内容に入れて、マンネリ化しない工夫も必要である。

お手伝い

ごみとりペッタン

おもな活動

Ⓐ ゴミとり

ガムテープ

Ⓑ 保育者と運ぶ

1人で運ぶ

応用（発展）

運動量を増やすには
- Ⓐ 広い場所を移動
- Ⓑ 保育者が力の加減をし、いっしょに引く、押す

多様な動きを経験するには
- Ⓐ 高いところや低いところ、狭いところなど、いろいろなところをペッタンする
- Ⓑ 軽いもの、小さいもの、背中に背負うなどいろいろバランスをとる

集団で行うときには
- Ⓑ 保育者といっしょにもつ
  転がしながら移動する

遊びのねらい

▲ **運動のねらい**
- 細かいものを貼るという動作は、姿勢の安定、保持、物の操作、身体移動という動きの要素すべてがある。ペッタンペッタンといいながら行うとリズミカルな動きを引き出す。

▲ **情緒・社会・知的　ねらい**
- 保育者のお手伝いをし、きれいにするといった行動は子どもの自信になり、充足感につながる。

保育者の援助
- きれいになったことを子どもに伝えていくことで、行動が理解される。きれいになっても遊びとしてやりたい子もいるので、いろいろな場所、いろいろなもののゴミとりをすることで動きが引き出される。手にベタベタつける子もいるので、後で始末する。

環境設定
- 保育者が行う行動をまねすることで始まることが多いので、保育者がやってみせる。最初は保育者の近くで、子どもの様子をみながらいっしょにする。
- 子どもにみえやすいもの（ティッシュや折り紙）をつける遊びから入ってもよい。
- 足元が不安定な場所は避ける。

安全への配慮
- ゴミとりでは、ゴミを口の中に入れたりしないように注意する。
- 荷物を運ぶとき、子どもは足元をみないので、動線上に障害物がないか確認する。複数で運ぶときは、保育者は近くで様子をみるか、いっしょに行いコントロールする。
- 複数のお手伝いはいざこざが起こりやすいので注意する。

お手伝い

3歳児 生活の中でいろいろなおそうじ

おもな活動　テーブルを整える

洗う

応用（発展）

運動量を増やすには
- イスの位置を変える
- 庭の手入れ、土の掘り起こし、水やりをする

多様な動きを経験するには
- いろいろなものを収穫して運ぶ

集団で行うときには
- 畑や庭は一人ひとりエリアを決めてする
- 掘る、採る、運ぶなど役割を決めながらする

遊びのねらい

▲ 運動のねらい
- 道具を使う活動は操作技能を向上させ、微細な動きをともなうので巧緻性を高める。
- 鏡をみたり、物とかかわることで目と手の協応動作の経験の場となる。

▲ 情緒・社会・知的　ねらい
- きれいにすることで気持ちよさを経験することは、身辺自立につながり、また道具を使用することで集中力が増す。

保育者の援助
- 保育者がみることや評価することで意欲が高まる。自分たちだけでは、やり遂げたり、上手にできないこともあるので、自分たちができたという実感を損なわない助力をする。

環境設定
- 当番であるという目印（名札やエプロン）があると役割のイメージができ、意欲が高まる。
- お手伝いには、道具を事前に準備して使い方を伝えてスムーズに入れるようにして、保育者は必ず近くでみる。
- いざこざが起きやすいので、誰が何をするのか（分担）を伝えてから行う。

安全への配慮
- 食事のとき、重いものや熱いものは扱わない。
- シャベルなどは狭い場所で使うと危険なので、子どもの間隔に注意する。

お手伝い

年長さんの誇りをもって

おもな活動

A 動物の世話

B 砂場を元に戻す

C 落ち葉を集める

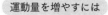

D 野菜を育てる

応用（発展）

運動量を増やすには
- A 動きの速い動物を追う
- C 広い場所を掃いて、1か所に集める
- D 砂や野菜など重いものを運ぶ

多様な動きを経験するには
- A いろいろな動物の生活（そうじ、食事、運動など）を世話する
- A C いろいろな道具を使う

集団で行うときには
- 役割分担（掃く、運ぶ、集める）は子どもが異なる役割ができるように保育者が配慮する
- B 砂場をならす（埋める、くずす、平らにする）
- D 野菜を切る、集める、運ぶ

遊びのねらい

▲ **運動のねらい**
- 当番活動は、日頃、運動場面で使用しない用具の使用により、操作技能や微細な動きの経験の場となる。場面、役割により経験する動きが異なることが、多様な動きにつながる。

▲ **情緒・社会・知的　ねらい**
- 友だちと協力することが仕事（当番活動）をスムーズにすることが理解できると、積極的に友だちと協力し、ルールを学ぶ場となる。

保育者の援助
- 5歳児は子ども同士で役割分担することができるので、保育者は調整役をする。
- 上手に協力し、スムーズにできたグループの話などをみんなに伝える。
- 当番活動が終了したときは、感謝の気持ちをみんなで伝える。
- 当番活動の大切さを日ごろから子どもに伝える。

環境設定
- 動物を怖がる子は保育者がいっしょに行動する。動物を外へ出すときは、動物がどこにいるのか周囲の子に知らせる。
- 植物はみんなで食べられる（収穫する）ものを選び、食べるものが長い時間と手間をかけてつくられることを体験する。

安全への配慮
- 動物の餌を切るときは鋭利でない刃物を準備し、保育者が付き添う。
- 土や植物にアレルギーのある子に注意する。
- スコップ、ほうきなど長さのある道具を使うときは、たたいたり、振り回さないように注意する。

Part 2 実技編

その他 片づけ

特徴
- 日常、目にふれたり、慣れている空間や物であるので取り組みやすく、お手伝いをすることへの達成感が生まれやすい
- 道具や物を扱うので、それぞれの扱い方や使い方に習熟していることで自らどのように扱うのがよいかの工夫も生まれる。子どもの扱いやすい大きさ、重さなど工夫も必要となる
- 年齢の低いときは、軽い小さなものを用いて遊びとして行い、不完全であっても短時間で切り上げる。年長児には異なる道具を準備して役割分担を考える

園の中の片づけ

ガラスふき

身のまわりのものをたたむ

遊んだものをお片づけ

自分のクツを洗う

動き 運動技能
生活の中にある動きは、運動遊具を使っての動きとは異なり、ダイナミックな全身運動よりも、物を操作する技能が中心である。物を扱う技能は目と手、足の協応動作や巧緻性を高める動きとして重要である。大きなものや広い空間を使うときには、移動運動も加わり、身体全体を使う動きとなり、物を扱うので平衡性や柔軟性が必要となる。この時期の運動は、生活と遊びの中でからだを自由に、多様に動かすことが発達上重要である。

社会性
このような活動の中には1人ではうまくいかないことも多いので、協力、役割、分担、ルールを守る要素が入りやすい。子どもが片づけが必要（たとえば片づけないと次のことができない）と感じることが大切なので、強制的であったり、習慣化だけで進めない。片づけることが気持ちのよいことであるという感性を育てたり、次の遊びがスムーズにいきやすい経験を重ねると子ども同士、声をかけ合って片づける姿をみることが多くなる。役割分担ではやりたいことが1つのことに集中したりすることがあるが、5歳児になったら、話し合い、自ら解決していくことも経験する場となる。

片づけ

2歳児　身辺の整理

おもな活動

ふとんを敷く

机をふく

応用（発展）

運動量を増やすには
- 時間がかかっても保育者が子どもといっしょに行う
- 遊びとして机の上に止まらずいろいろなところをふく

多様な動きを経験するには
- ふとんを2人でもつ
- ふとんを押す、重ねる

集団で行うときには
- 保育者といっしょにもつ
- 保育者といっしょにふく

遊びのねらい

▲ 運動のねらい
- 保育者を模倣して行う動作が目と手と足の協応動作となり、操作技能を向上させる。毎日の動作のくり返しが動作の習熟につながる。全身運動として有効である。

▲ 情緒・社会・知的　ねらい
- お手伝いができることは、子どもの充足感と自信につながる。身辺自立ができることは子どもの生活を拡大する。

保育者の援助
- この時期の何でもやりたいという気持ちを大切にし、必ずお礼をいう。保育者がさりげなく助力することで達成感を味わうようにする。
- 子ども同士の物の取り合いが生じやすいので、名前をいって渡すようにする。全体の様子をみながら、渡すものなどをコントロールする。

環境設定
- 自分の環境を整えることは、周囲を認識するきっかけにもなるので、日常使用するところのふきそうじをしてみる。扱いやすいように、大きさ、重さ（たとえば雑巾やふとん、イス）を配慮する。
- 夢中になると周囲への注意が十分でなくなるので、段差のあるところや狭いところは避ける。

安全への配慮
- ふとんは敷きやすいように順番を考えて渡す。
- 床ふきは、ダイナミックに動く子がいるので、ぶつからないように注意する。
- 高いところへよじのぼる子もいるので、具体的な場所の指示をする。
- 複数で運ぶときは、保育者が助力して、コントロールする。

片づけ

4歳児 配置がえ

おもな活動　部屋の配置がえ
応用（発展）

運動量を増やすには
- イスをもって移動する距離を長くする
- テープを貼る前、はがす前にそれを利用して動いてから、貼ったりはがしたりする

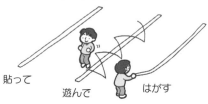

貼って　遊んで　はがす

イスの片づけ

園庭の片づけ

テープを貼ったりはがしたり

多様な動きを経験するには
- 片づける前に条件（フープをくぐり抜けて、ジャングルジムにタッチしてからなど）をつける
- いつも同じものの片づけではなく、交代して片づける
- イスのもち方（両手、片手、2人で）を変える

集団で行うときには
- 大きなものから順に片づける
- 保育者が名前をいったものから片づける
- 慣れたら自分たちで考えてする

遊びのねらい

▲ 運動のねらい
- 重いもの、大きなものをもち運びコントロールすることは、姿勢制御技能（全身の平衡性、柔軟性、筋力）の動きが入り、また、操作技能も向上する。

▲ 情緒・社会・知的　ねらい
- グループで遊ぶことに興味をもち、新しいことにチャレンジすることで、友だちの存在が大きくなり、遊びもダイナミックになる。

保育者の援助
- 操作的動きが向上する時期なので、いろいろな道具や物を使用する経験の場をつくる。
- 片づける子が決まってくることがあるので、具体的に誰が何をするのかを指示する。
- 運動が苦手と思われる子には、とくにこのような生活場面でからだを積極的に使う機会を増やす。

環境設定
- 部屋の配置がえやイスの片づけのとき、テープなどに具体的に目印をつけ、行動しやすいようにする。
- 園庭もどこに何を片づけるか明示して、そこに片づけられるようにしておく。片づけの動線を考えて、交差したり、重なり合ったりしない工夫をする。

安全への配慮
- 折りたたみ式や重ね式の机、イスなどは手を挟まないように注意し、もち方を具体的に示す。
- ほうきやシャベルのような長いものを振り回したり、取り合ったりしないことを伝える。
- 重いもの、大きいものは無理して動かさず、保育者といっしょに片づける。

片づけ

5歳児 使うところの整え

近くの公園のそうじ

プールそうじ

応用（発展）

運動量を増やすには
- 公園やプールそうじは時間を決めてする（早く、きれいに）
- プールそうじは水の運搬、デッキブラシ係を交代しながらする

午睡の準備片づけ

お弁当箱を洗う

多様な動きを経験するには
- そうじはいろいろな道具（ほうき、トング、ちりとり）を使用する
- ふとんの片づけは手渡しや1人や2人でもつなどもち方を変える
- プールのいろいろなところをみがく

集団で行うときには
- 行う前にどうしたらうまくいくか、子ども同士で話し合う
- 場所を決めてグループで行う

遊びのねらい

▲ 運動のねらい
- 空間の広い片づけは移動運動を、物を使うことは操作運動と姿勢制御を必要とし、多様な動き、経験となる。全身を使いながらの片づけは運動量が多くなる。

▲ 情緒・社会・知的 ねらい
- 友だちと協力し工夫する要素が多いので、組織的な遊びにも通じる社会性の育ちとルールを守る規範性を育てる。

保育者の援助
- 時間がかかっても、試行錯誤したり、話し合いをする場を多くもち、集団としての協力、役割分担を考える機会とする。
- 園全体の手伝いができることが自信につながり、ルールを守る心地よさが体験できるようにする。
- 保育者の指示や命令はなるべく避け、具体的なアドバイスをする。

環境設定
- 近隣のそうじや公園のそうじは、場所を決めて人数を少なくして（当番など）、保育者もいっしょにする。地域の人とのあいさつ、ふれあいを積極的に行う。終わったら、きれいになったこと、汚さないようにすることなどを伝える。
- お弁当箱を洗うときは、混乱しないように順番を考えて場所を広くとる。

安全への配慮
- 汚いもの、ガラスなどの危険なものは保育者に知らせるように伝え、保育者が道具で拾う。
- 公園そうじの後はハンドソープで手を洗う。
- プールそうじは気温の低い日は避ける。
- デッキブラシ、ほうきなど、長いものの扱い方は注意しておく。
- ふとんを運ぶとき、通るところを確保して、障害物は除く。

Part 2 実技編

その他 園内探検

特　徴

- 入園後、園生活に慣れていない子どもを対象として、園内の様子、遊具やその使用方法を紹介することを兼ねて、園内探検が実施されることが多い。3歳児、4歳児の場合は、しばらく園生活から遠ざかっていた後（長期のゴールデンウィーク、夏休み後など）に再び園内探検を行うことで、遊具の使い方を再確認できるといったメリットもある
- 園内探検マップやシールなどを活用することにより、子どもの探検への興味や関心が高まる場合もある

園内の生活を探検

園内の遊具を探検

園内の自然を探検

宝探しをしてみよう

動き運動技能	園内の探検を楽しみながら、場面に応じた歩き方（階段での歩き方、すべりやすい坂道を降りるための歩き方等）を通して、歩行を調整する能力を高める。社会の都市化により子どもの歩く機会が減少しているので、全身運動としての歩行、また園内を探検しながら遊具の使用を試みて多様な動きを経験する。
社会性	入園まもない子どもは、探検を通して「他のクラスの保育者や園長先生と交流をもつ」「園の遊具で楽しむ」「飼育している動物に親しむ」ことにより、慣れない空間における不安感を徐々に和らげていくことができる。4歳児や5歳児では、友だちと協力して探検することを通して、協調性や主体性を育むことにつなげたい。また、園内の自然の様子に接する探検活動を経験することで、子どもの自然に対する興味や関心を高めていくこともできる。

園内探検

部屋や遊具の場所を知る

おもな活動／どこにどんなお部屋があるのかな？／応用（発展）／お手洗いは？／園長先生は？

園庭には何があるかな？／すべり台は？／きれいなお花やにわとりも

運動量を増やすには

- 園内マップをもって１人であちこち探検してみる。着いた先で保育者にシールを貼ってもらう

多様な動きを経験するには

- いろいろな遊具で遊んでみる。遊具のきまりを伝える

集団で行うときには

- 地図の場所へ行ってみる

遊びのねらい

▲ 運動のねらい
- 遊具で「のぼる」「すべる」「ゆれる」などの動きを経験する。
- 全身運動としての「歩行」を十分行う。

▲ 情緒・社会・知的　ねらい
- 園にある遊具や人に親しみ、名前を覚える。
- 園での行動の仕方を学ぶ。

保育者の援助

- 子どもが自ら安全に留意して遊ぶ態度を身につけることができるよう、遊具の使用方法、危険な場所での行動の仕方等について、事例を示しながら具体的にアドバイスができるようにしておく（何をどのように気をつけるべきなのかを具体的に）。

環境設定

- 探検用のマップやシールを用意して、子どもの気持ちを高める。
- 探検前に遊具の点検（腐食、摩耗、破損、部品の変形、留め金具のゆるみ、水たまりの有無等）を行っておく。

安全への配慮

- 園内探検といった遊びの中で、遊具の使用方法や園での行動の仕方について体験を通して学ぶことができる。固定遊具では、すべり台からの落下、ブランコからの落下、衝突によるケガが多いので、この点はとくにていねいに説明することが望ましい。

園内探検

4歳児 宝探し

おもな活動

探検のための地図を準備
まわりを少し焦がして宝の地図らしく

リュックや手袋なども準備すると探検気分が盛り上がる

宝の箱を準備して中に宝を入れる

保育者が宝の箱を隠し、子どもがそれを探しに行く

応用（発展）

運動量を増やすには
- グループで競争

多様な動きを経験するには
- 宝の箱に入っていたもので遊ぶ

集団で行うときには
- みんながみつけた宝を合わせると完成！

遊びのねらい

▲ 運動のねらい
- 宝物を探す過程において「歩く」「走る」「のぼる」「しゃがむ」等、多様な動きを経験する。

▲ 情緒・社会・知的 ねらい
- 友だちと協力して行動する楽しさを味わう。
- 探検の準備を通して、身支度の経験を積む。

保育者の援助

- 始めは地図をみながら全員で探検してみるとよい。地図の見方や地図と現物の対応関係など、地図の見方についての経験を深めることができる。地図の見方に慣れた後に、グループごとに分かれて探検を楽しむように発展させていくと、子どもなりに探検を楽しむことができる。

環境設定

- 宝箱の中の宝をコマやあやとりなどの次につながる遊びにすることで、子どもの遊びを広げることができる。また、すべてのグループの宝物（絵の断片）を合わせることで1つの絵（パズル）が完成するなどの構成にすることもできる。
- 運動量を多くするときは遠くに宝物を隠す。

安全への配慮

- あまり高い場所に宝物を隠すと宝物を取るときに不安定となり（片手になる）、バランスをくずして落下する危険性もあるので留意する。暑い時期に炎天下の中で長時間にわたり宝探しを行う場合は、熱中症に留意し水分補給や適宜休憩などの配慮をすることが望ましい。

園内探検

5歳児 自然環境への興味や関心を深める

おもな活動

園の中の自然を求めて

集めたり拾ってきたものをきっかけにして

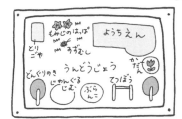

園内自然マップをつくってみると子どもの関心も高まる

応用（発展）

運動量を増やすには
- グループごとに課題を変え、それぞれの活動を楽しむ

多様な動きを経験するには
- 探検をしながら斜面をのぼったり、虫を観察したり

集団で行うときには
- 採ったものを貼る。生き物は絵を描く

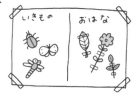

移りゆく季節の中で

草のじゅうたん

落ち葉のふとん

遊びのねらい

▲ 運動のねらい
- 探検を通して、すべりやすい場所や斜面での歩き方など、状況に応じた動き方を身につける。
- 対象のものにより、微細な動きを身につける。

▲ 情緒・社会・知的　ねらい
- 生物に対する興味や関心を高める。
- 季節の移り変わりによる自然環境の変化を感じる。

保育者の援助

- 子どもは自分の目線より上のものには気づきにくいので、保育者が注意を促すことが必要な場合もある。また、子どもが発見した植物で園内自然マップを作成したり、発見した昆虫を飼育してみること（餌は何？、土はどうしよう……）を通して、自然への興味や関心を深めることにつなげていきたい。

環境設定

- ポケット図鑑や虫めがね等を用意し、子どもが発見したものを自分で調べることのできる環境を整える。観察の視点（昆虫の場合、「足が何本あるか」「ひげはついているのか」など）を投げかけることで子どもの関心が高まることもある。

安全への配慮

- ハチやヘビ、毛虫などにより子どもの安全が脅かされないように留意する。事前に保育者が散策し、安全を確かめておくことが望ましい。また、皮膚にかぶれをおこす植物もあるので、危険性を排除できない場合は皮膚の露出を避けて自然探索を行うことが望ましい。

Part 2　実技編

その他　創作

> **特徴**
> - 子どもの遊びは、使用していたものが偶然に遊びと結びついたり、つくったものが遊びのイメージを引き出したりする
> - 最初はつくったものが遊びを引き出したりするが、だんだん目的に合ったものを創作し、用いるようになる
> - 子どもの身近に、扱いやすく、自由自在に変化しやすい、いろいろなものを用意してあるとよい
> - 創作が好きだが運動に興味を示さない子などには、つくったものを外で試したり、たこのように運動を引き出す創作を試みてもよいだろう

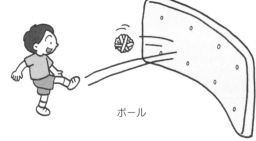

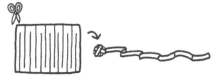

動き 運動技能　扱うものが大きく、移動をともなうとダイナミックな動きが引き出される。逆に小さなものであったり、その場で扱うことになると敏捷性、平衡性、協応性などが必要になる。また創作する過程では手と目の協応動作や微細な技能が要求される。また、経験の少ない動きなどを想定して物をつくることも試みてもよいだろう。

社会性　運動遊びは運動能力や技能が高い子が遊びの中心になりがちだが、創作を得意とする子が他の子に、たとえば紙ヒコーキの折り方を教えて、共に楽しむ場になる。個々の子どもの得意技を保育者は見極めて、4、5歳児になったら子ども同士で伝え合い、楽しむことを試みよう。物や道具を用いるので、物の扱い方、安全への注意、貸し借りなど、社会生活で必要とされるルールが用いられることが多くある。単に創作と運動ということでなく、その間に経験する事柄を大切にして、社会性を育む場としても配慮しよう。

創 作

1歳児 落ち葉やおもちゃで遊ぶ

おもな活動

落ち葉のプール

応用（発展）

運動量を増やすには
- みんなで運ぶ
- いっしょに押す

ハンカチ ティッシュ

多様な動きを経験するには
- 落ち葉のクッション
- 押し込んで引っぱる

① 牛乳パックに新聞紙をつめる

② クラフトテープでつないで、まわりに布をはる

階段

歩いたり座ったり

イス

集団で行うときには
- ティッシュの箱をみんなで引っぱる

遊びのねらい

▲ 運動のねらい
- 落ち葉の感触、音、香りを感じながら、フワフワの中で全身を自由に動かす快感を味わう。
- 手先を使って、微細な動きを経験する。

▲ 情緒・社会・知的　ねらい
- 温かな落ち葉の感触は子どもの心を安定させる。
- 物の出し入れは、方向、力の加減、順番などが経験できる知的活動である。

保育者の援助
- 保育者がおもちゃを手づくりする姿は、子どもがおもちゃとかかわる気持ちを高め、保育者との信頼を深める。
- 個人差がある時期なので、個々の発達にあったかかわり方を工夫する。
- 手づくりおもちゃは保育者の思いが工夫となって生まれるので、常に子どもの動きや興味に注目する。

環境設定
- 事前によく乾いたきれいな落ち葉を集めておく。遊びの前に子どもといっしょに落ち葉を拾い、その中に入れる。大小のビニール袋を準備して、ビニール袋の中に葉をみんなでつめる。
- 手づくりおもちゃは、子どもの前でつくる姿をみせながら期待感をもたせると、遊びにつながる。

安全への配慮
- 落ち葉に危険なものやゴミが混入していないか確認する。口に入れる子がいるので注意する。
- 使用するものは、皮膚への刺激になるような素材や毒性のあるものは使用しない。他の子に当たっても痛くないような、やわらかい素材を使用する。
- プールに入る人数は動く余裕のあるくらいにする。

創 作

2歳児 袋を使って遊ぶ

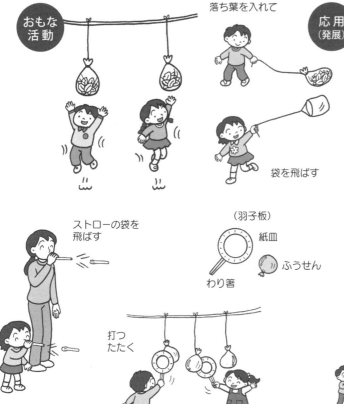

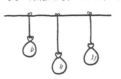

運動量を増やすには
- ビニールの高さを変える
- 長い距離を引っぱる、あげる

多様な動きを経験するには
- 物で打つ
- ふれないで移動する

集団で行うときには
- ストローの袋を1、2、3でとばす
- 保育者と2人で引っぱる

遊びのねらい

▲ 運動のねらい
- 身近にある軽いもので遊ぶ楽しさを経験し、からだを使うことを楽しむ。
- 自ら遊びを工夫したり、物を積極的に使うことにより、協応性・巧緻性を養う。

▲ 情緒・社会・知的 ねらい
- 日頃と異なるものの利用から、遊びのイメージが広がる。
- 自由に物とかかわり、物の性質を理解する。

保育者の援助
- 大きいものをもつと、大きく、強くなったとイメージする子がいて、自信につながることも多いので、大きな軽いものを準備する。
- いっしょに遊ばなくても、他の子をみて模倣するので、自由にビニール袋を使うことができるように多めに準備する。
- ストローも長短、いろいろ準備しておき、保育者がいろいろ試みるところをみせる。活動場面でからだを積極的に使う機会を増やす。

環境設定
- 空間が広く、危険なもののないところで行う。大きなものを扱うとき、視界が狭くなるので、声をかけたりして注意を促す。
- 走る活動が入るときは、子ども同士の動線が交差しないように一定方向に移動する。
- つり下げたものやビニール袋などが破損していないか、ときどきチェックする。

安全への配慮
- 子どものからだの大きさと、もつものの大きさ、重さを考えて、最初は小さいものを準備する。
- ストローは友だち同士、あまり近いと目や顔にケガをしやすいので、同じ方向を向いて飛ばす。
- 複数で袋をもつときは、保育者は近くにいて、コントロールする。

創 作

4歳児 紙でつくったものを使う

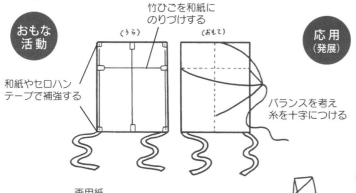

おもな活動

竹ひごを和紙にのりづけする
和紙やセロハンテープで補強する
（うら）（おもて）
バランスを考え糸を十字につける

（簡単なたこ）
画用紙
テープでとめる
たこ糸
紙テープの尾をつける

（落下傘）
① 6か所にセロハンテープで紙テープをつける
② 6本の紙テープを集めてその先に小石をつける 小石は紙に包む
③ できあがり

応用（発展）

運動量を増やすには
- 広い場所で試みる
- 坂があるところを使う
- いろいろなところから落として拾いをくり返す

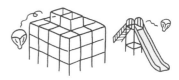

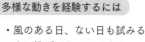

多様な動きを経験するには
- 風のある日、ない日も試みる
- 上に投げてキャッチする
- 落下傘の大きさを変えてみる

集団で行うときには
- チームをつくり友だちと交代しながらたこをあげる
- 落とす人と受ける人を決め、交互に行う
- どれが遅く落ちるか工夫し、競う

遊びのねらい

▲ 運動のねらい
- つくったものにより、さまざまな動きが誘発され、移動運動が促される。
- 同時に物をもつときの微細な動きで、目と手の協応動作や巧緻性が養われる。

▲ 情緒・社会・知的 ねらい
- 子ども同士での伝え合いが生まれやすく、工夫したり、試みたりすることが知的な刺激となる。

保育者の援助
- 経験したことのない子やつくるのが下手な子がいるので、最初は保育者がいっしょにつくったり、つくったものを用いて遊んでみる。
- 子どもから出たアイディアや工夫はみんなに伝えたり、保育者も試みていっしょに楽しむ。

環境設定
- 安定した走りができるので、空間が広いところで行う。最初は風が適度にあるたこのあげやすい日を選んで行う。
- 風をどう利用したらいいのかをみんなで考えながらあげる。
- たこの大きさや形を変化させてあげてみる。

安全への配慮
- 子どもが走る方向、動線を考えて、衝突しないように配慮する。傾斜のあるところだとスピードがついたり、転倒しやすいので慣れるまでは平地で行う。
- 最初はたこ糸は短くして行い、だんだん長くする。
- 落下傘の石はしっかり包み、外へ出ないように工夫する。

195

Part 2　実技編

その他　シャボン玉

特徴
- 多くの子どもが興味をもちやすい
- 外で行うので園庭に出ることにつながりやすい。運動という意識をあまりもたずに取り組むことができるので、運動に対して苦手意識をもっている子どもにとっても自発的な活動となりやすい
- 年齢や運動能力とは関係なく、シャボン玉を追いかけて走る、止まる、手を広げる、からだを伸ばすなどの運動が出てきやすい
- シャボン玉を吹く場合は、思いっきり息を吹くことを経験できる

動き 運動技能　シャボン玉を追いかけてまっすぐ走ったり、方向を変えながら走ったり、手を広げた状態を保持して走ったりと、走る動きのバリエーションの獲得が期待される。また、シャボン玉を捕まえる瞬間立ち止まったりと、スピードをコントロールする動きを獲得する。多くの子どもからは、シャボン玉を捕まえるのに両手を広げる動きが出てくることから、シャボン玉を追いかけるときには大きくからだと手を伸長する動きが経験できる。シャボン玉の飛ぶ方向によってはそれに合わせてジャンプする動きが出てきたり、しゃがんだりする動きが出てくる。

社会性　シャボン玉は多くの子どもの興味を引く教材であり、楽しい活動となることが多いので、充足感が得られやすい。年齢が低い段階では、保育者が吹いたシャボン玉を追いかけることで保育者とのつながりを意識しやすく、数人の子どもで追いかけるような場合には、子ども同士のかかわりが生まれやすくなる。年齢が高い段階では自分でもシャボン玉を吹けるようになるので、シャボン玉を吹く子と追いかける子に分かれて順番に交代してやったり、どちらが遠くへ飛ばすか、たくさん飛ばすかといった競争の楽しみを通して、仲間意識をもてるようになる。また、ストローから飛び出したシャボン玉がどのようなものだったか、どのように飛んでいったかなど友だちと会話をすることも予想されるので、コミュニケーションが生じることを期待できる。

シャボン玉

2歳児 シャボン玉を追いかけよう

おもな活動

いろいろなシャボン玉

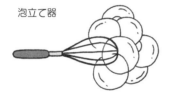

泡立て器

応用（発展）

【運動量を増やすには】
- 広い公園で長い距離を追いかける
- 高く上がるシャボン玉に手を伸ばし続ける

【多様な動きを経験するには】
- シャボン玉がわれないように両手でやさしくおおう
- シャボン玉を片手でつかむ、両手でつかむ

【集団で行うときには】
- 2、3人ずつで追いかける

【遊びのねらい】

▲ 運動のねらい
- 走る、止まる、ジャンプする、手を伸ばすなどの動きの経験を通して、初期の組み合わせ、連続動作が身につく。
- シャボン玉の動きを予測して動けるようになる。

▲ 情緒・社会・知的 ねらい
- 子どもの興味のある素材なので、遊びへの興味が広がり、からだを動かす活動に意欲的になることが期待できる。

【保育者の援助】
- 子どもが楽しい活動を期待できるような雰囲気づくりをする。
- 子どもの動きに合わせてシャボン玉を飛ばす方向や高さなどを工夫する。

【環境設定】
- シャボン玉を追いかけられるよう、十分な空間を確保する。
- 室内での遊びから戸外での遊びへと変えてみる。
- 風の有無を考えてシャボン玉を飛ばす方向を変える。

【安全への配慮】
- 足元を安全にしておく。
- 子ども同士衝突しないよう、シャボン玉の飛ばし方には注意する。
- 園庭では他の遊びをしている子どもの動きにも注意する。

シャボン玉

3歳児 自分で吹いて追いかけよう

おもな活動

応用（発展）

運動量を増やすには
- 自分で吹いたシャボン玉にもう一つくっつける

多様な動きを経験するには
- シャボン玉以外のものを追いかける

桜　　　落ち葉

集団で行うときには
- みんなでいっせいに吹く
- グループに分かれて交互にやってみる

遊びのねらい

▲ 運動のねらい
- 走る、止まる、ジャンプするなどの多様な動きを全身で思いきり動けるようになる。
- 空気をたくさん吐き出すことで呼吸を意識する。

▲ 情緒・社会・知的　ねらい
- 興味のある素材の遊びを、友だちと楽しむことができる。
- 友だちの動きをみながら追いかけたり、飛ばして楽しむ。

保育者の援助
- 子どもの人数に合わせた、十分な数を準備する。
- うまく吹けない子どもには、いっしょに呼吸するようなつもりで吹き方を教える。
- 風の向きをみながら、シャボン玉を飛ばす方向を変える。

環境設定
- 風の有無や向きを利用して、十分に飛ばしたり、追いかけたりできるよう広い空間を確保する。
- 子どもの年齢や動きに合わせて、さまざまな場所で飛ばせるよう環境を工夫する。

安全への配慮
- 足元や周囲に、子どもが転倒しても危険なものがないよう注意する。
- 子ども同士の衝突、他の遊びをしている子どもの動きにも注意する。
- 高さのあるところから飛ばすときは、転倒しないよう注意する。

シャボン玉

5歳児 いろいろな大きさのシャボン玉をつくってみる

おもな活動

Ⓐ フープでシャボン玉

Ⓑ 針金でつくった輪

応用（発展）

運動量を増やすには
Ⓑ 広い場所でする

多様な動きを経験するには
Ⓑ 回って自分のまわりに波状に

集団で行うときには
Ⓐ 何人入れるか試してみよう
Ⓑ 走って上手につくる

遊びのねらい

▲ 運動のねらい
- 大きいシャボン玉をつくって、友だちを中にくぐらせたり、くぐってみたり、いろいろな動きを経験する。
- シャボン玉をくっつけたり、操作の動きを経験する。

▲ 情緒・社会・知的 ねらい
- 友だち同士でいろいろな飛ばし方を工夫したり、大きいシャボン玉のつくり方や、壊れない工夫を伝え合う。

保育者の援助
- 子どもたちの工夫に共感する。
- 保育者もいっしょに楽しむ。

環境設定
- 大きなたらいや、フープ、針金（ハンガーでも可）を準備する。
- 十分な空間を確保する。
- 子どもが自分の取り組みたいシャボン玉の遊びを選んで行えるよう、コーナーを配置する。

安全への配慮
- 針金やハンガーの扱いには注意する。
- 移動をともなう遊びをしている子どもと、操作的な動きを楽しんでいる子どもが、いっしょになって衝突しないよう注意する。

Part 2 実技編

その他 キャラクター

特徴
- 2〜3歳児ではマントなどの保育者が準備した衣装や剣などを利用してキャラクター遊びが展開される場面が多い。4歳児になると子どもが自身のイメージをもとにして、自然のものや遊具を利用し、キャラクター遊びを展開することができるようになる
- 踊りを披露するための舞台やごっこ遊びの拠点となる基地などが設定されることにより、子どもたちの遊びがより活発に展開されることもある

動物になったり

お姫さまになったり

正義の味方になったり

イメージをもとにして基地をつくってみたり

忍者になって

動き 運動技能　キャラクターをまねながら、男児の場合は戦いごっこの中で、「追いかける」「隠れる」「つかむ」「たたく」「蹴る」「よける」など攻撃的、防御的動きが多く認められる。これらの動きの力加減も遊びを通して調整し、学習している。女児の場合は、キャラクターの身振りをまねながら、多様な動きを経験する。

社会性　キャラクターになりきることにより、日頃は運動遊びを好まない子どもにも楽しくからだを動かして遊ぶ様子が観察されることがある。いわゆるヒーロー（ヒロイン）役を誰が演じるかについて友だちとの間で調整を行わなければならないことが頻繁に発生するため、子どもの社会性を育むための機会として活用することもできる。保育者が一方的に調整を行うのではなく、できる限り子ども間での話し合いを通して、調整が主体的に行われるような援助の仕方が子どもの社会性を育むことにつながる。

キャラクター

動物・昆虫大好き

おもな活動

ぼくはだーれだ！

ぶたさんの絵カードを探す

何の泣き声かな？

保育者が鳴きまねをした動物と同じ絵カードを探しに行く

応用（発展）

運動量を増やすには
・慣れてきたら探す範囲を園庭まで広げてみる

多様な動きを経験するには
・探しに行く動物の動きをまねながら探しに行く

集団で行うときには
・保育者といっしょに虫カード探しの旅に出る

遊びのねらい

▲ 運動のねらい
・歩き回ったり走り回ったりすることで運動量が増す。
・動物の動きをまねすることにより、楽しみながら、「四つばいで歩く」「ジャンプする」など多様な動きを経験する。

▲ 情緒・社会・知的 ねらい
・保育者とのやりとりを通して、コミュニケーションを深める。
・動物の特徴や名前を知る。

保育者の援助

・みつけることがうまくできない子どもには、保育者がいっしょに探す、ヒントを与えるなどして、参加したすべての子どもが発見する楽しみを経験することができるよう配慮する。動物のカードをたくさん準備（隠す）すると子どもの発見しやすさにつながる。

環境設定

・始めは子どもが簡単にみつけられる場所にカードを隠すことで、発見する楽しみを十分に味わえるようにするのがよい。子どもがカードを発見することに慣れてきたら、少しずつ難しい場所に隠していくようにする。
・動きにより空間を広くしたり、狭くしたりする。

安全への配慮

・多くの子どもを対象にして行う場合は、それなりに広い空間を準備する。カード探しに夢中になり、子どもと子どもの衝突が起こりやすくなることが予想されるので、子どもの動線を考慮するとともに、カードは離して置くようにする。

キャラクター

3歳児 キャラクターになりきって

おもな活動

衣装を着て気分を盛り上げる

応用（発展）

運動量を増やすには
- 音楽に合わせて

マットのステージでおどる

多様な動きを経験するには
- いろいろなキャラクターになりきる

保育者と戦いごっこ

集団で行うときには
- 好きなキャラクターの音楽に合わせてみんなでダンス

遊びのねらい

▲ 運動のねらい
- おどる遊びを通して「はねる」「回る」「かがむ」などの多様な動きを経験する。
- 戦いごっこを通して、「打つ」「つかむ」などの動きに関して力を調整する経験を積む。

▲ 情緒・社会・知的 ねらい
- おどる遊びや戦いごっこを通して、友だちといっしょに遊ぶ楽しさを経験する。

保育者の援助

- 日頃はからだを動かして遊ぶことが苦手な子どもが、キャラクターの力を借りることにより、友だちとからだを動かして遊ぶことの楽しみを感じることができる場合がある。興味や関心がありそうな子どもには、仲間入りのきっかけを保育者が行う援助があってもよい。

環境設定

- 保育者が衣装や剣、ステージなどを用意することで、子どものイメージが豊かになり、キャラクター遊びが発展していくこともある。子どもの遊びをどのように広げていきたいかという保育者の意図のもと、環境の設定を考えてみることが大切である。

安全への配慮

- 戦いごっこなど、キャラクター遊びに夢中になるあまり、危険な行動につながることがある。保育者は、子どもの活動の場所を把握し、危険な行動に対しては適宜注意を促すことが大切である。

キャラクター

修行に挑戦しよう

遊びのねらい

▲ 運動のねらい
- 忍者をイメージしながら、自分で考えた動きを経験する。
- 設定によって、筋力や柔軟性、平衡性、巧緻性、瞬発力、リズム感などを養うことができる。

▲ 情緒・社会・知的 ねらい
- 人の動きをまねしたり、自分なりに試そうとする。
- グループで行う場合は、同じ目標に向かって行うため、順番を守ったり仲間を助けたりする場にもなる。

保育者の援助

- 遊具の使い方、扱い方は事前にきちんと約束し、危険な使い方をしないように注意する。
- 忍者になりきることで能力以上の無理な方法で行わないように配慮する。
- 子どもたちのイメージを確認するなど、忍者の行為や役割を確認する。

環境設定

- 強さや弱さを味わわせるために、音の強弱や形の変形で意識させるなど工夫する。
- 気分が盛り上がり、無理な体勢や行為が出そうなときは、高さや組み立てを縮小化するなどして、動きを制限することも必要である。

安全への配慮

- 道具や装飾物などが遊びの際の妨げになったり、ケガにつながることのないよう注意する。

引用・参考文献

- 朝比奈一男・中川功哉「運動生理学」『現代保健体育学大系 7』大修館書店、1974
- 新井邦二郎編『教室の動機づけの理論と実践』金子書房、1995
- 伊藤公一他編『歯と口の健康百科』医師薬出版、2004、p.159
- 井上フミ・松浦義行『発育に伴う運動能力因子構造の変化について』体育研究 21(1)、1979、pp.27-37
- 猪俣公宏・佐貫春世・岩崎洋子『幼児の運動能力構造の変化について』日本体育学会第 21 回大会、1970
- 岩崎洋子編『子どもの身体活動と心の育ち』建帛社、1999
- 岩崎洋子・朴淳香「同一幼稚園における運動能力と運動技能の関連 II」『日本保育学会第 60 回大会発表論文集』2007、pp.894-895
- 上武正二他編『児童心理学事典』協同出版、1974
- 海野孝・市村操一「小学 3 年生と高校 1 年生（男子）の運動能力因子構造の比較」日本スポーツ心理学会編『スポーツ心理学概論』不昧堂、1979
- 大林太良『民族遊戯大事典』大修館、1998
- 小川清実『子どもに伝えたい伝承あそび』萌文書林、2001
- 柏木惠子『子どもの「自己」の発達』東京大学出版会、1983
- 柏木惠子『幼児期における「自己」の発達―行動の自己制御を中心に』東京大学出版会、1988
- 勝部篤美『幼児体育の理論と実際』杏林書院、1973、pp.50-51
- 加藤則子・高石昌弘編『小児保健シリーズ No.56 乳幼児身体発育値 平成 12 年厚生省調査』日本小児保健協会、2002
- 北野幸子「第 9 章　保育者の専門性とは何か」白川蓉子・稲垣由子・北野幸子・奥山登美子『育ちあう乳幼児教育保育』有斐閣コンパクト、2004、pp.199-217
- 鯨岡峻「子どもの発達を過程として捉えることの意味」『発達　113』ミネルヴァ書房、2008、pp.18-25
- 栗山和弘「第 1 章　数概念」吉田甫・多鹿秀継編著『認知心理学からみた数の理解』北大路書房、1995、pp.11-32
- 厚生労働省雇用均等・児童家庭局母子保健課「平成 17 年度乳幼児栄養調査報告書」、2006
- 厚生労働省雇用均等・児童家庭局母子保健課「平成 27 年度乳幼児栄養調査結果の概要」、2016
- 厚生労働省「人口動態統計」、2016
- 厚生労働省「平成 22 年乳幼児身体発育調査報告書」、2011
- 国土交通省「遊びにおけるリスクとハザード」「都市公園における遊具の安全確保に関する指針（改訂第 2 版）」、2014
- 国立教育政策研究所「教育課程研究指定校研究成果」、2016
- 近藤充夫『保育内容健康　第 2 版』建帛社、1999
- 近藤充夫『幼児のこころと運動』教育出版、1995
- 近藤充夫・松田岩男・杉原隆「幼児の運動能力 -1-1986 年の全国調査結果から」『体育の科学』Vol. 37（7）、1987、pp.551-554
- 桜井茂男編『はじめて学ぶ乳幼児心理』有斐閣ブックス、2006
- 佐々木正人『アフォーダンス 新しい認知の理論』岩波科学ライブラリー　岩波書店、1994
- 笹間良彦『日本こどものあそび大図鑑』遊子館、2005
- 下中邦彦編『新版 心理学事典』平凡社、1981
- 神事努・桜井伸二「投動作の発達パターン」『子どもと発育発達』1、2003、pp.320-325
- 杉原隆『新版 運動指導の心理学―運動学習とモチベーションからの接近』大修館書店、2008
- 杉原隆・河邉貴子編著『幼児期における運動発達と運動遊びの指導』ミネルヴァ書房、2014

- 杉原隆・柴崎正行編『保育講座 保育内容 健康』ミネルヴァ書房、2001
- 杉原隆・近藤充夫・吉田伊津美・森司朗「1960 年代から 2000 年代に至る幼児の運動能力発達の時代変化」『体育の科学』Vol.57(1)、2007、pp.69-73
- 杉原隆・森司朗・吉田伊津美「幼児の運動能力発達の年次推移と運動能力発達に関与する環境要因の構造的分析」平成 14 〜 15 年度文部科学省科学研究費補助金（基盤研究 B）研究成果報告書、2004
- 征矢英昭他『子どもと発育発達』Vol.1 (4)、2003、p.238
- 仙田満『子どもとあそび』岩波新書、1992
- 仙田満『こどものあそび環境』鹿島出版会、2009
- 体育科学センター体育カリキュラム作成小委員会「幼稚園における体育カリキュラムの作成に関する研究 I カリキュラムの基本的な考え方と予備調査の結果について」『体育科学』8、1980、pp.150-155
- 高石昌弘・宮下充正「スポーツと年齢」『現代スポーツ科学講座』大修館書店、1977
- 武政太郎・辰野千寿『発達心理学概説』金子書房、1970
- 田中哲郎他「わが国における小児事故」『保健の科学』40(10)　杏林書院、1998、p.767
- 津守真、磯部景子『乳幼児精神発達診断法 3 才から 7 才まで』大日本図書、1965
- 東京都福祉保健局健康安全室環境保健課「アレルギー性疾患に関する 3 歳児全都調査（平成 26 年度）」、2015
- 中村肇編『小児の成長障害と栄養』永井書店、1998、pp.3-23
- 西山啓他監『目でみる教育心理学』ナカニシヤ出版、1978
- 西幅孝弘・太田昌秀「投動作における運動発生形態をもとにした伝承論―あそびから投動作へ」日本体育学会第 49 回大会発表資料、1998
- 日本学校保健会「平成 16 年度児童生徒の健康状態サーベイランス事業報告」、2006
- 日本小児科学会「子どもの生活環境改善委員会報告」、1995
- 日本スポーツ振興センター「学校の管理下の災害（平成 28 年度版）」、2016
- 日本生活医学研究所『健康な子ども』2007、p.19
- 日本赤十字社編『幼児安全法講習教本』日赤会館、2006
- 日本保育学会「本邦幼児の発達基準の研究」『幼児の教育』フレーベル館、1955
- 橋口英俊編著『新・児童心理学講座 3 巻』金子書房、1992
- 前田如矢・福西睦子『育児と小児保健』金芳堂、1983
- 町沢静夫『お手伝いで子どもの心を鍛えなさい』エクスナレッジ、2005
- 村山貞雄編『教育原理』学術図書出版社、1991
- 村田義幸「感覚運動的知能」山本多喜司監『発達心理学用語辞典』北大路書房、1991、p.55
- 森司朗・杉原隆・吉田伊津美・近藤充夫「園環境が幼児の運動能力発達に与える影響」『体育の科学』Vol.54(4)、2004、pp.329-336
- 森司朗・吉田伊津美・鈴木康弘・中本浩揮「最近の幼児の運動能力 2016 年全国調査から」『日本体育学会第 68 回大会予稿集』、2017、p.121
- 森洋子『ブリューゲルの「子供の遊戯」』未来社、1989
- 文部科学省「平成 12 年度学校保健統計調査報告書および小児・思春期糖尿病管理の手びき」日本糖尿病学会編　南江堂、2001
- 文部科学省「平成 26 年度全国体力・運動能力、運動習慣等調査結果」、2014
- 文部科学省「平成 28 年度学校保健統計調査」、2016
- 文部科学省スポーツ・青少年局「平成 17 年度体力・運動能力調査報告書」、2006
- 文部科学省スポーツ・青少年局「平成 18 年度体力・運動能力調査報告書」、2007
- 柳沢秋孝『からだ力がつく運動遊び』主婦の友社、2003
- 山田真『はじめてであう小児科の本』福音館書店、2006

引用・参考文献

- 山本清洋「スポーツと遊び」高橋たまき他共編『遊びの発達学 基礎編』培風館、1996、pp.161-184
- 養老孟司『超バカの壁』新潮新書、2006
- 吉田伊津美「園での遊びの性差と運動能力との関係」『福岡教育大学紀要』54(4)、2005、pp.255-261
- 吉田伊津美・杉原隆・森司朗「保育形態および運動指導が運動能力に及ぼす影響」『日本保育学会第57回大会発表論文集』、2004、pp.526-527
- 吉田伊津美・杉原隆・森司朗「保育実践活動が幼児の運動能力発達に及ぼす影響—運動指導に注目して—」平成17年度～18年度文部科学省科学研究費補助金（基盤研究C）研究成果報告書、2007
- 吉田伊津美・杉原隆・森司朗「幼稚園における健康・体力づくりの意識と運動指導の実態」『東京学芸大学紀要総合教育科学系 第58集』、2007、pp.75-80
- 吉田伊津美・杉原隆・森司朗・近藤充夫「家庭環境が幼児の運動能力発達に与える影響」『体育の科学』Vol.54(3)、2004、pp.243-249
- Bower, T.G.R.『乳児の世界』岡本夏木・野村庄吾他訳　ミネルヴァ書房、1979
- Caillois, Roger.『遊びと人間』清水幾太郎・霧生和夫訳　岩波書店、1970
- Carroll E.Izard『感情心理学』荘厳舜哉監訳　ナカニシヤ出版、1996
- C.H. スュトラッツ『子供のからだ』森徳治訳　創元社、1952、p.60
- Coakley, J.『現代のスポーツ　その神話と現実』影山健他訳　道和書院、1984
- David L.Gallahue『幼少年期の体育』杉原隆監訳　大修館書店、1999
- Edward L. Deci『内発的動機づけ』安藤延男・石田梅男訳　誠信書房、1980
- Huizinga, Johan.『ホモ・ルーデンス』高橋英夫訳　中公文庫、1973
- Bridges, K.M.B.(1932);Emotional development in early infancy. Child development, 3, 324-334.
- Coakley, J. Jbid; Sport in Society issues and controversies, Mosby.
- Elizabeth B.Hurlock(1942); Child Development, NewYork, McGrow Hill.
- Friis-Hansen B.(1971); Body composition during growth. In vivo measurements and biochemical data correlated to differential anatomical growth. Pediatrics 47, 264.
- Jean Piajet(1945); 2d ed,1959 La Formaition du Symbole chez Lenfant, Neuchatel Paris, Delacheaux&Niestle.
- Parten, M.B.(1933); Social play among pre-school children. Journal of Abnormal and Social Psychology 28, 136-147.
- Parten,M. & Newhall,S.M.(1943); Social Behavior of Preschool Children,Baker,Kounin &Wright(ed.); Child Behavior and Development, McGraw Hill.

幼児期運動指針

平成 24 年 3 月
幼児期運動指針策定委員会

1 幼児を取り巻く社会の現状と課題

現代の社会は、科学技術の飛躍的な発展などにより、生活が便利になっている。生活全体が便利になったことは、歩くことをはじめとした体を動かす機会を減少させるだけでなく、子どもにとっては、家事の手伝いなどの機会を減少させた。さらに一般的な生活をするためだけであれば、必ずしも高い体力や多くの運動量を必要としなくなっており、そうした大人の意識は、子どもが体を動かす遊びをはじめとする身体活動の軽視につながっている。

都市化や少子化が進展したことは、社会環境や人々の生活様式を大きく変化させ、子どもにとって遊ぶ場所、遊ぶ仲間、遊ぶ時間の減少、そして交通事故や犯罪への懸念などが体を動かして遊ぶ機会の減少を招いている。

文部科学省で平成 19 年度から 21 年度に実施した「体力向上の基礎を培うための幼児期における実践活動の在り方に関する調査研究（以下、文部科学省調査という。）」においても、体を動かす機会の減少傾向がうかがえる結果であったことから、このような社会の変化は幼児においても同様の影響を与えていると考えられる。このことは、結果的に幼児期からの多様な動きの獲得や体力・運動能力に影響している。

幼児にとって体を動かして遊ぶ機会が減少することは、その後の児童期、青年期への運動やスポーツに親しむ資質や能力の育成の阻害に止まらず、意欲や気力の減弱、対人関係などコミュニケーションをうまく構築できないなど、子どもの心の発達にも重大な影響を及ぼすことにもなりかねない。

このような状況を踏まえると、主体的に体を動かす遊びを中心とした身体活動を、幼児の生活全体の中に確保していくことは大きな課題である。

2 幼児期における運動の意義

幼児は心身全体を働かせて様々な活動を行うので、心身の様々な側面の発達にとって必要な経験が相互に関連し合い積み重ねられていく。このため、幼児期において、遊びを中心とする身体活動を十分に行うことは、多様な動きを身に付けるだけでなく、心肺機能や骨形成にも寄与するなど、生涯にわたって健康を維持したり、何事にも積極的に取り組む意欲を育んだりするなど、豊かな人生を送るための基盤づくりとなることから、以下のような様々な効果が期待できる。

（1）体力・運動能力の向上

体力は人間の活動の源であり、健康の維持のほか、意欲や気力といった精神面の充実にも大きくかかわっており、人が生きていくために重要なものである。特に幼児期は、神経機能の発達が著しく、タイミングよく動いたり、力の加減をコントロールしたりするなどの運動を調整する能力が顕著に向上する時期である。この能力は、新しい動きを身に付けるときに重要な働きをする能力であるとともに、周りの状況の的確な判断や予測に基づいて行動する能力を含んでおり、けがや事故を防止することにもつながる。このため、幼児期に運動を調整する能力を高めておくことは、児童期以降の運動機能の基礎を形成するという重要な意味を持って

いる。

また、日ごろから体を動かすことは、結果として活動し続ける力（持久力）を高めることにもつながる。

（2）健康的な体の育成

幼児期に適切な運動をすると、丈夫でバランスのとれた体を育みやすくなる。特に運動習慣を身に付けると、身体の諸機能における発達が促されることにより、生涯にわたる健康的で活動的な生活習慣の形成にも役立つ可能性が高く、肥満や痩身を防ぐ効果もあり、幼児期だけでなく、成人後も生活習慣病になる危険性は低くなると考えられる。また、体調不良を防ぎ、身体的にも精神的にも疲労感を残さない効果があると考えられる。

（3）意欲的な心の育成

幼児にとって体を動かす遊びなど、思い切り伸び伸びと動くことは、健やかな心の育ちも促す効果がある。また、遊びから得られる成功体験によって育まれる意欲や有能感は、体を活発に動かす機会を増大させるとともに、何事にも意欲的に取り組む態度を養う。

（4）社会適応力の発達

幼児期には、徐々に多くの友達と群れて遊ぶことができるようになっていく。その中でルールを守り、自己を抑制し、コミュニケーションを取り合いながら、協調する社会性を養うことができる。

（5）認知的能力の発達

運動を行うときは状況判断から運動の実行まで、脳の多くの領域を使用する。すばやい方向転換などの敏捷な身のこなしや状況判断・予測などの思考判断を要する全身運動は、脳の運動制御機能や知的機能の発達促進に有効であると考えられる。

幼児が自分たちの遊びに合わせてルールを変化させたり、新しい遊び方を創り出したりするなど、遊びを質的に変化させていこうとすることは、豊かな創造力も育むことにもつながる。

3 幼児期運動指針策定の意図

幼児期における運動の実践は、心身の発育に極めて重要であるにも関わらず、全ての幼児が十分に体を動かす機会に恵まれているとはいえない現状がある。そこで、幼児の心身の発達の特性に留意しながら、幼児が多様な運動を経験できるような機会を保障していく必要がある。

その際、幼児期の運動は、一人一人の幼児の興味や生活経験に応じた遊びの中で、幼児自らが体を動かす楽しさや心地よさを実感することが大切であることから、幼児が自発的に体を動かして遊ぶ機会を十分保障することが重要である。さらに、幼児が楽しく体を動かして遊んでいる中で、多様な動きを身に付けていくことができるように、様々な遊びが体験できるような手立てが必要となる。

これらを実現するためには、保護者や、幼稚園、保育所などの保育者をはじめ、幼児に関わる人々が幼児期の運動をどのようにとらえ、どのように実施するとよいのかについて、おおむね共有していくことが重要である。そこで、運動習慣の基盤づくりを通して、幼児期に必要な多様な動きの獲得や体力・運動能力を培うとともに、様々な活動への意欲や社会性、創造性などを育むことを目指し、幼児期の運動の在り方についての指針を策定した。なお、ここで示す幼児とは、3 歳から 6 歳の小学校就学前の子どもを指す。

巻末資料

4 幼児期の運動の在り方

（1）運動の発達の特性と動きの獲得の考え方

　幼児期は、生涯にわたって必要な多くの運動の基となる多様な動きを幅広く獲得する非常に大切な時期である。動きの獲得には、「動きの多様化」と「動きの洗練化」の二つの方向性がある。

　「動きの多様化」とは、年齢とともに獲得する動きが増大することである。幼児期において獲得しておきたい基本的な動きには、立つ、座る、寝ころぶ、起きる、回る、転がる、渡る、ぶら下がるなどの「体のバランスをとる動き」、歩く、走る、はねる、跳ぶ、登る、下りる、這（は）う、よける、すべるなどの「体を移動する動き」、持つ、運ぶ、投げる、捕る、転がす、蹴る、積む、こぐ、掘る、押す、引くなどの「用具などを操作する動き」が挙げられる。通常、これらは、体を動かす遊びや生活経験などを通して、易しい動きから難しい動きへ、一つの動きから類似した動きへと、多様な動きを獲得していくことになる。

　「動きの洗練化」とは、年齢とともに基本的な動きの運動の仕方（動作様式）がうまくなっていくことである。幼児期の初期（3歳から4歳ごろ）では、動きに「力み」や「ぎこちなさ」が見られるが、適切な運動経験を積むことによって、年齢とともに無駄な動きや過剰な動きが減少して動きが滑らかになり、目的に合った合理的な動きができるようになる。

　次に、目安として幼児期における一般的な運動の発達の特性と経験しておきたい遊び（動き）の例について示す。なお、幼児の発達は、必ずしも一様ではないため、一人一人の発達の実情をとらえることに留意する必要がある。

1）3歳から4歳ごろ

　基本的な動きが未熟な初期の段階から、日常生活や体を使った遊びの経験をもとに、次第に動き方が上手にできるようになっていく時期である。特に幼稚園、保育所等の生活や家庭での環境に適応しながら、未熟ながらも基本的な動きが一通りできるようになる。次第に自分の体の動きをコントロールしながら、身体感覚を高め、より巧みな動きを獲得することができるようになっていく。

　したがって、この時期の幼児には、遊びの中で多様な動きが経験でき、自分から進んで何度も繰り返すことにおもしろさを感じることができるような環境の構成が重要になる。例えば、屋外での滑り台、ブランコ、鉄棒などの固定遊具や、室内での巧技台やマットなどの遊具の活用を通して、全身を使って遊ぶことなどにより、立つ、座る、寝ころぶ、起きる、回る、転がる、渡る、ぶら下がるなどの「体のバランスをとる動き」や、歩く、走る、はねる、跳ぶ、登る、下りる、這（は）う、よける、すべるなどの「体を移動する動き」を経験しておきたい。

2）4歳から5歳ごろ

　それまでに経験した基本的な動きが定着しはじめる。

　友達と一緒に運動することに楽しさを見いだし、また環境との関わり方や遊び方を工夫しながら、多くの動きを経験するようになる。特に全身のバランスをとる能力が発達し、身近にある用具を使って操作するような動きも上手になっていく。

　さらに遊びを発展させ、自分たちでルールや決まりを作ることにおもしろさを見いだしたり、大人が行う動きのまねをしたりすることに興味を示すようになる。例えば、なわ跳びやボール遊びなど、体全体でリズムをとったり、用具を巧みに操作したりコントロールさせたりする遊びの中で、持つ、運ぶ、投げる、捕る、転がす、蹴る、積む、こぐ、掘る、押す、引くなどの「用具などを操作する動き」を経験しておきたい。

3）5歳から6歳ごろ

　無駄な動きや力みなどの過剰な動きが少なくなり、動き方が上手になっていく時期である。

　友達と共通のイメージをもって遊んだり、目的に向かって集団で行動したり、友達と力を合わせたり役割を分担したりして遊ぶようになり、満足するまで取り組むようになる。それまでの知識や経験を生かし、工夫をして、遊びを発展させる姿も見られるようになる。

　この時期は、全身運動が滑らかで巧みになり、全力で走ったり、跳んだりすることに心地よさを感じるようになる。ボールをつきながら走るなど基本的な動きを組み合わせた動きにも取り組みながら、「体のバランスをとる動き」「体を移動する動き」「用具などを操作する動き」をより滑らかに遂行できるようになることが期待される。そのため、これまでより複雑な動きの遊びや様々なルールでの鬼遊びなどを経験しておきたい。

（2）運動の行い方

　幼児期は、生涯にわたる運動全般の基本的な動きを身に付けやすく、体を動かす遊びを通して、動きが多様に獲得されるとともに、動きを繰り返し実施することによって動きの洗練化も図られていく。また、意欲をもって積極的に周囲の環境に関わることで、心と体が相互に密接に関連し合いながら、社会性の発達や認知的な発達が促され、総合的に発達していく時期である。

　そのため、幼児期における運動については、適切に構成された環境の下で、幼児が自発的に取り組む様々な遊びを中心に体を動かすことを通して、生涯にわたって心身ともに健康的に生きるための基盤を培うことが必要である。

　また、遊びとしての運動は、大人が一方的に幼児にさせるのではなく、幼児が自分たちの興味や関心に基づいて進んで行うことが大切であるため、幼児が自分たちで考え工夫し挑戦できるような指導が求められる。なお、幼児にとって体を動かすことは遊びが中心となるが、散歩や手伝いなど生活の中での様々な動きを含めてとらえておくことが大切である。

　これらを総合的に踏まえると、幼稚園、保育所などに限らず、家庭や地域での活動も含めた一日の生活全体の身体活動を合わせて、幼児が様々な遊びを中心に、毎日、合計60分以上、楽しく体を動かすことが望ましい。また、その推進に当たっては、次の3点が重要である。

1）多様な動きが経験できるように様々な遊びを取り入れること

　幼児期は運動機能が急速に発達し、体の基本的な動きを身に付けやすい時期であることから、多様な運動刺激を与えて、体内に様々な神経回路を複雑に張り巡らせていくことが大切である。それらが発達することにより、普段の生活で必要な動きをはじめ、とっさの時に身を守る動きや将来的にスポーツに結び付く動きなど多様な動きを身に付けやすくすることができる。そのためには、幼児が自発的に様々な遊びを体験し、幅広い動きを獲得できるようにする必要がある。幼児にとっての遊びは、特定のスポーツ（運動）のみを続けるよりも、動きの多様性があり、運動を調整する能力を身に付けやすくなる。幼児期には体を動かす遊びなどを通して多様な動きを十分経験しておくことが大切である。

　体を動かす遊びには、先に挙げたように多様な動きが含まれる。例えば、鬼遊びをすると、「歩く、走る、くぐる、よける」などの動きを、夢中になって遊んでいるうちに総合的に経験することになる。そのため、幼児期には様々な遊びを楽しく行うことで、結果的に多様な動きを経験し、それらを獲得することが期待される。

2）楽しく体を動かす時間を確保すること

　多様な動きの獲得のためには、量（時間）的な保障も大切である。一般的に幼児は、興味をもった遊びに熱中して取り組むが、他の遊びにも興味をもち、遊びを次々に変えていく場合も多い。そのため、ある程度の時間を確保すると、その中で様々な遊びを行うので、結果として多様な動きを経験し、それらを獲得することになる。

　文部科学省調査では、外遊びの時間が多い幼児ほど体力が高い傾向にあるが、4割を超える幼児の外遊びをする時間が一日1時間（60分）未満であることから、多くの幼児が体を動かす実現可能な時間として「毎日、合計60分以上」を目安として示すこととした。幼児にとって、幼稚園や保育所などでの保育がない日でも体を動かすことが必要であることから、保育者だけでなく保護者も共に体を動かす時間の確保が望まれる。

　なお、幼児が体を動かす時間は、環境や天候などの影響を受けることから、屋内も含め一日の生活において、体を動かす合計の時間として設定した。

3）発達の特性に応じた遊びを提供すること

　幼児に体を動かす遊びを提供するに当たっては、発達の特性に応じて行うことが大切である。幼児は、一般的に、その時期に発達していく身体の諸機能をいっぱいに使って動こうとする。そのため、発達の特性に応じた遊びをすることは、その機能を無理なく十分に使うことによってさらに発達が促進され、自然に動きを獲得することができ、けがの予防にもつながるものである。また、幼児の身体諸機能を十分に動かし活動意欲を満足させることは、幼児の有能感を育むことにもなり、体を使った遊びに意欲的に取り組むことにも結び付く。

　したがって、幼児期の運動は、体に過剰な負担が生じることのない遊びを中心に展開される必要がある。発達の特性に応じた遊びを提供することは、自発的に体を動かして遊ぶ幼児を育成することになり、結果として無理なく基本的な動きを身に付けることになる。

　これらを踏まえ、幼児の興味や関心、意欲など運動に取り組んでいく過程を大切にしながら、幼児期に早急な結果を求めるのではなく、小学校以降の運動や生涯にわたってスポーツを楽しむための基盤を育成することを目指すことが重要である。

　なお、運動の在り方に示した内容を推進するに当たっては、次のような配慮をすることが望まれる。

・幼児期は発達が著しいが、同じ年齢であってもその成長は個人差が大きいので、一人一人の発達に応じた援助をすること。
・友達と一緒に楽しく遊ぶ中で多様な動きを経験できるよう、幼児が自発的に体を動かしたくなる環境の構成を工夫すること。
・幼児の動きに合わせて保育者が必要に応じて手を添えたり見守ったりして安全を確保するとともに、固定遊具や用具などの安全な使い方や、周辺の状況に気付かせるなど、安全に対する配慮をすること。
・体を動かすことが幼稚園や保育所などでの一過性のものとならないように、家庭や地域にも情報を発信し、共に育てる姿勢をもてるようにすること。

「幼児期運動指針について」（文部科学省）
　http://www.mext.go.jp/a_menu/sports/undousisin/1319192.htm
「幼児期運動指針ガイドブック」
　http://www.mext.go.jp/a_menu/sports/undousisin/1319772.htm
「幼児期運動指針普及用パンフレット」
　http://www.mext.go.jp/a_menu/sports/undousisin/1319773.htm

小学校学習指導要領

小学校学習指導要領（抄）

＊「体育」低学年の目標・内容を抄録　　平成29年3月
　　　　　　　　　　　　　　　　　　　文部科学省

第9節 体 育

第1目 標

　体育や保健の見方・考え方を働かせ、課題を見付け、その解決に向けた学習過程を通して、心と体を一体として捉え、生涯にわたって心身の健康を保持増進し豊かなスポーツライフを実現するための資質・能力を次のとおり育成することを目指す。

（1）その特性に応じた各種の運動の行い方及び身近な生活における健康・安全について理解するとともに、基本的な動きや技能を身に付けるようにする。

（2）運動や健康についての自己の課題を見付け、その解決に向けて思考し判断するとともに、他者に伝える力を養う。

（3）運動に親しむとともに健康の保持増進と体力の向上を目指し、楽しく明るい生活を営む態度を養う。

第2 各学年の目標及び内容

〔第1学年及び第2学年〕

1 目 標

（1）各種の運動遊びの楽しさに触れ、その行い方を知るとともに、基本的な動きを身に付けるようにする。

（2）各種の運動遊びの行い方を工夫するとともに、考えたことを他者に伝える力を養う。

（3）各種の運動遊びに進んで取り組み、きまりを守り誰とでも仲よく運動をしたり、健康・安全に留意したりし、意欲的に運動をする態度を養う。

2 内 容

A 体つくりの運動遊び

　体つくりの運動遊びについて、次の事項を身に付けることができるよう指導する。

（1）次の運動遊びの楽しさに触れ、その行い方を知るとともに、体を動かす心地よさを味わったり、基本的な動きを身に付けたりすること。

　　ア 体ほぐしの運動遊びでは、手軽な運動遊びを行い、心と体の変化に気付いたり、みんなで関わり合ったりすること。

　　イ 多様な動きをつくる運動遊びでは、体のバランスをとる動き、体を移動する動き、用具を操作する動き、力試しの動きをすること。

（2）体をほぐしたり多様な動きをつくったりする遊び方を工夫するとともに、考えたことを友達に伝えること。

（3）運動遊びに進んで取り組み、きまりを守り誰とでも仲よく運動をしたり、場の安全に気を付けたりすること。

B 器械・器具を使っての運動遊び

　器械・器具を使っての運動遊びについて、次の事項を身に付けることができるよう指導する。

（1）次の運動遊びの楽しさに触れ、その行い方を知るとともに、その動きを身に付けること。

　　ア 固定施設を使った運動遊びでは、登り下りや懸垂移行、渡り歩きや跳び下りをすること。

　　イ マットを使った運動遊びでは、いろいろな方向への転がり、手で支えての体の保持や回転をすること。

209

巻末資料

ウ 鉄棒を使った運動遊びでは、支持しての揺れや上がり下り、ぶら下がりや易しい回転をすること。

エ 跳び箱を使った運動遊びでは、跳び乗りや跳び下り、手を着いてのまたぎ乗りやまたぎ下りをすること。

(2) 器械・器具を用いた簡単な遊び方を工夫するとともに、考えたことを友達に伝えること。

(3) 運動遊びに進んで取り組み、順番やきまりを守り誰とでも仲よく運動をしたり、場や器械・器具の安全に気を付けたりすること。

C 走・跳の運動遊び

走・跳の運動遊びについて、次の事項を身に付けることができるよう指導する。

(1) 次の運動遊びの楽しさに触れ、その行い方を知るとともに、その動きを身に付けること。

ア 走の運動遊びでは、いろいろな方向に走ったり、低い障害物を走り越えたりすること。

イ 跳の運動遊びでは、前方や上方に跳んだり、連続して跳んだりすること。

(2) 走ったり跳んだりする簡単な遊び方を工夫するとともに、考えたことを友達に伝えること。

(3) 運動遊びに進んで取り組み、順番やきまりを守り誰とでも仲よく運動をしたり、勝敗を受け入れたり、場の安全に気を付けたりすること。

D 水遊び

水遊びについて、次の事項を身に付けることができるよう指導する。

(1) 次の運動遊びの楽しさに触れ、その行い方を知るとともに、その動きを身に付けること。

ア 水の中を移動する運動遊びでは、水につかって歩いたり走ったりすること。

イ もぐる・浮く運動遊びでは、息を止めたり吐いたりしながら、水にもぐったり浮いたりすること。

(2) 水の中を移動したり、もぐったり浮いたりする簡単な遊び方を工夫するとともに、考えたことを友達に伝えること。

(3) 運動遊びに進んで取り組み、順番やきまりを守り誰とでも仲よく運動をしたり、水遊びの心得を守って安全に気を付けたりすること。

E ゲーム

ゲームについて、次の事項を身に付けることができるよう指導する。

(1) 次の運動遊びの楽しさに触れ、その行い方を知るとともに、易しいゲームをすること。

ア ボールゲームでは、簡単なボール操作と攻めや守りの動きによって、易しいゲームをすること。

イ 鬼遊びでは、一定の区域で、逃げる、追いかける、陣地を取り合うなどをすること。

(2) 簡単な規則を工夫したり、攻め方を選んだりするとともに、考えたことを友達に伝えること。

(3) 運動遊びに進んで取り組み、規則を守り誰とでも仲よく運動をしたり、勝敗を受け入れたり、場や用具の安全に気を付けたりすること。

F 表現リズム遊び

表現リズム遊びについて、次の事項を身に付けることができるよう指導する。

(1) 次の運動遊びの楽しさに触れ、その行い方を知るとともに、題材になりきったりリズムに乗ったりして踊ること。

ア 表現遊びでは、身近な題材の特徴を捉え、全身で踊ること。

イ リズム遊びでは、軽快なリズムに乗って踊ること。

(2) 身近な題材の特徴を捉えて踊ったり、軽快なリズムに乗っ

て踊ったりする簡単な踊り方を工夫するとともに、考えたことを友達に伝えること。

(3) 運動遊びに進んで取り組み、誰とでも仲よく踊ったり、場の安全に気を付けたりすること。

3 内容の取扱い

(1) 内容の「A体つくりの運動遊び」については、2学年間にわたって指導するものとする。

(2) 内容の「C走・跳の運動遊び」については、児童の実態に応じて投の運動遊びを加えて指導することができる。

(3) 内容の「F表現リズム遊び」の (1) のイについては、簡単なフォークダンスを含めて指導することができる。

(4) 学校や地域の実態に応じて歌や運動を伴う伝承遊び及び自然の中での運動遊びを加えて指導することができる。

(5) 各領域の各内容については、運動と健康が関わっていることについての具体的な考えがもてるよう指導すること。

小学校学習指導要領解説(抄)

＊幼児期と小学校低学年との連携に
　関する記述を抄録

平成29年7月
文部科学省

体育編

（5）低学年においては、第1章総則の第2の4の（1）を踏
まえ、他教科等との関連を積極的に図り、指導の効果を高
めるようにするとともに、幼稚園教育要領等に示す幼児期
の終わりまでに育ってほしい姿との関連を考慮すること。
特に、小学校入学当初においては、生活科を中心とした合
科的・関連的な指導や、弾力的な時間割の設定を行うなど
の工夫をすること。

（5）は、低学年の児童の学習上の特性や傾向を考慮し、他教科
等との関連を積極的に図るようにすること及び幼稚園教育との関
連を図ることについて示した上で、特に小学校入学当初における
教育課程編成上の工夫について示したものである。

第1章総則第2の4（1）においては、学校段階等間の接続に
おける幼児期の教育と小学校教育の接続について次のように示し
ている。

「幼児期の終わりまでに育ってほしい姿を踏まえた指導を工夫
することにより、幼稚園教育要領等に基づく幼児期の教育を通し
て育まれた資質・能力を踏まえて教育活動を実施し、児童が主体
的に自己を発揮しながら学びに向かうことが可能となるようにす
ること。

また、低学年における教育全体において、例えば生活科におい
て育成する自立し生活を豊かにしていくための資質・能力が、他
教科等の学習においても生かされるようにするなど、教科間の
関連を積極的に図り、幼児期の教育及び中学年以降の教育との円
滑な接続が図られるよう工夫すること。特に、小学校入学当初に
おいては、幼児期において自発的な活動としての遊びを通して育
まれてきたことが、各教科等における学習に円滑に接続されるよ
う、生活科を中心に、合科的・関連的な指導や弾力的な時間割の
設定など、指導の工夫や指導計画の作成を行うこと。」としてい
る。

幼児期は自発的な活動としての遊びを通して、周りの人や物、
自然などの環境に体ごと関わり全身で感じるなど、活動と場、体
験と感情が密接に結び付いている。小学校低学年の児童は同じよ
うな発達の特性をもっており、具体的な体験を通して感じたこと
や考えたことなどを、常に自分なりに組み換えながら学んでいる。
こうした特性を生かし、他教科等における学習により育まれた資
質・能力を学習に生かすことで、より効果的に資質・能力を育む
ことにつながるとともに、各教科の特質に応じた学習へと分化し
ていく学習に円滑に適応していくことができるようになることか
ら、教科等間の関連を図った指導の工夫を行うことが重要である。
特に小学校入学当初においては、生活科を中心に合科的・関連的
な指導を行ったり、児童の生活の流れを大切にして弾力的に時間
割を工夫した指導を行ったりして、幼児期の終わりまでに育った
姿が発揮できるよう教育課程編成上の工夫（スタートカリキュラ
ム）が重要である。

こうしたことを踏まえ、体育科においては、育成を目指す資質・
能力を明らかにした上で、例えば、生活科の「学校、家庭及び地
域の生活に関する内容」と関連付け、施設や用具の安全に気を付
けて運動遊びができるようにしたり、水遊びの心得を守るなど危
険を回避することができるようにしたりすることなどが考えられ
る。

また、幼稚園等において幼稚園教育要領等に示す幼児期の終わ
りまでに育ってほしい姿を考慮した指導が行われていることを踏
まえ、例えば、「健康な心と体」、「道徳性・規範意識の芽生え」、
「思考力の芽生え」、「豊かな感性と表現」など幼児期の終わりま
でに育ってほしい姿との関連を考慮し、体を使った遊びの要素を
取り入れて楽しく運動遊びに取り組み、健康な心と体の育成を図
ることなどが考えられる。

巻末資料

MKS 幼児運動能力検査 実施要項
2016年度

幼児運動能力研究会
研究代表者　森　司朗（鹿屋体育大学）
研究分担者　杉原　隆（東京学芸大学名誉教授）
　　　　　　吉田伊津美（東京学芸大学）
　　　　　　筒井清次郎（愛知教育大学）
　　　　　　鈴木康弘（十文字学園女子大学）
　　　　　　中本浩揮（鹿屋体育大学）
＊幼児運動能力研究会の許諾を得て転載。

■ 実施上の注意
①測定用具類の整備について
　検査に用いる用具類と記録用紙は、あらかじめ点検して不備がないようにしておく。また、検査を実施する場所についても、検査の支障になるものを片付け、地面や床面などを整備しておく。

②測定者について
　実施要項をよく読み、参考DVDを視聴して実施方法を十分理解した上で実施する。できれば、前もって測定者どうしお互いに子ども役になって、練習しておくとよい。また、測定者によって結果にくい違いが出ないようにしておく。運動に適した服装をし、運動靴を着用して行う。この他、全体を総轄する者が1名いることが望ましく、総轄者は全体の流れをみたり、子どもたちをはげましたりして、検査が円滑に進行するように配慮する。

③子どもについて
　検査を意識して緊張させないようにし、遊び感覚で力を十分発揮できるよう配慮する。順番を待っている間には検査中の友達の応援をする。待ち時間が長い時や検査の合間には、簡単な手遊びをしたり、短い歌を歌ったりして気分転換を図るようにする。また、検査をいやがる子には無理にさせないようにし、「先生と一緒に」などと誘い入れたり、「あとで」と言って最後に行うようにしたりする。またどうしてもやりたがらない場合は、その種目は実施させない。

④待機について
　少し離れたところに"集合ライン"を引いて、子どもを待機させるようにするとよい。

⑤安全について
　事故や怪我のないよう、安全には十分配慮して実施する。

⑥実施要項解説のための参考DVDについて
　MKS幼児運動能力検査には実施要項を解説する参考DVDがある。参考DVDは実施要項の理解を助け、検査の正確な実施に役立てるためのものである。

25m走

〈準備〉
①ストップウォッチ（2～3個）
②手旗（スタート合図用1本）
③スタンド2～3本（測定ラインに立てるもの2本。ゴール用テープを張る場合はもう1本）
④ゴール用テープ
⑤ライン引き
⑥30mの直走路を作り、25mのところに測定ラインを引いて両端にスタンドを2本立て、30mのところに線を引きゴール用テープを張る。

〈方法〉
①スタートラインを踏まないように立たせ、片足を後ろに引き、「用意」の姿勢をとらせる。
②合図係りは、スタートラインの3～5m斜前方に立ち「ヨーイ・ドン」の合図と同時に手旗を下から上に挙げてスタートさせる。
③スタートラインから30mのところに張ったゴール用テープのところまで、全力で疾走させる。
④出発の合図の前にスタートした場合は、手旗を挙げないで、止めてやり直しさせる。
⑤男児どうし、女児どうし、2～3人ずつ走らせる。

〈記録〉
①旗が上がってから、25m地点を通過するまでの時間を、1/10秒単位で測る。（1/100秒単位は切り捨てる）
②1回行わせる。

〈注意事項〉
①励みになるように、周りで応援させる。
②出発の合図の前にスタートする子には、補助者が子どもの後ろに立って服の背中をつまみ、合図と同時にはなしてやるとよい。
③出発の合図に気付かない子には、補助者が背中を軽く押してやってもよい。

説明　★線を踏まないようにして立ちます。
　　　「ヨーイ」と言ったら片方の足を後ろに引きます。
　　　そして「ドン」と言って旗を挙げたら、
　　　ゴールのテープまで全力で走りましょう。

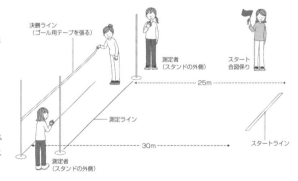

立ち幅跳び

〈準備〉
①メジャー（1.5～2m）
②ビニールテープ
③屋内の床に踏み切りラインをビニールテープで引き、踏み切りラインに垂直にメジャーを貼る。
④踏み切りラインには10cm間隔で、足を置く場所をテープで示す。
⑤子どもは靴下などを脱いで、はだしにさせる。

〈方法〉
①踏み切りラインを踏まないようにして両足をわずかに離して立ち、両足同時踏み切りでできるだけ遠くへ跳ばせる。
②二重踏み切りや片足踏み切りをしないよう、やって見せる。
③二重踏み切りや片足踏み切りはやり直しさせる。
④測定者は着地した子どもの踵の位置を正確に読み取れるよう、メジャーの横に立つ。

〈記録〉
①踏み切りラインと着地した地点（踏み切りラインに近い方の足の踵の位置）との最短距離をcm単位で測定する。（cm未満は切り捨てる）
②2回行わせ、よい方を記録する。
③着地では、静止させる必要はない。

〈注意事項〉
①踏み切るとき手を振って反動を利用させる。
②踏み切るとき声をかけて励ます。

説明 ★この線（踏み切りライン）を踏まないようにして立ちます。手を振って両足をいっしょにしてできるだけ遠くへ跳びましょう。
このようになったら（二重踏み切りと片足踏み切りをやって見せて）やり直しです。

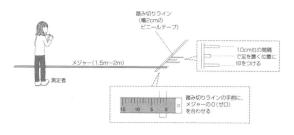

ボール投げ

※ソフトボールまたはテニスボールのいずれかで実施

〈準備〉
①ソフトボール1号（周囲26.2～27.2cm、重さ136g～146g）2個以上、または硬式テニスボール（公認球）2個以上
②メジャー
③ライン引き
④1m間隔で長さ6mの線を16～21本（15m～20m）引き、間の50cmのところに印をつけておく。

〈方法〉
①利き手にボールを持たせ、ボールを持った手と反対の足が前になるように（右手投げは左足が前になるように）前後に開いて、前足がラインを踏まないようほぼ投球ラインの中央に立たせる。
②助走なしで、投球ラインを踏んだり踏み越したりすることなく、利き手の上手投げでできるだけ遠くへ投げさせる。
③あらかじめ引いてあるライン（15m～20m）を越えた場合には、メジャーを使って測る。
④投球ラインを踏んだり踏み越したりしないよう、やって見せる。
⑤投球ラインを踏んだり踏み越したりした場合や、ボールが6mの線の幅から左右に外れた場合はやり直しをさせる。
⑥足の開き方がどうしても平行になったり、逆になったりする場合は、無理に直す必要はない。

〈記録〉
①ボールの落下地点を確かめ、投球ラインからの最短距離を50cm単位で測定する。（50cm未満は切り捨てる、図参照）
②2回行わせ、よい方を記録する。

〈注意事項〉
①その場で片足をあげて投げてもよい。
②下に叩きつけるように投げる場合は、上に高く投げるよう促す。

説明 ★この線（投球ライン）を踏まないようにしてボールを持っている手と同じ方の足を後ろに引きます。
そして、出来るだけ高く遠くへ上から投げましょう。
このようになったら（投球ラインを踏んだり踏み越したりして見せ）やり直です。

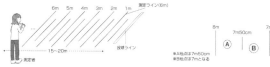

巻末資料

体支持持続時間

〈準備〉
①ストップウォッチ（一度に測定する人数分）
②両手を置いて肘を伸ばしてぶら下がったときに足が床につかないくらいの高さ（およそ70cm～75cmくらい）の台（机でもよい）2つ以上。台の端に1～2mmの幅でビニールテープを貼っておく（子どもが手を置く位置がわかるように）。
③台と台の間に置く高さ10～20cmくらいの補助台
④二つの台を肩幅（およそ30～35cmぐらい）に空けて置き、その間に補助台を入れる。

〈方法〉
①台と台の間に子どもを立たせる。
②「用意」の合図で、両手を台の上に置き、両肘を伸ばす。このとき、親指が机の上に貼ったビニールテープから出ないようにする。
③「始め」の合図で、足を補助台から挙げてぶら下がらせる。
④足が補助台について邪魔になる場合は、補助台を抜く。
⑤両腕で体重を支えられなくなるまで続ける。3分を限度とし、それ以上になったらやめさせる。
⑥次の場合は失敗であることをやって見せ、体重を支えられなくなったとみなす。
　（イ）肘が曲がったとき。
　（ロ）脚や腰など掌以外の身体の部分が台や床に触れたとき。
⑦何箇所か用意するときは、横一列に並べる（測定は同時ではなく別々に行う）。

〈記録〉
①足が床（または補助台）から離れてから、体重を支えられなくなるまでの時間を秒単位で測定する。（秒未満は切り捨てる）
②1回行わせる。
③最高3分とする。

〈注意事項〉
①激励の言葉をかけて励ます。
②ストップウォッチを子どもにみせてはいけない。
③「用意」のときに、肘が入って両腕がしっかりと伸びるようにする。
④体が大きくゆれる場合には、後ろから腰のあたりを軽く押さえてゆれをとめてやる。
⑤30cmぐらいの狭い間隔のものと35cmの広い間隔のものを用意し、子どもの体格に応じた台で行わせる。
⑥ひざは曲げても伸ばしたままでもよい。

説明
★両手を机の端のところに置きます。
「ヨーイ・はじめ」で腕を伸ばしたまま足を床から離します。そのままたくさんぶらさがっていましょう。
足を振ると早く落ちます。
このようになったら（方法⑥の失敗例（イ）（ロ）をやって見せる）おしまいです。

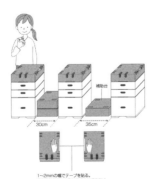

両足連続跳び越し

〈準備〉
①メジャー
②ストップウォッチ
③ビニールテープ
④積木（およそ幅5cm、高さ5cm、長さ10cm）を10個
⑤屋内の床に4m50cmの距離を、50cm毎にビニールテープで印をつけ、そこに10個の積木を並べる。
⑥両端の積木から20cmのところにビニールテープでスタートラインを貼る。

〈方法〉
①子どもをスタートラインに立たせ、「始め」の合図で、両足を揃えて、10個の積木を1つ1つ正確にそして迅速に連続して跳び越させる。
②次の場合は失敗であることをやって見せ、その場合はやり直しさせる。
　（イ）両足を揃えて跳ばないとき。（両足が積木の幅以上離れたときと、両足がバラバラのとき）
　（ロ）積木を一度に2個以上跳び越したとき。
　（ハ）積木を踏んだり、蹴とばしたりしたとき。
③2回目は、反対方向から折り返しスタートすると良い。

〈記録〉
①「始め」の合図から、失敗せずに積木10個を跳び終わるまでの時間を1/10秒単位で測定する。（1/100秒単位は切り捨てる）
②2回行わせ、よい方を記録する。

〈注意事項〉
①速さだけを強調せず、ひとつひとつきちんと跳び越すことを強調する。
②「お休みなしで跳ぶ」「うさぎさんのように跳ぶ」などの表現で跳び方を示しても良い。

説明
★両足を揃えて、積木を1つずつお休みなしでつぎつぎに跳び越しましょう。
このようになったら（方法②の失敗例（イ）（ロ）（ハ）をやって見せる）やり直しです。

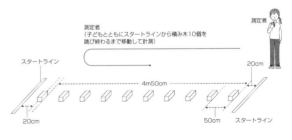

捕球

〈準備〉
① ゴムボール（およそ直径12〜15cm、重さ約150g）2個以上
② スタンド2本（高さ170cm以上のもの：玉入れのポールなど）
③ テープまたは紐（布製が良い。ゴムはスタンドが引っ張られるため不向き）
④ ビニールテープまたはライン引き
⑤ 3m離して2本のラインを引き、中央に2mくらい離してスタンドを立て、高さ170cmの所に紐を張る。

〈方法〉
① 一方のラインの外側に子どもを立たせる。
② 測定者はもう一方のラインのところに立ち、紐の上を越してボールを下手投げで子どもの胸のところに投げ、子どもにキャッチさせる。
③ 投げたボールが胸もとへいったもののみを有効とし、大きくそれたときはやり直しとする。測定者はうまく胸もとに投げられるよう少し練習してから行うとよい。
④ 3球練習させたのち、10球行わせる。

〈記録〉
① 10球のうち何回キャッチできたかを記録する。

〈注意〉
① ボールを投げる前には、「投げるよ」とか、「いくよ」とか合図してから投げる。
② ボールは紐に引っかからない程度の高さで、あまり高くならないように投げること。
③ 手を出して待っているところへボールを投げ込むことのないよう、ボールを投げるまでは、手を下げさせておくこと。
④ ラインの前に出てキャッチしてもよい。
⑤ 2名以上並行して行う場合は、両者の間隔を1m50cm以上離して行う。

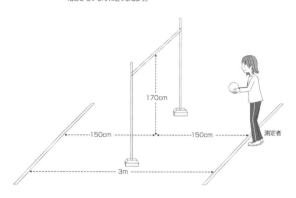

説明 ★先生がひもの上からボールを投げるから、落とさないようにとりましょう。

往復走　※25m走が行えない場合の代替種目

〈準備〉
① ストップウォッチ（2個）
② 手旗（スタート合図用1本）
③ ゴール用テープ
④ スタンド2〜3本（測定ラインに立てるもの2本、ゴール用テープを張る場合はもう1本）⑤ ライン引き
⑥ 折り返し地点に立てるコーンまたはスタンド2本
⑦ 15mの直走路を作り中央に線を引く。走路の一方の端、中央の線から左右1mのところに短いスタートラインを2本引く。スタートラインから15m先、中央の線から左右2mのところにコーン（またはスタンド）を置く。スタートラインから5m先に測定ライン（4〜5mくらい）を引き、その両端にスタンドを立てる。スタートラインの延長上にスタンドを置き、子どもがスタートした後に、ゴール用テープを張る。

〈方法〉
① スタートラインを踏まないようにして、片足を後ろに引き、「用意」の姿勢をとらせる。
② 合図係りは、スタートラインの3〜5m斜め前方に立ち、「ヨーイ・ドン」の合図と同時に手旗を下から上に挙げてスタートさせる。
③ 出発の合図の前にスタートした場合は、手旗を挙げないで、止めてやり直しさせる。
④ 置かれたコーン（スタンド）を回って、ゴール用テープのところまで全力で疾走させる。
⑤ コーン（スタンド）はどちら回りでもよいが、中央の線をできるだけ越えないように走らせる。
⑥ 男児どうし、女児どうし、2人ずつ走らせる。

〈記録〉
① 手旗が上がってから、復路の10m地点（測定ライン）を通過するまでの時間を1/10秒単位で測る。（1/100秒単位は切り捨てる）
② 1回行わせる。

〈注意事項〉
① 励みになるように、周りで応援させる。
② 出発の合図の前にスタートする子には、補助者が子どもの後ろに立って服の背中をつまみ、合図と同時にはなしてやるとよい。
③ 出発の合図に気付かない子には、補助者が背中を軽く押してやってもよい。

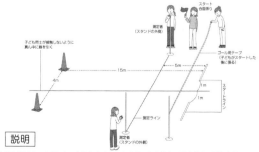

説明
★線を踏まないようにして立ちます。「ヨーイ」と言ったら片方の足を後ろに引きます。そして「ドン」と言って旗を挙げたら、あそこにおいてある三角のコーン（またはスタンド）を回って、ここまで全力で走って戻ってきましょう。

幼児の運動能力基準表（2008年版）

女児

種目	評定	4歳前半	4歳後半	5歳前半	5歳後半	6歳前半	6歳後半
25m走（秒）	5	〜7.0	〜6.4	〜6.0	〜5.8	〜5.5	〜5.5
	4	7.1〜7.7	6.5〜7.0	6.1〜6.7	5.9〜6.2	5.6〜6.0	5.6〜5.9
	3	7.8〜8.8	7.1〜7.8	6.8〜7.4	6.3〜6.9	6.1〜6.6	6.0〜6.4
	2	8.9〜10.1	7.9〜8.9	7.5〜8.3	7.0〜7.7	6.7〜7.3	6.5〜7.1
	1	10.2〜	9.0〜	8.4〜	7.8〜	7.4〜	7.2〜
往復走（秒）	5	〜8.8	〜8.3	〜8.0	〜7.7	〜7.5	〜7.2
	4	8.9〜9.7	8.4〜9.3	8.1〜8.8	7.8〜8.3	7.6〜8.1	7.3〜7.9
	3	9.8〜10.8	9.4〜10.3	8.9〜9.8	8.4〜9.1	8.2〜8.8	8.0〜8.6
	2	10.9〜13.2	10.4〜12.0	9.9〜11.2	9.2〜10.4	8.9〜10.0	8.7〜9.8
	1	13.3〜	12.1〜	11.3〜	10.5〜	10.1〜	9.9〜
立ち幅跳び（cm）	5	97〜	104〜	112〜	120〜	126〜	130〜
	4	81〜96	90〜103	96〜111	105〜119	111〜125	115〜129
	3	64〜80	72〜89	78〜95	89〜104	95〜110	98〜114
	2	45〜63	52〜71	59〜77	70〜88	79〜94	81〜97
	1	〜44	〜51	〜58	〜69	〜78	〜80
ソフトボール投げ（m）	5	4.0〜	5.0〜	5.5〜	6.5〜	7.5〜	8.0〜
	4	3.0〜3.5	4.0〜4.5	4.5〜5.0	5.0〜6.0	5.5〜7.0	6.0〜7.5
	3	2.0〜2.5	2.5〜3.5	3.0〜4.0	3.5〜4.5	4.0〜5.0	4.5〜5.5
	2	1.5〜2.0	1.5〜2.0	2.0〜2.5	2.5〜3.0	3.0〜3.5	3.5〜4.0
	1	〜1.0	〜1.5	〜1.5	〜2.0	〜2.5	〜3.0
テニスボール投げ（m）	5	5.0〜	6.0〜	6.5〜	7.5〜	8.5〜	9.0〜
	4	3.5〜4.5	4.5〜5.5	5.0〜6.0	6.0〜7.0	6.5〜8.0	7.0〜8.5
	3	2.5〜3.0	3.5〜4.0	4.0〜4.5	4.5〜5.5	5.0〜6.0	5.5〜6.5
	2	1.5〜2.0	2.0〜3.0	2.5〜3.5	3.0〜4.0	3.5〜4.5	4.0〜5.0
	1	0.0〜1.0	0.0〜1.5	0.0〜2.0	0.0〜2.5	0.0〜3.0	0.0〜3.5
両足連続跳び越し（秒）	5	〜5.2	〜4.7	〜4.5	〜4.2	〜4.1	〜4.0
	4	5.3〜6.3	4.8〜5.7	4.6〜5.4	4.3〜5.0	4.2〜4.7	4.1〜4.6
	3	6.4〜8.9	5.8〜7.2	5.5〜6.5	5.1〜5.8	4.8〜5.6	4.7〜5.3
	2	9.0〜12.6	7.3〜10.8	6.6〜9.5	5.9〜7.5	5.7〜6.6	5.4〜6.3
	1	12.7〜	10.9〜	9.6〜	7.6〜	6.7〜	6.4〜
体支持持続時間（秒）	5	46〜	66〜	76〜	105〜	123〜	125〜
	4	19〜45	32〜65	39〜75	52〜104	64〜122	70〜124
	3	7〜18	14〜31	16〜38	25〜51	30〜63	37〜69
	2	2〜6	4〜13	6〜15	9〜24	12〜29	20〜36
	1	〜1	〜3	〜5	〜8	〜11	〜19
捕球（回）	5	8〜10	9〜10	10	10	9〜10	10
	4	4〜7	6〜8	7〜9	8〜9	7〜8	8〜9
	3	1〜3	2〜5	3〜6	4〜7	3〜6	4〜7
	2	0	0〜1	0〜2	1〜3	2	3
	1	—	—	—	0	—	—

男児

種目	評定	4歳前半	4歳後半	5歳前半	5歳後半	6歳前半	6歳後半
25m走（秒）	5	〜6.7	〜6.2	〜5.9	〜5.6	〜5.3	〜5.0
	4	6.8〜7.5	6.3〜6.8	6.0〜6.5	5.7〜6.1	5.4〜5.8	5.1〜5.5
	3	7.6〜8.4	6.9〜7.6	6.6〜7.1	6.2〜6.7	5.9〜6.4	5.6〜6.0
	2	8.5〜9.8	7.7〜8.7	7.2〜8.0	6.8〜7.5	6.5〜7.0	6.1〜6.7
	1	9.9〜	8.8〜	8.1〜	7.6〜	7.1〜	6.8〜
往復走（秒）	5	〜8.5	〜8.1	〜7.9	〜7.5	〜7.3	〜6.9
	4	8.6〜9.6	8.2〜8.9	8.0〜8.6	7.6〜8.2	7.4〜7.7	7.0〜7.5
	3	9.7〜10.8	9.0〜10.0	8.7〜9.6	8.3〜8.9	7.8〜8.4	7.6〜8.1
	2	10.9〜13.1	10.1〜11.6	9.7〜11.1	9.0〜10.1	8.5〜9.6	8.2〜9.4
	1	13.2〜	11.7〜	11.2〜	10.2〜	9.7〜	9.5〜
立ち幅跳び（cm）	5	104〜	114〜	120〜	130〜	138〜	145〜
	4	89〜103	97〜113	104〜119	113〜129	121〜137	127〜144
	3	68〜88	78〜96	85〜103	96〜112	103〜120	109〜126
	2	46〜67	58〜77	62〜84	76〜95	85〜102	87〜108
	1	〜45	〜57	〜61	〜75	〜84	〜86
ソフトボール投げ（m）	5	6.0〜	7.5〜	8.5〜	10.0〜	11.5〜	12.5〜
	4	4.0〜5.5	5.0〜7.0	6.5〜8.0	7.5〜9.5	8.5〜11.0	9.0〜12.0
	3	2.5〜3.5	3.5〜4.5	4.5〜6.0	5.0〜7.0	5.5〜8.0	6.5〜8.5
	2	1.5〜2.0	2.5〜3.0	3.0〜4.0	3.5〜4.5	3.5〜5.0	4.5〜6.0
	1	〜1.0	〜2.0	〜2.5	〜3.0	〜3.0	〜4.0
テニスボール投げ（m）	5	7.0〜	8.5〜	10.5〜	12.0〜	15.0〜	16.0〜
	4	5.0〜6.5	6.0〜8.0	7.5〜10.0	8.5〜11.5	10.0〜14.5	11.0〜15.0
	3	3.5〜4.5	4.0〜5.5	5.0〜7.0	6.0〜8.0	7.0〜9.5	7.5〜10.5
	2	2.0〜3.0	2.5〜3.5	3.0〜4.5	3.5〜5.5	4.5〜6.5	5.0〜7.0
	1	0.0〜1.5	0.0〜2.0	0.0〜2.5	0.0〜3.0	0.0〜4.0	0.0〜4.5
両足連続跳び越し（秒）	5	〜5.0	〜4.6	〜4.4	〜4.1	〜4.0	〜3.7
	4	5.1〜6.3	4.7〜5.5	4.5〜5.3	4.2〜4.9	4.1〜4.6	3.8〜4.5
	3	6.4〜8.8	5.6〜7.0	5.4〜6.5	5.0〜5.8	4.7〜5.4	4.6〜5.3
	2	8.9〜13.2	7.1〜10.7	6.6〜9.6	5.9〜8.0	5.5〜6.7	5.4〜6.6
	1	13.3〜	10.8〜	9.7〜	8.1〜	6.8〜	6.7〜
体支持持続時間（秒）	5	48〜	57〜	81〜	98〜	127〜	155〜
	4	21〜47	29〜56	39〜80	54〜97	70〜126	81〜154
	3	7〜20	12〜28	17〜38	25〜53	33〜69	36〜80
	2	2〜6	4〜11	5〜16	9〜24	13〜32	22〜35
	1	〜1	〜3	〜4	〜8	〜12	〜21
捕球（回）	5	8〜10	9〜10	10	10	10	10
	4	5〜7	6〜8	8〜9	8〜9	7〜9	8〜9
	3	2〜4	3〜5	4〜7	5〜7	4〜6	4〜7
	2	0〜1	1〜2	1〜3	2〜4	3	3
	1	—	0	0	0〜1	—	—

※往復走は対象が少ないため2002年のデータと合成。

著者プロフィール

（執筆分担はもくじ内に記載）

岩崎洋子 （いわさき ひろこ）

東京教育大学体育学部卒業。日本女子大学名誉教授。専門は、健康教育学。
【主な著書】『たのしい運動遊び』（チャイルド本社）、『幼児の身体活動』（文化書房博文社）、『保育講座保育内容健康』（ミネルヴァ書房）、『子どもの身体活動と心の育ち』（建帛社）、『園生活から生まれる乳幼児の運動 0～3歳児編』、『4～5歳児編』（チャイルド本社）、他。

吉田伊津美 （よしだ いづみ）　　　　　　　　　　　　　　　　　　（執筆順）

東京学芸大学教育学部卒業。同大学院教育学研究科保健体育専攻修了。筑波大学大学院人間総合科学研究科ヒューマン・ケア科学専攻修了。博士（学術）。東京学芸大学教職大学院教授。専門は、体育心理学、領域教育学（健康）。
【主な著書】『保育内容 健康』（光生館）、『幼児期における運動発達と運動遊びの指導－遊びのなかで子どもは育つ』（ミネルヴァ書房）、『幼児の運動あそび－「幼児期運動指針」に沿って』（チャイルド本社）、他。

朴 淳香 （ぼく じゅんこう）

日本女子大学家政学部卒業。お茶の水女子大学大学院修士課程人文科学研究科舞踊教育学専攻修了。修士（文学）。文京学院大学人間学部児童発達学科教授。専門は、幼児の運動、幼児の健康。
【主な著書】『園生活から生まれる乳幼児の運動 4～5歳児編』（チャイルド本社）、『子どもの身体活動と心の育ち』（建帛社）、『保育内容指導法健康』（日本女子大学通信教育部）、『幼児の保育と教育－質の高い保育ビジョンを求めて』（学文社）、他。

鈴木康弘 （すずき やすひろ）

東京学芸大学教育学部卒業。同大学院教育学研究科保育体育専攻修了。修士（教育学）。十文字学園女子大学教育人文学部幼児教育学科教授。専門は、保育学、体育心理学。
【主な著書】『演習・保育内容 健康』（建帛社）、『幼児期における運動発達と運動遊びの指導－遊びのなかで子どもは育つ』（ミネルヴァ書房）、『できるよ！せいかつ366』（主婦の友社）、『はじめてママ＆パパのしつけと育脳』（主婦の友社）、『0-5歳児の毎日できる！楽しい運動あそび大集合』（学研プラス）、他。

【執筆協力者】　小林きよ子　中部大学 特任准教授

〈 本文・装丁イラスト 〉　鳥取 秀子
〈 装　丁 〉　滝澤 博（四幻社）

保育と幼児期の運動あそび

2008年11月11日　初版第1刷発行	編著者　岩　崎　洋　子
2017年4月1日　初版第8刷発行	発行者　服　部　直　人
2018年2月15日　第2版第1刷発行	発行所　㈱萌文書林
2024年4月1日　第2版第7刷発行	

〒113-0021 東京都文京区本駒込 6-15-11
TEL (03) 3943-0576　FAX (03) 3943-0567
(URL) https://www.houbun.com
(e-mail) info@houbun.com

〈検印省略〉

© Hiroko Iwasaki 2008　　　　　　　　ISBN 978-4-89347-274-8　C3037